KB272859

이라크전
종군기자에서
—
자유의
최전선까지

위풍당당

이진숙입니다

이진숙 지음

●   "나는 왜 기자가 되었는가?"라는 질문으로 시작하는 이 책은 한 챕터 한 챕터가 이른바 자유민주주의자임을 자처하면서도 몽롱한 자기최면에 빠져 있던 사람들에게 가해지는 매서운 채찍이다.

'내가 있을 곳은 어디인가'라는 질문에 대한 대답으로 기자가 된 그는 말은 사람을 죽이고 살리는 데 총칼보다 무서운 힘을 가졌음을 일찍이 깨달았다. 그를 한국 최초 여성-어머니 종군기자에서 오늘의 정치 거물로 키운 힘은 거짓에는 결코 굴복할 수 없다는 그의 투지와 순리와는 반대로 돌아가는 한국의 정치 상황의 배합에서 나온 것이었다.

그는 우리 한국에서 언론의 자유가 말살당하는 과정을 자신의 직접 체험을 통해 상세히 서술하면서 자유를 지키는 힘은 개인의 용기보다도 구조의 건전함과 견고함에서 나오는 것이라 지적한다. 그는 또 자유민주주의를 말하면서 자유를 훼손하고, 공정을 외치면서 이권과 타협하며, 권력을 감시해야 할 자리에서 권력에 기생하는 선택들, 그 반복된 선택의 축적을 강한 어조로 비판한다.

민주당과 민노총이 언론을 장악해가는 야비한 과정에 대한 상세한 서술은 기시감 때문에 다소 진부한 느낌도 주지만 정치적 의미의 해석 부분은 짧고 날카로우면서도 지혜로움으로 반박의 여지를 남기지 않는 격언처럼 읽는 이의 뇌리를 강타한다. 보통 사람으로는 겪어내기 어려운 온갖 모욕과 수모를 당하면서도 '위풍당당'할 수 있는 비결이 무엇인가를 알고 싶고 참된 지도자는 어떤 인물이어야 하는가를 찾는 사람은 반드시 읽어봐야 할 책이다.

- 이인호(서울대 명예교수, 전 KBS 이사장)

● 시대의 불의를 온몸으로 저항한 이진숙 전 방송통신위원장의 책 출간을 축하합니다. 이 위원장은 언론 분야에서 30년 넘게 일해온 분으로, 기자로서의 경험은 물론 중앙행정기관장으로서 직접 겪은 사건들을 이번 책에서 만나볼 수 있었습니다. 바그다드의 밤하늘에서 시작된 그의 문장은 방송이라는 제도, 언론이라는 시스템, 그리고 국가권력이라는 구조를 통과하며 점점 더 단단한 질문으로 변해갑니다.

이 책이 흥미로운 이유는 그것이 단순한 회고록이나 정치적 주장문이 아니라 기록하는 인간이 책임지는 인간으로 이동하는 과정을 보여주는 하나의 서사이기 때문입니다. 특히 인상적인 것은 저자가 끊임없이 '편'이 아니리 '기준'의 문제를 묻고 있다는 점입니다. 다수는 언제나 옳은가, 민주주의는 다수결로만 유지되는가, 이러한 질문들은 한국 정치가 오랫동안 회피해온 불편한 물음들이기도 합니다.

이진숙 위원장은 언론장악, 방송장악을 위해 법까지 바꾸며 기관을 없애고 기관장을 사실상 해임한 정권의 무도한 칼날을 정면에서 맞았던 인물입니다. 정권이 어떻게 언론을 장악하려 했는지 현장에서 목격한 이야기들을 이번 책에서 낱낱이 볼 수 있습니다. 사실상 강제 해직시킨 다음, 이 위원장에게 백주대낮에 수갑을 채워 경찰서로 호송한 코미디 같은 이야기는 우리가 막아야 할 독재 정권의 민낯을 보여주는 장면이었습니다. 어떤 면에서 이 책은 무도한 정권의 폭력적인 탄압을 몸소 겪으면서 독재 정권의 실상을 기록한 것입니다. 이 책을 읽고 더 많은 국민이 무도한 정권의 실상을 깨닫고 대한민국의 법치를 회복시키는 데 동참하면 좋겠습니다.

- 나경원(국회의원, 변호사)

● 자유는 희생을 각오하고 지키고자 하는 의지가 있는 사람들에 의해 지켜지는 것이다.

- 손현보(목사)

4

　　이건 대단한 발전이다. 아니, 엄청난 패러다임 변화다. 나는 1991년 가을 이진숙이 걸프전 취재를 다녀온 뒤 발간한 수필집 《오늘 밤 마이크가 그립다》를 읽은 적이 있다. 30년도 더 된 일이다. 그땐 나도 젊었었다. 그 무렵 많은 기자들이 취재 경험을 담은 취재기를 펴내고 있었다.

그리고 30여 년, 이진숙의 글은 아주 많이 달라졌다. 글이 달라진 것은 사물과 주변, 시대 상황에 대한 이진숙의 인식이 달라졌다는 뜻일 것이다. 과거 이진숙은 전쟁-걸프전-에 대한 시각이 단순했다. 사담 후세인의 인접 쿠웨이트 합병, 국제법 위반, 전쟁 도발, 폭격, 연합국의 공습, 이라크 공화국군의 대응, 승자와 패자 등 아주 단순했다.

그러나 이제 이진숙은 전쟁을 그런 식으로 파악하지 않는다. 이진숙은 2003년 이라크전쟁, 또 소말리아 사태 등을 취재했다. 새로 나온 이 책의 초고를 읽고 나는 놀랐다. 이제 그녀의 전쟁에 대한 의식 속에는 다수 관련자의 능동적인 폭력 행위가 등장하고, 그보다 훨씬 많은 말없는 사람들의 싸늘한 시선, 냉담함 그리고 침묵과 그들의 삶이 등장한다. 그녀는 전쟁터의 폭격과 대응 사격의 굉음도 들었지만, 같은 분량으로 침묵의 소리도 듣고 있었다.

세계 도처의 잔혹한 전쟁은 인류의 역사에서 언제나 사라질 것인가? 전쟁의 원인과 과정에 아무 관련이 없는 보통 사람들의 슬픔은 언제 누가 다독이고, 이들은 도대체 언제 어떻게 삶의 행복을 느낄 수 있을까? 그녀의 생각은 30여 년이 지나면서 놀랍도록 달라져 있었다.

　현 정치상황에 대한 그녀의 시선도 전쟁을 보는 시선처럼 남다르다. 지금 우리나라에서 소음과 경멸을 불러 일으키는 좌파 우파 간의 차이가 생업(生業)에 종사하는 국민들에게 얼마나 도움이 될 것인가? 좌파의 '정의'는 우파의 울타리를 넘으면 '도둑질'이 되고, 우파의 '애국'은 좌파의 울타리를 지나면 '천하의 멍청한 짓'이 되고 마는 현실에 대해 마음 아파한다. 나는 이런 나라는 정상이 아니라고 생각한다. 이 책을 통하여 침묵의 소리를 들을 수 있는 상식적인 인간이 많아졌으면 좋겠다.

- 이용구(통계학 박사, 전 중앙대학교 총장)

차
례

2부. 시대의 부름에 답하다

1장 | 민주당의 방송 사유화에 홀연히 맞서다

2장 | 지피지기, 백전백승

3부. 자유의 책임 앞에 서다

1부

기록하는 사람으로 살다

나는 왜 기자가 되었는가

지금에 와서 돌아보면, 나는 언제부터 기자가 되기로 결심했는지 정확히 말하기 어렵다. 특정한 사건 하나, 누군가의 한마디가 내 인생의 방향을 단번에 바꿔놓았다고 말할 수는 없다. 다만 분명한 것은, 처음부터 '출세'나 '권력' 같은 단어와는 거리가 멀었다는 사실이다. 내가 원했던 것은 훨씬 단순했다. 사람들이 미처 보지 못한 장면을 대신 보고, 말하지 못한 이야기를 대신 전하는 일. 세상의 한복판에서 벌어지는 일들을 조금 더 정확하게, 조금 더 정직하게 기록하는 것. 나는 그것이 기자라는 직업의 전부라고 믿었다.

대구에서 대학을 마치고 교사로 일하던 시절, 안정적인 삶은 이미 손에 쥐고 있었다. 정해진 시간에 출근하고, 정해진 교실에서 아이들을 가르치는 날들이 반복되었다. 많은 이들이 부러워할 만한 삶이었을지도 모른다. 그러나 그 안정은 내게 안락함이 아니라 질문으로 다가왔다. 교단에 서서 아이들의 얼굴을 바라보며, 나는 종종 스스로에게 물었다. "이 자리는 과연 내가 있어야 할 곳인가."

아이들을 사랑하지 않았던 것은 아니다. 다만 그 질문은 점점 더 선명해졌고, 결국 외면할 수 없는 지점에 이르렀다.

결국 나는 그 자리를 내려놓았다. 주변에서는 하나같이 무모하다고 했다. 지방대 출신의 여성이, 그것도 이미 교사 자리를 얻은 사람이 서울로 올라가 다른 길을 가겠다는 선택은 당시로서는 상식 밖의 일이었다. 안정적인 직장을 버리고 불확실한 미래로 뛰어드는 선택을 이해해주는 사람은 많지 않았다. 그러나 그때의 나는 분명히 알고 있었다. 움직이지 않으면, 나는 평생 나 자신에게 변명하며 살게 될 것이라는 사실을. '그때 왜 가지 않았느냐'는 질문을 스스로에게 던지며 살아가고 싶지는 않았다.

서울로 올라오던 날, 기차 창밖으로 스쳐가던 풍경을 나는 아직도 또렷하게 기억한다. 익숙한 도시가 멀어지고, 낯선 도시가 다가오던 그 시간 속에서 두려움과 설렘이 반씩 섞여 있었다. 실패할 수도 있다는 불안, 그러나 마침내 나 자신이 선택한 길을 간다는 안도감, 그 감정들은 오랫동안 내 안에 남았다. 그날 이후 내 삶은 한번도 정지된 적이 없었다. 나는 끊임없이 현장을 향해 움직였고, 질문을 멈추지 않았으며, 기자라는 이름에 부끄럽지 않기 위해 스스로를 다그치며 살아왔다.

그 모든 시작은, 그 질문 하나였다. "나는 어디에 있어야 하는가."

그리고 그 질문에 대한 나의 대답이 바로, 기자였다.

기자라는 이름을 얻다

MBC 기자가 되었을 때, 나는 스스로에게 분명히 다짐했다. "이 직업을 가볍게 대하지 말자." 기자는 책상 앞에서 펜을 굴리는 사람이 아니라, 현장에서 진실을 감당해야 하는 사람이라고 믿었다. 말로는 누구나 '사명'을 이야기할 수 있지만, 실제 현장에서 그 무게를 견디는 일은 전혀 다른 차원의 문제라는 것도 어렴풋이 알고 있었다. 기자라는 이름은 직함이 아니라 태도라고, 나는 그렇게 생각했다.

처음 맡은 출입처는 문화부였다. 문화부 기자로서 나는 공연장을 오가고, 전시회를 취재하고, 예술가들을 인터뷰했다. 비교적 '안전한' 부서라는 평가도 있었고, 실제로 큰 충돌이나 위험을 감수해야 하는 일은 많지 않았다. 하지만 그 안에서도 나는 사람과 사회의 결을 읽으려 애썼다. 작품 하나, 인터뷰 한 줄에도 그 시대의 분위기와 욕망이 스며 있다는 것을 알고 있었기 때문이다.

그러나 시간이 지날수록 마음 한켠에서 설명하기 어려운 불안이 자라기 시작했다. 취재를 마치고 돌아오는 길, 공연장의 조명이 꺼진 뒤에도 내 머릿속에는 자꾸만 다른 장면들이 떠올랐다. 뉴스에서 스쳐 지나가는 사건 사고들, 사회면 한 귀퉁이에 짧게 실리는 기사들. 사건이 일어나는 현장, 삶의 균열이 가장 노골적으로 드러나는 자리에서 내가 빠져 있다는 느낌이 나를 괴롭혔다.

나는 스스로에게 묻기 시작했다. "지금 나는 정말 기자로 살고 있는가."

그래서 나는 경찰서를 자원했다.

사람들은 의아해했다. "왜 하필 거기냐"고 물었다. 나의 대답은 단순했다. 기왕 기자를 할 거라면, 사건이 가장 많이 발생하는 곳에서 부딪히고 싶었다. 세상의 어두운 단면이 가장 먼저 드러나는 곳, 인간의 본성이 가장 적나라하게 노출되는 곳에서, 나는 기자라는 이름의 의미를 제대로 확인하고 싶었다. 부서를 옮기는 인사라는 것은 자원한다고 되는 일은 아니다. 다행히 '취재 욕망'을 이해해준 K국장이 적극적으로 지원해준 덕분에 사회부로 배치되었다.

막상 경찰서로 옮기고 나니, 그곳은 내가 상상하던 것보다 훨씬 거칠고 빠른 공간이었다. 쉴 새 없이 전화가 울렸고, 새벽과 밤의 구분은 쉽게 무너졌다. 강력 사건은 예고 없이 터졌고, 현장은 대부분 비극적이었다. 도착했을 때는 이미 누군가는 울고 있었고,

누군가는 아무 일도 아니라는 얼굴로 그 자리를 정리하고 있었다.

경찰서에서의 시간은 늘 부족했다. 사건의 전말을 파악하기도 전에 또 다른 사건이 이어졌다. 그 사이에서 기자는 선택해야 했다. 무엇을 묻고, 무엇을 남길 것인지. 어디까지 다가가고, 어디서 멈출 것인지. 그 선택은 매번 쉽지 않았고, 종종 나를 불편하게 만들었다.

특히 처음에는 피해자 앞에서 말을 꺼내는 일이 가장 어려웠다. 울고 있는 사람에게 질문을 던지는 것이 과연 옳은 일인지, 기록이라는 이름으로 타인의 고통을 들여다보는 내가 과연 정당한 위치에 서 있는지 스스로에게 수없이 물었다. 답은 늘 명확하지 않았다.

경찰서는 나에게 기자라는 직업의 또 다른 얼굴을 보여주었다. 이곳에서 기자는 단순히 전달자가 아니었다. 침묵해야 할 순간과 반드시 질문해야 할 순간 사이에서 균형을 잡아야 했다. 한 발짝 더 나가면 상처가 되고, 한 발짝 물러서면 기록이 사라질 수 있었다. 그 경계 위에 서 있는 일이 바로 기자의 몫이라는 것을, 나는 이곳에서 배웠다.

경찰서에서의 경험은 나를 단단하게 만들었다기보다는, 오히려 더 조심스럽게 만들었다. 세상에는 쉽게 설명할 수 없는 일들이 너무 많았고, 진실이라는 말은 언제나 하나의 얼굴만을 가지고 있지는 않았다.

돌이켜보면, 경찰서를 자원한 그 선택은 이후의 모든 선택을 예고하고 있었다. 현장이 있는 곳이라면 어디든 가겠다는 마음, 위험과 불확실성을 이유로 뒤로 물러서지 않겠다는 태도. 그때의 나는 아직 알지 못했지만, 그 결심은 곧 나를 훨씬 더 먼 곳, 전혀 다른 차원의 현장으로 데려가게 된다.

그리고 나는, 그 부름을 외면하지 않았다.

마포경찰서에서
바그다드로

　　1990년 8월 2일, 사담 후세인은 그의 인생을 건 모험을 감행했다. 쿠웨이트 국경을 넘어 이라크 군대를 진격시켰다. 중동의 질서가 재편되는 순간이었다. 1989년 무렵부터 시작된 구소련의 붕괴는 미국을 유일한 초강대국(superpower) 자리로 올려놓았다. 2026년 도널드 트럼프가 베네수엘라에 네이비실 등 특수부대를 보내 마두로를 잡아들이는 데 성공한 사건은 새삼 1990년의 사담 후세인을 떠올린다. 1990년 사담 후세인은 미국으로부터 오케이 사인을 받은 것으로 알고 (이 또한 미국의 '작전'이었다는 음모론도 있다) 쿠웨이트로 군대를 진격시켰다. 그러나 세계 질서는 이미 달라져 있었다. 1979년 이슬람 혁명에 성공한 이란의 호메이니는 이슬람 혁명을 중동 전역에 확장하려 시도했고 이는 사실상 미국의 형제국인 이스라엘에 존재적 위기감까지 느끼게 만들었다. 이런 이란을 견제한 것은 이라크였다. 사담 후세인은 이라크를 중동의 종주국으로 만들겠다는 원대한 꿈을 가지고 있었고 이는 이슬람 혁명을 막아내고자 한 미국의 이해와 일치한다. 1983년 레이건 대통령의 특사 자격으로 이라크를 방문해 사담 후세인을 만난 도널드 럼스펠드의 사진은 미국-이라크간 '동맹'을 보여주는 증거물이다.

그러나 국제관계에는 영원한 적도 영원한 친구도 없는 법, 1990년 사담 후세인에게 미국은 더 이상 친구가 아니었다. 1988년 이란-이라크 전쟁은 승자와 패자도 없이 끝이 났고, 미국의 적 소련은 자멸했다. 자유주의 대 공산사회주의의 대결은 자유주의의 승리로 끝이 났고, 프랜시스 후쿠야마는 그의 저서 《역사의 종언과 최후의 인간The End of History and the Last Man》(1992)에서 역사의 종언을 선언하고 미국이 이끄는 자유세계의 승리를 축하했다(이후 911 등으로 그는 자신의 견해를 바꾸었다). 1990년 사담 후세인은 미국이 자신의 편을 들어줄 것이라고 오판했다. 걸프전은 한 지도자의 오판에서 시작되었다.

미국의 침공이 임박했다는 신호가 굵어지던 어느 날 아침, 사건기자로 마포경찰서를 출입하던 내 자리로 전화 한 통이 걸려왔다. 국제부 차장이던 강성주 선배였다. "진숙아, 너 이라크 취재 비자 받아서 같이 취재 갈래?"

그 한마디가, 그때 내게는 설명이 필요 없는 문장이었다. 나는 "네, 너무나 좋죠"라는 말이 거의 반사적으로 튀어나왔다. 여성 기자가 전면전 현장에 들어간다는 건 여전히 쉽지 않은 시절이었다. '자원'한다고 해서 갈 수 있는 일이 아니었다. 그런데도, 아니 그래서 더, 갈 수 있다는 말만으로 마음이 먼저 뛰었다.

사회부에 있던 나에게 국제부 차장이 연락하게 된 것은 '비자' 때문이었다. 회사가 취재팀을 꾸려 두 번이나 신청했으나 비자는 나오지 않았다. 보도국이 아무리 마음이 급해도, 입국이 막히면 현장은 종이 위에서만 맴돈다. 타사 일부는 비자를 발급받았는데, MBC 취재팀에 비자를 주지 않은 이유를 정확히 모르지만 추정해본다. 먼저, 이라크 정부가 감당하기에 너무나 많은 취재 요청이 있었다. 후세인의 쿠웨이트 침공 이후로 전 세계에서 수백 명, 아마도 수천 명이 취재 신청을 했다. 전쟁 상황에서 이라크 정부는 마인더(minder, 사실상 감시자)라는 이름의 공보부 직원을 취재팀마다 붙였는데, 그러다 보니 발급하는 취재 비자를 제한할 수밖에 없는 상황이었다. 감당하기가 역부족이었다는 것이다. 그런데 내게는 오래전부터 이어온 '연결'이 있었다. 당시 이라크 대사관에서 비자 업무를 맡고 있던 총영사가 내 친구였다. 이라크 사람이었고, 내게는 '친구'였다. 중동 관련 세미나와 행사장에서 만난 친구였다. 나는 그에게 바로 연락했고, 다음 날 비자를 받았다. 그래서 나는, 원해서 간 것이기도 하지만 동시에 '내가 아니면 비자가 안 나오는' 조건 때문에 갈 수밖에 없었던 사람이 되었다. 그렇게 나는 바그다드로 들어갔다.

1991년 1월 17일 ─ 바그다드, 첫 공습의 소리

새벽의 적막을 깨고 갑작스레 "두두두, 파파파, 타타타" 하는 요란한 포격음이 울려 퍼졌다. 한순간 귀를 의심했다. 꿈인가 현실인가. 그러나 연이어 "콰콰콰콰, 두두두두, 퍽퍽, 피융피 융!" 지옥 같은 굉음이 쏟아지는 것을 듣고서야 착각이 아님을 알았다. 어떤 의성어로 이 순간의 소리를 다 옮길 수 있을까. 침대에서 벌떡 일어나 부리나케 발코니 커튼을 젖혔다.

그러자 믿기 힘든 광경이 눈에 들어왔다. 바그다드 하늘 높이 수많은 포화의 불꽃이 비처럼 퍼붓고 있었다. 내가 머물던 호텔 남쪽, 티그리스강 너머 대통령궁 쪽 상공을 향해 수백, 수천 발의 대공포화가 쉴 새 없이 쏘아 올려지고 있었다. 그제야 마음속으로 외쳤다. "드디어 시작됐구나!" 마침내 전쟁이 시작된 것이다. 시계를 보니 새벽 2시 30분. 1991년 1월 17일, 걸프전의 서막이 이렇게 열렸다.

하늘로 연신 올라가는 포화의 불꽃들은…… 솔직히 말하면, 그 순간 잠깐이나마 꽃처럼 아름답게 보이기까지 했다. 마치 폭죽놀이를 바라보는 듯, 머리 위로 터지는 불빛에 넋을 잃을 뻔했다. 실제로 CNN의 3인방 바그다드 특파원 가운데 버나드 쇼는 첫날 공습 장면을 보고 이렇게 전했다. "그것(공습)은 7월 4일 워싱턴기념탑 아래서 진행되는 독립기념일 불꽃놀이 같다." 미국에서 진행되는 불꽃놀이 가운데 가장 규모가 큰 것이 독립기념일에 진행되는 불꽃놀이이니 이 공습이 어느 정도 규모인지 짐작이 갈 것이다. 그러나 전자는 사람의 눈을 즐겁게 만드는 화려한 잔치이고 후자는 사람의 목숨을 앗아가는 폭탄 세례이다. 바그다드의 하늘을 수놓은 공습, 그러나 곧 현실이 목덜미를 잡아챘다. 정신을 차리고 호텔 전화기로 국제전화를 걸려 0번을 눌렀지만, "모든 전화선이 끊겼다"는 냉혹한 안내만 돌아왔다. 어느새 전깃불도 모조리 나간 상태였다. 이젠 서울 본사와의 통화는 불가능했다. 창밖으로는 여전히 아우성치는 포성, 그와 함께 쏟아지는 불빛들이 번쩍이고 있었지만, 이상하게도 내 마음은 서서히 차가워지기 시작했다. "내가 지금 역사적 현장 한복판에 서 있다"는 사실이 실감났다. 전쟁의 시작이라는 극한 상황 속에서, 아이러니하게도 나는 내 감각 하나하나를 또렷하게 채록하고 싶었다.

옆방으로 뛰어가 보니 동료들은 벌써 창문을 열어둔 채 카메라로 공습 광경을 촬영하고 있었다. 그렇게 약 10분 남짓, 우리 팀은 카메라에 붉게 물든 밤하늘과 포연을 담았다. 그 10분은 우리의 생에 길게 새겨질 짧은 시간이었고, 지금 이곳에서 기록을 남길 수 있을지, 아니면 다음 순간 이 모든 것이 불발탄처럼 사라져버릴지 모르는 아슬아슬한 경계의 시간이었다.

촬영을 마치고 우리는 서둘러 손전등 대신 라이터 불빛을 밝혀 계단으로 향했다. 정전으로 암흑이 된 비상계단은 마치 끝이 보이지 않는 동굴처럼 깊고 캄캄했다. 폭발음이 계속 울리는 가운데 한 걸음 한 걸음 아래로 내려갈 때마다, 그 계단이 어쩌면 그리도 길고 멀게 느껴지던지, 심장이 쿵쿵 뛰고 숨소리가 거칠어졌다. 하지만 멈출 수 없었다. 대피소까지, 단 몇 층을 내려가는 동안에도 머리 위로 "쿵! 쿵!" 지축을 흔드는 굉음이 이어졌다. 그렇게 숨 가쁜 걸음으로 지하 대피소에 도착했다.

대피소 안에는 대략 백오십 명 남짓의 사람들이 이미 각자 자리를 잡고 눌러앉아 있었다. 담요를 깔고 곤히 잠든 어린아이들도 눈에 띄었다. 모두 저마다 두려움과 피로에 젖은 얼굴이었다. 한쪽에서는 요르단 출신의 청년이 분을 이기지 못하고 사담 후세인을 향해 거친 목소리로 욕설을 퍼부었다. "죽으려면 혼자 죽지, 왜 죄 없는 백성들까지 고생시키느냐." 그는 주먹을 불끈 쥐고 전쟁을 일으킨 독재자를 성토했다. 그러자 맞은편 구석에 웅크리고 있던 이라크 청년이 이를 악문 채 대꾸했다. "당장 군에 입대하고 싶다…… 공군에 들어가 미국놈을 최소한 백 명은 죽일 거다. 나는 죽음이 두렵지 않다!" 그의 목소리는 분노로 떨렸다. 폭격의 밤, 같은 공간에 모여 있는 사람들 입에서 이렇게 정반대의 말들이 튀어나왔다. 전쟁은 이렇듯 사람들 안에 숨어 있던 서로 다른 문장들을 *끄집어낸다.* 누군가에게 전쟁은 분노였고, 누군가에게 전쟁은 복수였다. 또 누군가에겐 전쟁이 곧 생존이었다. 그리고 내게 전쟁은, 그 모든 것을 기록하는 일이었다.

공습은 지리하게 계속되었다. 새벽 2시 30분에 시작된 폭격은 아침 8시가 되어갈 때까지 거의 쉬지 않고 바그다드 상공을 뒤흔들었다. 대피소 안에서 우리는 시간 감각을 잃었다. 실제 시간이 얼마 흘렀는지 세는 일은 의미가 없었다. 폭발이 곧 시간이었다. "지금 몇 시인가"가 아니라 "지금 몇 번째 '쿵'인가"가 현실의 기준이 되었다(걸프전의 사실 연표는 이랬다. 1990년 8월 2일 이라크가 쿠웨이트를 침공했고, 8월 5일 유엔 안보리 소집, 이라크에 대한 비행금지 구역 설정, 그리고 몇 달간에 걸친 아버지 부시의 전쟁 준비가 진행되다가 1991년 1월 17일 다국적군의 공중공격으로 전면전이 개시되었다. 그리고 2월 말 휴전이 성립되면서 큰 전투는 멈추었다).

해가 떠오르자 우리가 처한 상황을 냉정히 따져볼 수 있었다. 곧 우리 취재팀은 앞으로의 대책을 논의했다. 애초에 전화선이며 텔렉스 등 모든 통신 시설이 완전히 차단된 터라 여기 바그다드에 남아서는 뉴스를 본사로 송고할 방법이 없었다. 결국 '나가자'는 결론에 이르렀다. 전쟁 한복판에서 기자가 '나간다'는 말은 도피를 뜻하는 것이 아니다. 목숨을 부지하려 도피하는 것이 아니라, 전송(電送)을 뜻한다. 우리가 밤새 촬영하고 목격한 이 기록을 세상에 보내야 한다는 의미다. 취재한 내용을 그저 가지고 있기만 해서는 보도의 역할을 다했다고 할 수 없다. 보도는 그 내용이 전달될 때에 비로소 의미가 생기기 때문이다.

전쟁은 꼭 총알이나 폭탄으로만 사람을 몰아붙이는 게 아니다. 전화선 하나, 전깃불 하나만 끊겨도 사람은 순식간에 고립된다. 그리고 그 고립은 공포를 증폭시키고 판단력을 흐리게 만든다. 극한의 고립 속에서 공포에 빠지지 않으려면, 더욱더 정신을 똑바로 붙들어 매고 내 안의 문장을 붙잡고 있어야 했다. 포연 가득한 대피소 구석에서 나는 스스로를 다잡았다. 어떤 상황에서도 기록자로서의 내 문장을 잃지 말자.

기자는 무너져가는 현장에서 자신의 문장이 무너지지 않도록 버티는 사람이다. 눈앞의 세계가 폭격으로, 전쟁으로 무너져 내려도, 그 한가운데에서 끝까지 사실을 챙기고 진실을 찾는 사람이 바로 기자다. 나는 지금 그 역할을 배우고 있었다. 내가 붙잡은 이 문장들이 훗날 살아남아 전해질 것을 믿으며, 긴 밤의 끝을 견뎌내고 있었다.

전쟁이 미국의 '일방적인' 승리로 끝나고 나는 다시 바그다드에 돌아갔다. 전쟁이 한창일 때가 아니라, 포연이 조금 가라앉은 뒤였다. 이번에는 폭탄이 떨어지는 순간이 아니라, 사람들이 어떻게 살아가고 있는지를 보고 싶었다. 거리에서 만난 사람들에게 조심스럽게 물었다. 사담 후세인을 어떻게 생각하는지, 전쟁 이후의 삶은 무엇이 달라졌는지. 대부분 사람들은 질문 자체를 두려워했고, 답변은 한결같았다. 위대한 지도자에 대한 충성심과 조국에 대한 애국심을 불끈 쥔 주먹을 공중에 흔들어대며 맹세했다. 그러나 카메라가 꺼지고 '감시원'이 없다는 확신이 들 무렵 그의 대답은 '인간적'이었다. 독재자라는 단어를 조심스럽게 언급했고 정권교체라는 말도 나왔다. 어떤 힘든 상황에서도 사람은 진실을 말하고 싶다는 본능이 있다는 것을 전쟁터에서 알게 된다.

그 경험은 나에게 또 하나의 질문을 남겼다. 정치는 과연 어디까지 사람들의 삶에 닿아 있는가. 그리고 권력을 쥔 사람들은, 자신들이 만들어낸 침묵과 고립을 얼마나 자각하고 있는가. 바그다드의 거리에서 들었던 그 조심스러운 말들과 긴 침묵은, 전쟁이 끝난 뒤에도 사람을 고립시키는 것은 여전히 '정치'라는 사실을 보여주고 있었다.

시간이 흘러 내가 정치라는 영역을 바라보게 되었을 때, 나는 여전히 화두처럼 그 질문을 잡고 있었다. 우리가 살고 있는 이 사회 역시, 겉으로는 연결되어 있는 것처럼 보이지만, 많은 사람들이 각자의 방식으로 고립되어 있다는 느낌을 받는다. 말이 넘쳐나는 시대이지만, 정작 자신의 삶에 대해 제대로 말할 수 있는 사람은 많지 않다. 의견은 쉽게 소비되고, 불안은 설명되지 않은 채 쌓여간다. 바그다드에서 보았던 침묵과 크게 다르지 않다고 느낄 때가 있다.

그래서 나는 여전히, 정치의 역할은 거창한 구호를 외치는 데 있기보다 고립을 줄이는 데 있어야 한다고 생각한다. 누군가를 설득하기 전에 먼저 듣는 일, 판단하기 전에 상황을 이해하려는 태도, 기자로서 현장을 다니며 배웠던 그 기본이 지금의 나에게도 여전히 기준으로 남아 있다. 전쟁터에서든 일상의 정치 속에서든, 사람은 쉽게 고립되고 그 고립은 생각보다 오래 간다. 그 사실을 잊지 않는 것, 그리고 그 고립을 당연한 것으로 만들지 않는 것. 바그다드에서 시작된 그 깨달음은 지금까지도 나를 움직이게 하는 동력이 되고 있다.

4 침묵이라는 형태의 전쟁, 소말리아

소말리아로 간다는 말은, 그 시절엔 거의 다른 뜻이었다. '취재하러 간다'기보다, '들어갈 수 있느냐'부터가 문제였다. 나라가 나라의 모양을 잃어버린 상태. 수도 한복판에서 총성이 멎지 않고, 누가 지배자인지 말할 수 없고, 어디가 전선인지도 분명하지 않은 곳. 그곳이 1993년의 모가디슈였다. 많은 사람들이 하는 질문이 있다. 취재한 분쟁지역 가운데서 어느 곳이 가장 위험했냐고. 사람들은 폭탄이 폭우처럼 쏟아지던 이라크를 답으로 기대하겠지만, 나는 늘 소말리아를 떠올리곤 한다. 머물던 호텔(호텔이라기보다 숙박시설이라고 불러야 할 열악한 장소)에서 100미터를 나가려고 해도 무장한 경호원 서너 명을 대동해야 가능했다. 전쟁은 사람들 속에 있었다.

UN 평화유지군이 들어가 있었고, 군벌은 군벌대로 도시를 쥐고 있었다. 특히 아이디드 파벌을 중심으로 교전이 계속된다는 소식이 끊이지 않았다. '교전'이라고 말하면 마치 전후방이 나뉜 전쟁 같지만, 전선 없는 전쟁이었다. 총알은 언제 어디서든 튈 수 있었고, 안전지대라고 부를 만한 곳은 거의 없었다. 누군가의 편에 서면 다른 누군가의 적이 되는 구조. 그 구조 속에서 외국군에 대한 반감은 깊어져 있었다.

그 무렵, 외신 기자들이 군중에게 희생됐다는 소식이 전해졌다. 로이터 기자를 포함해 몇 명이 현장에서 목숨을 잃었다고 했다. 취재를 하다 죽었다는 문장은 너무 짧고, 너무 쉬워 보였다. 전쟁터에서 기자가 죽는다는 건 새로운 일이 아니지만, '군중에게'라는 말이 붙는 순간 공기가 달라졌다. '내전'이라는 말은 마을이, 도시가 전장이라는 뜻이다. 총탄의 방향을 어느 정도 예상할 수 있는 전쟁과 방향을 알 수 없는 적대감이 뒤섞인 공간은 다르다. 총알은 피할 수 있어도, 분위기는 피할 수 없다. 거리의 분위기 하나가 기자를 죽게 만들 수도 있다는 뜻이었다.

그래서 국방부가 언론사들에 취재 자제를 요청했다. 위험하다는 말은 이미 충분히 듣고 있었지만, 공식적인 '자제 요청'이 내려오면 상황은 다르다. 누군가는 그 말을 듣고 접는다. 언론사가 정부의 '협조' 요청을 받아들인다. 다른 누군가는 그 말을 듣고도 간다. 선택이 갈리는 지점이다.

나는 '무모함'이라는 말을 좋아하지 않는다. 전쟁터에 가는 일을 무모하다고 부르면, 남는 것은 객기다. 그러나 내 머릿속에서 계속 떠오르던 단어는 그게 아니었다.

공백. 그곳을 기록하는 사람이 없으면, 그 공백은 그냥 공백으로 남는다. 전쟁은 벌어지고 있는데, 화면 밖으로 밀려나 있는 전쟁. 사람들은 죽고 있는데, 누구도 그 죽음을 말하지 않는 전쟁. 그런 전쟁은 '없던 일'처럼 처리되기 쉽다. 특히 우리에게는 더 그렇다. 멀리 떨어진 나라의 고통은, 전달되지 않으면 존재하지 않는 것처럼 취급된다. 그 점이 더 불편했다. 더구나 한국은 사상 최초의 평화유지군(PKO; Peace Keeping Operation) 파병을 한다고 했다. 한국 군인이 그곳에 가는데, 정작 그 현장을 우리 스스로 기록하지 않는다는 건 이상함을 넘어 있어서는 안될 일이다. 파병은 정치의 결정이고, 군인의 일이고, 또 한편으로는 국민의 이름으로 이루어지는 일이기도 하다. 그렇다면 그 장면은 누군가의 구호나 보도 자료로만 남아서는 안 된다고 생각했다. '거기 무엇이 있었는지'는 현장에서 본 사람의 말로 남아야 했다.

모가디슈로 가는 길은 험난했다. 인근국 케냐에서 모가디슈로 접근하는 루트를 백방으로 수소문했다. AP, 로이터 등 국제적 통신사를 접촉해보았지만 그들에게도 운송 수단은 없었다. 문은 국제기구에서 열렸다. 소말리아 내전에서 발생하는 희생자들을 구제하기 위한 각종 국제기구가 이웃 나라 케냐에서 활동하고 있었는데, 미국 출신 의사를 태우고 들어가는 수송 헬기에 자리 하나를 겨우 얻었다. 조종석에 탑승한 두 명과 승객 네 명이 전부인 헬기에 몸을 싣고 나이로비 공항에서 이륙할 때까지 '당신을 태울 수 없다, 더 급한 의료 인력이 타야한다'는 말을 들을까봐 조마조마했던 기억이 난다. 60대 중반이나 되었을까, 백발에 고운 얼굴을 가진 쉴라라는 여성 의사는 내전으로 살육전을 벌이고 있는 모가디슈 외곽에서 진료소를 차려놓고 환자를 진료하는 동시에 내전으로 고아가 된 아이들을 돌보고 있었다.

모가디슈 공항에 도착했을 때, 한국 언론의 모습은 보이지 않았다. 그 사실이 놀랍지는 않았다. '취재 자제 요청'이라는 정부의 방침을 따르는 것을 무조건 비난할 수는 없다. 그럼에도 한국 사상 최초로 해외에 평화유지군을 보내는데 한국 언론의 기록자가 아무도 없다는 사실은 변명의 여지 없이 부끄러웠다. 내가 모가디슈로 간 이유는 결국 그 한 줄로 정리된다. 아무도 기록하지 않으면, 그 장면은 없던 일이 되기 때문이다. 그리고 나는, 기자라면 적어도 그 공백을 그냥 두지는 말아야 한다고 믿었다. 그날 아침 모가디슈 공항에는 한국 기자가 나뿐이었다.

그런데 그 '공백'을 가로지르는 사람들은 나 외에도 있었다. AP, 로이터, AFP 등 외국 언론사 기자 서너 명이 공항에서 분주하게 뛰어다니며 우리 군인들을 취재하고 있었다. 스탠드업을 하고, 인터뷰를 따고, 필요한 정보를 얻는 그 움직임이 묘하게 인상적이었다. 적어도 '지금 여기'를 기록하는 사람들이 나 말고도 있다는 사실에 안도감이 들기도 했다.

분쟁지역 취재를 하면서 실감하는 것은 장비의 힘이다. 전쟁 취재에서 위성 전화는 '있으면 좋은 것'이 아니라, 없으면 취재 자체가 불가능하다는 것을 나는 여러 번 겪었다. '현장 다음에는 장비'라고. 그리고 '전쟁 취재에 있어 이제 위성 전화는 기자들의 필수 휴대품 가운데 하나'가 되었다고.

모가디슈로 들어가는 순간에도 그 문제는 그대로였다. 나는 통신이 마비된 나라로 들어가면서 위성 전화(INMARSAT phone)도 싣지 못했다. 다만 마음 한구석에서 기대고 있던 것은 하나였다. "서방 기자들이 서너 팀 있으니 최소한 그들이 사용하는 위성 전화를 몇 분 동안 빌릴 수 있겠지" 하는 생각이었다.

이 대목이 사실 많은 걸 말해준다. 내 취재가 '내 장비'로 진행되지 못하고, 타인의 장비에 기대야만 성립한다는 현실. 이것은 기자의 결심만으로 해결되지 않는다. 조직이 무엇을 준비해왔는지, 얼마나 축적해왔는지의 문제다. 자사에 위성 전화가 없으면 외국 통신사와 사전에 계약하고, 현지 주재 통신사(AP, AFP, REUTERS)나 화면 공급 회사(WTN, REUTER TV)들의 전화기를 빌려 쓰는 방법도 있었다.

그러니까, 그들은 '현장에 있는 사람'이기 전에, 이미 '현장에 있을 수 있게 만들어진 시스템' 위에 서 있는 사람들이었다. 물론 방송사를 대상으로 비즈니스를 하는 통신사들과 하나의 방송사를 같은 레벨에서 비교하는 것은 무리라고 하겠지만, 취재 '선진국' 언론사들의 경우 취재를 위한 장비는 선택이 아니라 필수였다.

미군은 아프리카에 평화를 복원시키기 위해 소말리아에 개입했지만, 마이클 듀란트 조종사가 몬 블랙호크 헬기가 격추되고 피투성이가 된 듀란트의 모습이 전 세계로 생중계되면서 소말리아에서 철수했다. 그를 구하기 위한 작전에 참여했던 미군 18명이 사망했고 이 사건은 〈블랙호크다운〉이라는 영화로 기록되었다.

모가디슈에서 북쪽으로 약 30킬로미터 떨어진 발라드에는 한국 공병부대, 상록수부대가 주둔하고 있었다. 지도 위에서는 짧은 거리였지만, 실제로 이동하기에는 쉽지 않은 길이었다. 도로는 곳곳이 파손되어 있었고, 이동에는 늘 무장 호위가 필요했다. 결국 우리는 헬기를 이용해 이동했다. 하늘에서 내려다본 발라드는, 전쟁터라기보다 오래 방치된 땅처럼 보였다. 건물은 낮았고, 사람들은 흩어져 있었다.

공병부대 상록수부대의 주 임무는 시설 복구였다. 도로를 정비하고, 건물을 세우고, 우물을 파는 일. 총을 들고 싸우는 병사들의 모습이 아니라, 삽과 장비를 들고 움직이는 것이 그들의 임무였다. 부대 안은 비교적 질서가 잡혀 있었다. 정해진 시간에 식사가 이루어지고, 작업은 계획대로 진행되고 있었다. 바깥의 무질서와 대비되는 풍경이었다. 그러나 그 질서가 언제까지 유지될 수 있을지는 누구도 장담하지 못했다. 부대 관계자들은 늘 "상황은 안정적이다"라고 말했지만, 그 말 뒤에는 항상 단서가 붙었다. "지금으로서는."

전쟁터에서의 공병 작업은 늘 현재형일 수밖에 없었다. 상록수부대의 존재는 이곳에서 한국이라는 나라를 가장 직접적으로 드러내는 장면이었다. 그러나 그 존재는 국기나 구호보다, 병사들의 일상적인 움직임 속에서 느껴졌다. 헬멧을 벗고 잠시 숨을 고르는 모습, 땀에 젖은 작업복, 익숙하지 않은 환경 속에서 임무를 수행하는 몸짓들. 나는 그 장면들이야말로 파병이라는 단어가 품고 있는 실제 얼굴이라고 느꼈다.

모가디슈에서 상록수부대를 취재하며, 나는 파병을 하나의 '이벤트'로 다루고 싶지 않았다. 그것은 누군가의 업적이기 전에, 누군가의 시간과 몸이 투입된 현실이었다. 총성이 멎지 않는 나라에서, 총을 사용하지 않는 임무를 수행하는 사람들. 그 모습은 모가디슈라는 공간의 모순을 그대로 담고 있었다.

얼마 지나지 않아 상록수부대가 철수한다는 소식이 전해졌다. 결정은 비교적 담담하게 내려왔고, 이유 역시 익숙한 언어로 설명되었다. 안전 문제, 현지 정세, 임무 종료. 그 말들 하나하나는 틀리지 않았지만, 그 말을 들으며 떠오른 것은 회의실의 문장이 아니라 발라드에서 보았던 얼굴들이었다. 작업복에 묻은 먼지, 헬멧을 벗고 숨을 고르던 병사들, 일정한 거리를 두고 그 모습을 지켜보던 민간인들의 시선.

철수는 언제나 빠르다. 들어갈 때보다 나올 때가 더 빠르다. 부대가 이동하고, 장비가 정리되고, 헬기가 떠난 뒤 그 자리는 다시 조용해진다. 남는 것은 공사가 끝나지 않은 도로와 잠시 생겼다가 사라진 변화의 흔적뿐이다. 누군가에게는 '임무 완료'였고, 누군가에게는 '원래의 일상으로의 복귀'였다. 그러나 그 사이 어딘가에는, 여전히 설명되지 않은 질문들이 남아 있었다.

다시 바그다드로,
2003년 이라크전

걸프전의 첫 공습을 겪고 바그다드를 떠났을 때, 내 안에는 끝내 정리되지 않은 질문 하나가 남아 있었다. 폭음과 불빛, 대피소와 통신 두절. 그 밤의 감각은 또렷했지만, 그것만으로는 전쟁을 다 보았다고 말할 수 없다는 느낌이 지워지지 않았다. 전쟁이란 그렇게 시작만으로 설명되는 것이 아닐 텐데, 나는 시작의 한복판에서 빠져나와버린 건 아닐까 하는 생각이 계속 따라붙었다.

그래서 나는 다시 바그다드로 향했다. 그 결정은 '또 다른 전쟁 취재'라기보다, 앞서 남겨두고 온 질문을 확인하러 가는 일에 가까웠다.

1991년 걸프전이 끝나고 미국을 비롯한 국제사회는 이라크에 전면경제제재를 가했다. 엄청난 매장량을 가진 이라크가 원유를 판매할 경우 판매대금을 활용하여 다시 중동의 주도권을 차지하게 되고 심지어는 핵 프로그램을 가동할 수 있다는 우려 때문이었다. 이라크는 사우디아라비아에 이어 두 번째로 매장량이 큰 나라로 기록되며 걸프전 이전에는 하루 3백만 배럴 정도의 원유를 생산했다. 그러니 이라크가 원유 판매를 재개할 경우 엄청난 오일 달러가 이라크로 흘러 들어갈 것이고, 이는 사담 후세인의 전력을 다시 강화시킬 수 있는 기반으로 작동할 수 있을 것이었다. 그러니 미국으로서는 경제제재를 통해 후세인의 손발을 묶어놓을 수밖에 없었다. 한 마디로, 수니, 시아, 쿠르드로 나뉘어져 있는 이라크 내부의 분란은 진정시키되 이라크의 분쟁이 이웃나라로 확전되는 것은 막는다는 계획이었다. 사담 후세인을 권좌에 유지시키지만 그의 야망이 이웃나라에 위협이 되지 않을 정도로만 유지한다는 것이었다.

이 경제제재 아래의 이라크 상황을 기록한다는 것이 1년간의 '아랍어 연수생'의 진짜 의도였다. 경제제재 아래 석유 부국 이라크의 생활은 끔찍하다는 말 외에 찾을 형용사가 달리 없다. 상상해 보라. 영유아에게 줄 분유도 수입할 수 없었다. 분유 통에 화학무기로 사용할 물질을 은닉해 들어올 수 있다는 것이었다. 농사에 사용할 농기구 역시 반입이 금지되었다. 군사용 무기를 제작하는데 부품이 사용될 수 있다는 것. 화폐 가치는 대폭락했다. 최근에 원화 가치가 떨어졌다고 하지만, 이라크 같은 패전국이 되면 화폐 가치는 0에 수렴한다. 빵이 주식인 나라에서 밀가루 5킬로그램을 사려고 하면 디나르 5킬로그램을 지불해야 하는 정도였다고 하면 될까. 명목상으로는 1디나르가 3달러로 달러 가치의 세 배였지만 실제 상황은 천양지차였다. 겨울 코트 하나를 사려면 여행 가방에 디나르를 가득 채워나가야 하는 형편이었다. 돈은 세는 것이 아니라다는 것이었다. 시장 가게들에는 저울이 비치되어 있었고 가치가 땅바닥으로 떨어진 디나르는 무게를 달아서 측정했다. 초강대국 미국과의 전쟁은 허무하게 끝났고 희생자는 시민들이었다.

지도자의 판단은 그래서 중요하다. 어떤 지도자를 만나느냐는 것이 이 때문에 중요한 것이다. 그가 어떤 판단을 하느냐에 따라서 나라의 미래가 결정되고 그 나라 국민의 미래가 좌우되기 때문이다. 걸프전이 끝난 뒤 유엔 안보리는 결의안 661호를 통과시킨 다음 몇 년에 걸쳐 혹독한 경제제재를 가했다. 1996년 원유 판매를 부분적으로 허용했다고 하더라도 이는 엄격히 식량 구입을 위한 목적으로만 사용하도록 했다(Oil for Food Program). 그러니 1991년 걸프전때 태어난 아이는 폭우 같은 폭탄 공습을 경험하고 분유도 제대로 맛보지 못한 유아 시절을 보내야 했다. 12살이 되던 2003년 또다른 대규모 전쟁(이라크 전쟁)이 터졌으니 그의 유년시절은 완전히 전쟁에 탈취당했다고 할 수 있다. 1991년 10살이던 아이는 또 어땠을까. 2003년 무렵 22살이 되었을 것이니 그의 청소년기는 또 누가 강탈해간 것일까.

6

바그다드에서 MBC 뉴스, 이진숙입니다

2003년, 또다시 전운이 감도는 이라크로 향할 기회가 찾아왔다. 그 무렵 나는 늘 '중동' 쪽을 향해 안테나를 세우고 있었다. 전쟁은 하루아침에 터지는 사건이 아니라, 오래 끓다가 어느 날 문득 넘치는 것이라는 걸 이미 겪어보았기 때문이다. 그래서였을까.

처음 바그다드에 도착했을 때만 해도 도시는 겉으로는 비교적 평온해 보였다. 카페와 시장에는 여전히 사람들이 오갔고, 전쟁이 곧 일어난다는 불안감 속에서도 일상이 이어지는 모습도 눈에 띄었다. 그러나 그 평온함은 폭풍 전의 고요였다. 나는 곧 다가올 폭격과 혼돈에 대비하며 취재 계획을 세웠다. 이번에는 끝까지 현장에 남아 있자고 다짐했다. 대한민국 첫 여성 종군기자로서의 사명감과 기자로서의 자존심이 나를 다시 전쟁터로 이끌고 있었다.

이라크전 개전이 임박하자 회사로부터 "요르단 암만으로 철수하라"는 지시가 내려왔다. 당시 보도국장은 "3월 19일 바그다드에서 철수하지 않으면 이진숙 이름으로 보내오는 리포트는 MBC 뉴스에 내지 않겠다"며 철수를 종용했다. 현지의 안전을 우려한 결정이었다. 나는 끝까지 남겠다고 버텼지만, 결국 상부의 명령에 따라 개전 전야에 바그다드를 떠나 인근 국가인 요르단으로 향할 수밖에 없었다. 국경을 넘어 이라크를 빠져나오는 순간, 분한 마음에 눈물이 왈칵 쏟아졌다. 머리로는 어쩔 수 없는 철수임을 이해하면서도 가슴은 현장을 포기해야 한다는 자괴감과 허탈감으로 가득했다.

요르단 암만에 도착한 나는 안전한 호텔 방에서 멀리 1천 킬로미터 떨어진 전장 소식을 전해야 하는 처지가 되었다. 현지에서 직접 듣고 보는 대신 외신 보도를 찾아 모아 기사를 쓰는 것이 너무나도 굴욕적이었다. 그렇게 겨우 작성한 리포트를 전송하고 "요르단 암만에서 MBC 기자 이진숙입니다"라고 마이크 앞에서 말할 때 창피하고 씁쓸했다. '아, 이건 죽어도 싫다.' 현장을 등진 채 안전지대에서 소식을 전한다는 것은 우리가 생각하는 기자의 모습이 아니었다.

이틀 남짓 암만에 머무르는 동안에도 바그다드 하늘에서는 연일 폭격과 공습이 이어졌다. 호텔 TV 화면 속 바그다드는 불길과 검은 연기에 휩싸여 있었고, 나는 화면을 보며 이를 글로 옮길 뿐이었다. 기자로서 자괴감이 머릿속을 떠나지 않았다. "현장에 있지 않은 내가 무엇을 할 수 있단 말인가?" 바그다드에서는 매 순간 새로운 일이 벌어지고 있었다. 결국 나는 결정을 내렸다. 다시 돌아가자. 현장이 아닌 1천 킬로미터 떨어진 타국에서 외신 기사를 정리하여 송고하는 일은 견디기 힘든 고통이었다.

나는 몰래 이라크 재입국 비자를 신청해두고 있었다. 회사의 철수 결정에 대비해 미리 준비해둔 비장의 카드였다. 철수한 지 사흘째인 3월 21일, 이메일함을 열어보니 공보부 직원 O로부터 재입국비자가 발급되었다는 이메일이 들어와 있었다. 내가 할 일은 이제 정해졌다. 먼저 우리 취재팀이 철수할 때 암만으로 태워준 운전사 아잠에게 전화를 해서 바그다드로 같이 들어가자고 약속을 잡았다. 그리고 3월 22일 오전 암만 주재 이라크 대사관으로 가서 입국 비자를 발급받았다.

전쟁터에서 달러의 위력은 더없이 강하다. 나에게 재입국 비자를 발급하는 데 도움을 준 O나 전쟁 와중에 택시로 바그다드까지 나를 태워준 아잠이나 그들에게 고마움의 표시는 달러였다. 기축통화 달러의 위력이 가장 강하게 발휘되는 곳이 전쟁터일 것이다.

3월 22일 일요일 저녁, 나는 아잠의 차를 타고 1천 킬로미터 여행을 시작했다. 통상 암만과 바그다드간 여행은 저녁때 시작한다. 요르단쪽 루웨이시드 국경까지 320킬로미터, 이라크쪽 트레빌에서 바그다드까지 550킬로미터 정도인데, 우회 도로로 가는 경우를 포함해서 1천 킬로미터라고 표현한다. 루웨이시드 국경에서 아잠은 새벽까지 기다리자고 했다. 이미 전쟁은 시작된 상황, 야간에는 공습이 집중되기 때문이었다. 새벽 무렵 이라크 국경을 넘는데, 네 살 난 딸의 모습이 눈앞에 어른거렸다. 불의의 일을 당하게 되면 엄마 없는 아이로 자랄 딸의 모습이었다. 나중에 들은 이야기지만 일부에서는 '정신 나간 엄마'라는 비판도 있었다고 한다.

당시 암만에서 이라크전 취재 지원을 위해 김영일 국장이 현장 지휘를 하고 있었는데, 김 국장에게는 국경 지역 난민취재를 간다고 했다. 이럴 때 거짓말은 글쎄, 어쩔 수 없었다고 믿는다. 이라크 국경을 넘었을 때 머리 위로 전투기들이 굉음을 내며 지나가기도 했다. B52가 동원된 폭격이 이라크 주요 시설을 향해 거침없이 내려꽂혔다. 우리가 요르단으로 철수할 때 지났던 국경 부근 주유소가 폭격을 당했고, 붉은 초생달(Red Crescent, 적십자에 해당하는 구호 기관)의 자동차도 폭격을 받아 내버려져 있었다. 20명이 탈 정도 크기의 승합버스는 폭격으로 시커멓게 불타서 뼈대만 남아 있었다. 탑승해 있던 사람들은 어떻게 되었을까. 차 안에는 시커먼 재밖에 보이지 않았다. 이런 모습을 일단 카메라에 담아야 한다. 이런 장면은 우리만 담을 수 있는 장면이기 때문이다. 폭격당한 시설들은 내가 촬영을 했지만 내 얼굴이 비치는 스탠드업은 운전사 아잠에게 부탁해야 했다. 6mm 카메라를 들고 아잠에게 작동법을 가르쳐주고 스탠드업을 마쳤다. 궁즉통이라는 말은 이런 데 쓰라고 있나 보다. 전쟁통에 바그다드로 들어가는 도로에 차량은 제로, 0대였다.

마침내 바그다드에 들어왔을 때 안도의 한숨이 터져 나왔다.

바그다드로 향하는 길가에 늘어서 있던 야자수들이 하나둘 시야에 들어오기 시작했다. 곳곳에서 폭격을 받은 시설들에서 피어오르는 시커먼 연기 기둥들이 보였다. 자동차 안에서 이 모습들을 담았다. 바그다드에서 보낼 첫 번째 리포트에 담을 영상 자료들이었다. 가능한 한 빨리 기사를 보내려면 전쟁터의 모습을 많이 확보해야 한다. 호텔을 잡고 위성 전화를 연결해 서울 국제부장에게 바그다드에 왔다고 했다. 그의 첫마디는 이랬다. "언제 기사 보내줄 수 있어?" 취재팀의 안전을 위해 철수시킨 결정과 전장에서의 단독 기사는 이처럼 상호 배타적이다.

사람들은 나에게 묻는다. 무섭지 않았냐고. 물론 무서웠다. 말 그대로 지축을 울리는 폭격 소리와 굉음 소리, 그리고 불타는 건물들, 사람들의 비명, 생지옥이 따로 없는 그곳이 난들 왜 두렵지 않을까. 그러나 그런 두려움은 국경을 넘는 순간 아무런 의미가 없다. 그런 장면이 펼쳐질 것을 이미 알고 있었고 그 길을 선택했기 때문이다.

전쟁 사흘째, 바그다드에서는 상점들 대부분이 문을 닫고 셔터를 내린 채 썰렁한 적막에 휩싸여 있었다. 500만 인구의 거대도시 바그다드는 더 이상 사람들로 붐비지 않았다. 수많은 시민들이 이미 외국이나 교외로 피신한 뒤였다. 곳곳에 무장한 군인들과 경찰들이 참호를 구축하고 긴장한 눈빛으로 거리를 지키고 있었다. "이곳 바그다드는 전시 상황입니다." 나는 스스로에게 그렇게 말하며, 곧바로 카메라를 들고 취재를 시작했다.

혼자 현장으로 돌아왔기에 촬영기자도 없이 작은 6mm 카메라 하나에 의지해야 했다. 직접 카메라를 들고 미군의 공습 장면과 바그다드 시내 곳곳의 모습을 담아냈다. 거대한 대통령궁과 정보국 건물들이 폭격으로 처참히 부서진 모습이 카메라 화면에 잡혔다. 하지만 다행히 민간인 지역의 피해는 상대적으로 덜해 보였다. 미·영 연합군이 전략시설을 정밀 타격하고 있기 때문이라는 분석이 뒤따랐다. 바그다드 상공에는 여전히 전투기의 굉음이 낮게 깔려 있었고, 간혹 폭탄이 떨어질 때마다 지면이 흔들렸다. 그 와중에도 전기는 들어왔고 전화와 수돗물도 나오고 있었다. 이라크 정부는 방송을 통해 연일 사담 후세인을 찬양하는 노래와 군가를 내보냈다. 거리의 대형 초상화들 속에서 사담은 마치 멀쩡히 건재한 듯 내려다보고 있었다. 나는 부서진 건물들 옆에서 "바그다드에서 MBC 뉴스 이진숙입니다"라고 카메라를 향해 외쳤다. 머리 위로는 아직도 시커먼 연기가 피어오르고 있었다.

2003년 3월 23일, 그날 내가 본 것들을 담은 약 1분 43초 분량의 리포트는 〈MBC뉴스데스크〉를 통해 방송되었다. 이라크 전쟁이 시작된 후 한국 기자가 전하는 첫 번째 바그다드발 뉴스였다. 그리고 그것은 내 인생의 가장 치열한 1분 43초이기도 했다.

전쟁 취재에는 예기치 못한 곳에서 위험이 도사리고 있기도 하다.

취재를 위해 폐허가 된 도로를 걸을 때였다. 카메라를 들고 한 발을 옮기려는 순간, 곁에 있던 현지 코디가 내 아랍어 이름을 불렀다. "지난(الجنة, '천국의 정원'이란 뜻의 아랍어)!" 평소보다 다급한 목소리였다. 그는 손짓으로 멈추라는 신호를 보냈고, 나는 발을 내딛으려던 동작을 그대로 멈췄다. 조금 뒤, 그 자리에 불발탄이 묻혀 있다는 사실을 알게 됐다. 지뢰였다. 한 발만 더 옮겼다면 결과는 달랐을 것이다.

그 순간 떠오른 것은 공포가 아니었다. 그동안 너무 많이 보아온 장면들이었다. 지뢰나 불발탄을 밟고 허벅지까지 잘려나간 사람들, 사지가 사라진 채 살아남은 청년들, 머리가 잘린 시신들. 나는 이미 그런 몸들을 수없이 카메라에 담아왔다. 그날은 다만, 그 자리에 내가 서 있었을 뿐이었다. 그 장면 속 인물이, 아주 잠깐 나 자신이 될 수도 있었다는 사실을 뒤늦게 실감했다.

전쟁터에서는 총성과 폭음보다 더 위험한 것이 있다. 보이지 않는 것들이다. 땅속에 묻힌 불발탄, 아무 표식도 없는 위험, 그리고 그것을 알아차리는 데 필요한 단 한번의 제지. "지난"이라는 한마디가 아니었다면, 나는 지금 이 이야기를 쓰고 있지 못했을지도

2003년 개전 사흘째 미군 공습 중인 이라크로 들어갔다. 당시 바그다드에서 취재 중인 모습.

1991년 걸프전 당시 집결한 이라크군 앞에서 스탠드업을 하는 모습.

모른다. 전쟁은 늘 그렇게 사람을 시험한다. 큰 소리로가 아니라, 조용히. 그리고 그 차이는 언제나 한 발의 거리에서 갈린다.

4월 초, 나는 마침내 바그다드를 떠나 서울로 귀환했다. 가장 사랑하는 가족의 품으로 돌아온 순간, 비로소 전쟁이 정말 끝났음을 실감했다. 딸아이가 "엄마!" 하고 달려와 안겼다.

나는 아이를 안고, 가슴속 깊이 밀려드는 안도감에 한동안 말을 잇지 못했다. 4월 4일, 서울 본사 뉴스센터에 돌아온 내게 동료들은 "정말 수고 많았다"며 격려를 아끼지 않았다. 앵커는 생방송에서 내게 물었다. "정말 겁나지 않던가요?" 스튜디오 불빛 아래 마이크를 잡은 나는 잠시 말을 골랐다. "눈앞의 할 일에 정신이 없어서 정작 무서울 겨를은 없었습니다만…… 지나고 나니 그때 참 겁났던 거였구나 싶습니다." 사실이었다. 전쟁터에 있는 동안에는 두려움을 느낄 새도 없이 움직였지만, 막상 한국에 돌아와 돌이켜 보니 내가 얼마나 아슬아슬한 순간들을 넘겨왔는지 실감이 났다. 인터뷰를 마치며 앵커는 "앞으로도 맹렬한 보도 기대한다"는 말로 내 귀국 인사를 갈음했다.

얼마의 시간이 지난 뒤 나는 이라크 저항세력(게릴라)과의 접촉에 성공했다. 전황은 급변하고 있었고, 바그다드가 함락된 이후에는 미군에 맞선 이라크인들의 저항이 본격화되고 있었다. 현지인 중개인의 안내로 눈을 가린 채 차를 타고 이동한 끝에 도착한 곳에는 소총으로 무장한 남성 서너 명이 기다리고 있었다. 이들은 사담 후세인 정권 붕괴 후에도 미군에 대한 성전(جهاد, 지하드)을 이어가겠다는 이라크 저항조직의 일원들이었다. 그들을 마주하고 나는 숨죽인 채 카메라를 돌리고 녹음을 시작했다. "우리는 침략자에 맞서 끝까지 싸울 것이다. 이 전쟁은 아직 끝난 것이 아니다." 인터뷰에 응한 청년 대원의 눈은 두려움과 결의로 번뜩이고 있었다. 그는 미군뿐 아니라 그들과 협력하는 모든 세력이 우리의 적이라며, "외세가 이 땅에서 떠나는 날까지 우리는 총을 내려놓지 않을 것" "한국에서 전투군을 파병하면 공격하겠다"라고 단호히 말했다. 그들의 목표는 단순히 적을 물리치는 것이 아니라, 점령군의 의지를 꺾는 데 있다고 했다. 인터뷰 내내 내 심장은 긴장으로 쿵쿵거렸지만, 나는 한순간도 이들의 목소리를 놓치지 않으려 애썼다. 총성소리와 폭발음이 끊이지 않는 도시 한복판에서, 나는 적막한 방에 앉아 오로지 인터뷰이의 목소리에만 귀 기울였다.

카메라를 끄고 밖으로 나오자, 비로소 식은땀이 등에 흘러내리는 것을 느꼈다. 숨가쁜 긴장의 연속이었지만, 나는 이들의 처절한 각오를 한국 시청자들에게 전하는 데 성공했다. 이후 보도를 통해 "이라크 저항세력을 과소평가해선 안 된다"는 내 인터뷰 내용이 전해지자 국내에도 적지 않은 파장이 일었다. 극적인 반군 인터뷰 영상은 큰 화제가 되었고, 전쟁의 또 다른 이면을 보여주었다는 평가를 받았다.

2003년 이라크전 현장 보도로 나는 그 해 한국방송대상 보도기자상을 수상하는 영예를 안았다. 또한 모교의 언론인상 등 여러 상을 받으며 언론계의 스포트라이트를 받았다. 강연 요청이 쏟아졌고, 언론은 나를 두고 한때 '바그다드의 영웅'이라고 치켜세웠다. 하지만 정작 내 마음속에는 영웅이라는 거창한 감정보다는 '무사히 돌아와 다행'이라는 안도와 '나는 끝까지 내가 할 일을 해냈다'는 조용한 뿌듯함이 자리하고 있었다. '종군기자'라는 단어가 내게 함축하는 바는 매우 크다. 전쟁터의 경험은 기자 이진숙이라는 사람의 정체성을 만들어주었다. 목숨까지 걸어 보았는데, 못 해낼 일이 무엇이 있을까하는 자신감도 얻었다.

물론 나 역시 한 아이의 엄마이고 평범한 인간이다. 두려움도 있었고, 흔들린 순간도 많았다. 그럼에도 불구하고 끝까지 진실의 현장을 전하겠다는 집념은 나를 움직인 원동력이었다.

20여 년이 지난 지금도 가끔 당시의 바그다드 밤하늘을 꿈에서 본다. 캄캄한 하늘에 폭우처럼 쏟아지던 포탄의 불꽃, 번쩍 이던 섬광, 귀를 때리던 굉음, 이를 배경으로 돌아가던 카메라……. 그 모든 것이 선명하다. 돌이켜보면 나 역시 두려움을 이겨낸 한 명의 평범한 기자에 불과하다. 다만 전쟁터 한복판에서 전했던 한 마디 "바그다드에서, MBC 뉴스 이진숙입니다", 그것만큼은 기자로서 내 일생의 사명이 응축된 한 마디였다고 감히 말하고 싶다. 바그다드에서 돌아온 이후 내 인생은 많이 바뀌었지만, 전쟁터에서 배운 용기와 신념만은 영원히 내 안에 남아 있을 것이다. 1991년 걸프전부터, 현장을 지켰던 2003년 이라크전의 바그다드까지, 그 모든 여정이 내 기자 인생의 가장 소중한 자산이다.

현장에서 시스템으로

　　그 무렵, 나는 이미 기자로서 가장 뜨거운 시절을 지나고 있었다. 전쟁터를 다녀왔고, 현장을 경험했고, 마이크 앞에 서는 일이 두렵지 않은 사람이 되어 있었다. 그렇다고 해서 조직의 안쪽이 편안해진 것은 아니었다. 오히려 방송국이라는 공간은 점점 더 낯설어지고 있었다.

　　2008년, 새 정부가 들어섰다. 그리고 MBC는 그 즉시 정치의 중심으로 끌려 들어갔다. 한 시사 프로그램이 사회를 뒤흔들었고, 방송이 사회에 미치는 영향력이 다시 한번 확인되었다. 거리에는 사람들이 모였고, 방송은 더 이상 방송만의 일이 아니게 되었다. 그때부터였다. 회사 안에서 '보도'라는 말보다 '책임'이라는 말이 더 자주 오가기 시작한 것이.

　　2011년, 그때 내가 맡은 자리가 홍보국장이었다. 기자였던 내가 이제는 회사의 말을 전하는 사람이 되었다. 대중의 목소리가 아니라 조직의 목소리를 대변하는 위치에 놓이게 되었다는 것은, 한편 내 입지가 단단해졌다는 의미였지만 다른 한편 늘 갈등의 중심에 설 수밖에 없는 위치가 되었다는 사실을 의미했다. 정책협력부장, 홍보국장, 그리고 기획홍보본부장……, 직함은 점점 길어졌지만, 역할은 단순했다. 회사의 결정을 외부에 설명하는 일. 질문을 받아내고 비난을 감내하는 것이 나의 일이 되어 있었다. 자청한 일은 아니었지만, 공교롭게도 그 시기 그 자리에 내가 있었다. 기자로서 취재를 하는 것이 아니라 조직의 입장을 이야기하는 자리에 선다는 것. 어떤 날은 그 순간 내가 하는 말이 과거 기자로서의 나 자신을 향해 되돌아오는 것처럼 느껴지기도 했다.

〈PD수첩〉의 광우병 보도를 둘러싼 논란은 계속해서 현재진행형이었다. 사건은 이미 방송을 넘어 법정으로 옮겨졌고 판결 하나하나가 또다시 뉴스가 되었다. 그 과정에서 나는 홍보국장으로서, 또 기획홍보본부장으로서 회사의 입장을 설명해야 하는 자리에서 있었다. 기자로서의 언어가 아닌 조직의 언어를 써야 하는 순간이었다. 법원은 PD수첩 제작진에게 무죄를 선고했다. 그 판단은 분명했다. 광우병 위험을 제기한 것 자체는 공익적 목적의 보도였고 표현의 자유가 보호되어야 한다는 취지였다. 나는 그 결론을 부정하지 않았다. 그 보도가 사회에 던진 질문이 가볍지 않다는 것도 알고 있었다.

이슈는 세 가지였다. 첫째, 한국인이 광우병에 취약한 유전자를 가지고 있다는 교수의 주장을 실었다는 것. 이 부분이 가장 큰 반향(부정적인!)을 일으켰지 않나 싶다. 광우병 자체도 무서운데 한국 사람이 광우병에 가장 걸리기 쉽다니 미국산 소고기를 반드시 막아야 되는 것 아니겠는가. 취재제작 준칙을 어긴 부분은 또 있었다. 전문가의 의견을 실을 때는 여러 인터뷰이의 의견을 듣고 가장 권위 있고 설득력이 있는 의견을 실어야 하지만 당시 인용한 내용은 그런 주장을 한 거의 유일한 의견이었던 것으로 기억한다. 창피한 일이다. 제작진도 이 부분에 대해서는 비교적 빨리 정정보도를 했다.

둘째, 다우너 소(쓰러지는 소) 영상 문제다. 그러니까 광우병 소 문제를 다루는 프로그램에 이와는 전혀 관계가 없는 다우너 소 화면을 초입 부분에 사용한 문제였다. 시청자들은 미국산 소고기를 먹으면 광우병에 걸려 다우너 소처럼 부들부들 떨면서 죽게 될 것으로 오인할 수 있는 것이다.

셋째 아레사 빈슨이라는 여성 문제다. 프로그램 제작 당시 이 여성은 인간광우병으로 사망했다는 것이 확정되지 않았으나 이 프로그램은 확정된 것처럼 내레이션을 했다. 시청자로서는 이 프로그램을 보면 이런 결론을 내릴 수 있게 된다. 한국 사람은 광우병에 취약한 유전자를 가지고 있는데, 광우병에 걸리면 부들부들 떨면서 쓰러져 죽는다, 그리고 광우병에 걸려서 죽은 사람이 미국에 있단다, 이렇게 생각을 할 수 있다는 것이다. 돌이켜보면 이런 부실한 주장에 누가 넘어갈까 싶지만 그런 일은 실제 벌어졌다. 수

십만 명이 거리로 쏟아져나왔고 그 가운데는 유모차에 아이를 태운 젊은 엄마들도 많았다. 광우병이라는 말 자체가 미친소병이라는 뜻인데, 광기의 시대였다. 회사의 주장은 명료했다. 회사가 문제 삼은 것은 위험 가능성을 신중하게 검토한 것이 아니라, 위험이 마치 확정된 현실인 것처럼 표현했던 편집과 방향성이었다.

그 지점이 회사가 책임을 문제 제기했던 이유였다. 나는 "광우병을 말해서 문제가 된 것이 아니다"라는 말을 여러 차례 반복해야 했다. 위험 가능성을 제기하는 것과 위험을 단정하는 것은 다르다고 회사는 판단했고 그 판단을 외부에 설명해야 했다. 곧바로 노조의 반발이 이어졌다. 노조는 외압이라고 주장했고 나는 사법 판단의 일부를 설명할 뿐이라 말했다. 그 순간부터 우리는 같은 사건을 전혀 다른 언어로 말하고 있었다. 누군가는 판결의 결론을 보았고 누군가는 판결문 속 문장을 보았다. 양측 간에는 분명한 간극이 있었고 그 간극은 깊었다. 그것은 조직 안의 균열이 되었고 이후로도 쉽게 봉합되지 않았다. 이 문제는 단순히 하나의 프로그램을 둘러싼 논쟁이 아니었다. 방송이 어디까지 말할 수 있는가, 방송사는 그 말에 대해 어디까지 책임져야 하는가, 그리고 그 책임을 누가 감당해야 하는가 하는 '언론관'의 문제였다.

2011년 가을, 〈PD수첩〉 광우병 편 제작진에 대한 징계가 결정되었을 때도 그랬다. 동어반복의 논쟁이 계속됐고 회사 안에서 나를 바라보는 시선은 더욱 차가워졌다. 혹자는 내가 변했다고 했다. 파업 현장에서 함께 구호를 외치던 이가 이제는 사측의 입을 대신

하고 있었으니, 과거의 나를 기억하는 이들에게는 설명되지 않는 부분들도 분명히 있었을 것이다.

따지고 보면 노와 사는 대척점에 있는 양자(兩者)일지는 몰라도 적(敵)은 아니었지만, 어느 시점부터 사측은 노측의 적, 타도 대상이 되어 있었다. 나는 그 시점을 언론노조 창립과 민노총 가입 무렵인 2000년대 초반으로 본다. 아마도 여기에는 '군자산의 맹세'로 상징되는 좌파 동맹이 개입한 것이 아닐까 추정해본다. 김대중 정권 말기 좌파 세력은 노동·시민·진보 정당의 정치세력화를 시도했고 군자산에서 좌파 집권 전략을 구체적으로 수립한다. 3년, 10년 등 시점을 구체화하여 목표를 수립했고, 이 목표는 시기가 일부 변경된 것은 있어도 거의 그대로 실현되었다. 좌파 세력은 독재 정권 시절 소위 '재야 세력'으로 아스팔트에서 '민주화운동'을 했으나 이것만으로는 부족하다고 판단해, 직접 정권을 잡겠다는 것을 목표로 세웠다. 이 시기 민노총, 전농(전국농민총연맹), 참여연대, 민변(민주사회를 위한 변호사모임) 등 급진 좌파 성향의 조직과 단체들이 우후죽순격으로 생겨난다. 직접 정권을 잡겠다는 목표를 설정한 급진 좌파 세력은 몇 년 뒤 그들의 계획에 따라 민주노동당을 '접수'하게 된다. '노동자의 정치세력화'가 구현된 것이다. 노조와 시민단체, 급진정당이 삼각편대를 이루어 대한민국 '접수'에 나섰고, 이 세력들은 20년도 되지 않아 대한민국 좌파 진영의 주요 정치세력으로 성장한다.

그것이 구체적으로 나타난 것이 박근혜 대통령 탄핵과 문재인의 집권으로 볼 수 있다. 문재인, 이재명을 둘러싼 좌파 세력은 김대중, 노무현 집권 때와는 비교도 되지 않을 정도의 골수 좌파 성향의 세력으로 민노총 출신 인사가 창립 20여년 만에 드디어 내각의 일원이 되는 '쾌거'를 이루었다. 자세히 살펴보면 현재 대한민국을 지배하는 세력 가운데 민노총, 민변, 전교조 등은 노동, 법조, 교육 분야에서 막강한 영향력을 발휘하고 있음을 목격할 수 있다. 심지어 민변과 전교조는 공영방송 이사 선임을 하는 중요한 한 기둥으로 작동할 가능성이 커졌다. 2000년 이전에 '재야'에 머물던 좌파 세력은 단 20년 만에 대한민국의 주류세력으로 성장해 대한민국을 접수하기에 이르렀다.

사람들은 가끔 나에게 묻는다. 언론이 왜 이렇게 좌파 '기관 매체'가 되어버렸냐고. 앞서 설명한 것을 보면 MBC 등 소위 '공영방송'은 자발적으로 좌파 성향 매체가 된 것이 아니라 좌파 진영에서 목표를 설정해 조직 DNA를 변화시킨 결과라고 본다. '노동자의 정치세력화'를 공공연히(그들은 숨기지 않는다) 강령에 노출시키고 있는 민노총의 오랜 '투쟁' 결과라고 보는 것이다. '노동자의 정치세력화'를 내세우고 있는 민노총 아래 공영방송이 있다면, 그 방송들은 어떤 방향으로 방송을 하게 될까. 좌파 방송일까, 우파 방송일까, 객관적 방송일까. 이 물음에 대한 답은 명백할 것이다. 그들이 왜 MBC를 민영화하려는 시도에 반대하는지 이제 독자들은 이해가 될 것이다. '공영방송'은 기업 같은 주인이 없고, 주인이 없을 때 좌파 세력들이 접수하기는 더욱 수월하다. 선전 선동에 능한 그들은 '국민이 주인'이라는 구호를 내세우지만 국민이 주인이 아니라 민노총이 주인, 언론노조가 주인이 되는 셈이다. 이미 민영화된 YTN을 '사영화'라는 기이한 말로 공격하면서 결국 다시 '노영방송'을 만들려고 시도하는 이유가 바로 여기에 있다. 그리고 '노영방송'을 만드는 원복과정을 그들은 '정상화'라고 부른다. 선전선동 언어의 귀재들이다.

그렇다면 소위 지식인이라 할 수 있는 언론 종사자들이 어떻게 이런 비정상적 구조에 편입되는가. 나는 그것을 '목구멍 포도청' 때문이라고 본다. 이미 상층부가 좌파 세력에 접수된 공영 언론사의 경우, 평기자·평PD는 좌파 진영에 영합해야만 회사 내에서 미래가 있다. 시간이 지나면 이는 '확증편향'으로 상승작용을 일으키면서 어느새 '확신범'이 되어버린다. 중립 상태에서 입사한 기자와 피디는 10년 정도 세월이 지나면 확실한 좌파 성향의 기자, 피디로 '성장'하게 되는 것이다. 국민들을 '가르치는' 기자들이 파업 기간에 파업에 참여하지 않는 직원이나 회사 간부들에게 소금을 뿌리거나 엘리베이터 '열림' 버튼을 계속 누르며 출근을 방해하고, 시뻘건 종이에 '부역자들에게 최후의 시간이 다가오고 있다'는 경고 용지를 파업 불참자들의 책상 위에 뿌리는 그런 일들을 하는 것을 보면 이들이 무슨 짓을 하고 있는가라는 생각이 든다.

그런데, 좌파들은 자기 진영에 '충성'을 바친 사람들에게는 반드시 보상을 줌으로써 또 다른 좌파들을 키워낸다. 2012년 MBC가 MBC 사상 최장인 170일 파업을 했을 때, 나는 홍보국장, 기획홍보본부장으로 파업 문제를 대응하는 자리에 있었다. 170일 동안 제대로 퇴근을 하지 못하고 대부분 시간을 회사에서 보내야 했다. 그때 중요한 일이 회사의 입장을 알리는 '특보'를 쓰는 일이었다. 당시 노조에서는 이○○ 홍보국장이 '노보'를 쓰는 일을 담당하고 있었는데, 사측을 상대로 온갖 비난, 비방으로 가득찬 전단지를 생산했다. 노조의 목표는 'MB아바타 김재철'을 사장직에서 끌어내는 일이었고 노보는 그 목표를 달성하기 위해 모 여성과 부적절한 관계가 있다는 등의 마타도어를 근거 없이 쏟아냈다. 급기야 사장의 법인카드 사용 내역이 '불법적으로' 유출되었다. 회계 업무를 담당하는 노조원이 빼준 것으로 추정하는데, 몇 명이 그 업무를 담당하고 있어 '범인'을 특정하지 못하는 바람에 결국 유야무야된 것으로 기억한다. 회계 업무 담당 노조원들은 '의리'로 입을 열지 않았을까, 아니면 더 큰 조직으로부터의 '보복'이 무서웠을까. 그 판단은 독자에게 맡긴다.

아무튼, 홍보국장 이○○은 사장과 회사 측에 대한 갖은 마타도어를 쏟아놓는 노보를 발행하였는데, 초기에 회사의 대응은 다소 늦은 감이 있었다. 나는 회사 측의 입장을 회사 '특보'를 통해 알리는 역할을 했는데, 홍보국장일 당시에는 담당 부장들과 함께 초안을 써서 기획본부장과 부사장의 검토를 거쳐 발간하는 바람에 속도가 늦었다. 사원들은 노보가 적시한 사장의 '비리' 의혹과 회사의 부당함, 그리고 속속 노조로 '투항'해오는 간부들의 소식에 힘입어 나날이 파업 참여 인원이 늘어났다. 매일 수십 명이 마이크와 카메라, 펜을 집어던지고 파업 행렬에 들어섰다. 이래서는 안된다는 생각에 사장을 찾아갔다. 사장께 상황을 설명하고 앞으로 언론 대응과 회사 측 대응은 내가 도맡아서 하겠다고 했다. '특보'에 대한 임원들의 '데스킹' 과정을 줄이고 종편 등 텔레비전 출연도 내가 결정해서 인터뷰에 나섰다. 통상 노보는 사원들이 출근하기 전인 아침 8시 무렵 로비에 놓였는데, 나는 이보다 빠른 시간인 7시 30분을 목표로 회사 특보를 제작했다. 전날 나온 노보의 주장을 조목조목 논리를 세워 반박했다. 때로는 노보의 주장에 빨간 밑줄을 그어 허위·부당성을 반박했다.

2012년 봄, 나는 기획홍보본부장이 되었는데, 사무실에서 밤을 새워 회사 '특보'를 썼다. 돌이켜보면 사무실용 간이침대라도 둘 수 있었을텐데 그런 여유도 없었다. 졸릴 때면 신문지를 깔아놓고 바닥에서 20~30분 잠을 청한 적도 있었는데, 새벽에 청소하는 미화원에게 들켰을지도 모르겠다. 아침 6시 무렵 '특보' 작성을 끝내면 홍보국에서 후반 작업을 했는데, 담당 부장과 디자인 담당자들도 이른 시간에 출근해서 고역을 함께 치렀다. 이 자리를 빌려 고마움과 미안함을 전한다. 그리고는 집으로 가서 샤워를 하고 옷을 갈아입고 8시 무렵 회사로 출근해서 임원 회의에 참석했다. 그 무렵 언젠가 저녁 약속을 끝내고 '특보'를 쓰기 위해 밤 10시쯤 다시 회사로 들어가려는데, 방문진의 한 이사가 '지금 이 시간에 회사로 들어가느냐'며 깜짝 놀랐다. 나에게는 일상이었는데, 그는 놀랐던 모양이었다. 평생 그렇게 살았다.

좌파들이 서로를 챙긴다는 이야기를 하려다 보니 옆길로 많이 샜는데, 아무튼 170일 동안 파업이 계속되다보니 노조의 홍보국장도 육체적으로 많이 힘들었을 것이다. 그는 결국 암으로 투병하다가 세상을 떠났는데, 문재인은 투병 중인 이OO을 찾아 위로하기도 했다. 언젠가 유동규씨가 말하는 것을 들은 적이 있는데, 이재명 역시 이OO과 인연을 맺으려 했다고 한다. 경기도지사 무렵인가, 이OO의 미망인에게 연락을 해서 일자리를 제안했는데, 미망인이 거절했다고. 방송기자연합회는 '이OO언론상'을 제정해 매년 그의 '업적'을 기리고 있으며 MBC 사장실에는 그의 초상화가 걸려 있다고 한다. 그러니까 좌파 진영에서는 그 진영을 위해 투쟁한 사람은 끝까지 챙긴다는 것이다.

나의 경우, 윤석열 대선 후보가 언론특보로 임명했을 때 언론노조가 반발 성명을 내자 일주일 만에 해촉됐다. 당시야 대선 운동 기간이었기 때문에 이해할 부분이 있는 것도 사실이지만, 우파는 자기 사람 챙기는 데 그만큼 인색하다는 말이다. 회사의 홍보국장, 기획홍보본부장으로 170일 파업을 분쇄하고 사상 처음으로 사측의 승리로 이끈 이진숙과 언론노조 MBC 본부의 홍보국장을 비교할 때, 이OO은 그를 기리는 '언론상'까지 제작했지만, 나의 경우는 우파 진영에서 어떤 취급을 받아왔을까 생각해본다. 나를 대접해달라는 말이 아니라 좌우 진영이 차이가 그렇다는 말이다. 좌파 진영에서는 그 이념과 진영을 위해 싸운 사람은 그에 걸맞은 대우를 반드시 하기 때문에 열심히 싸우는 사람이 줄을 잇는다는 말이다. ‘좌파는 동지를 챙기지만 우파는 동창을 챙긴다’, ‘좌파는 이념 집단이고 우파는 이익집단이다’라는 말들이 근거가 없는 말은 아니다. ‘인사는 이재명처럼, 투쟁은 민주당처럼’이라는 말이 이유 없이 나왔겠는가.

2012년 봄, 그 갈등의 끝에 기자회는 나를 제명했다. 외부에서는 기자회가 공식 조직인 것처럼 알고 있는 사람들도 있다. 변호사 회처럼 제명을 하면 기자라는 직업을 할 수 없는 것처럼 생각하는 경우다. 회사 내부 사정을 잘 몰라서 일어나는 오해다. MBC 기자회라는 것은 MBC 기자들의 친목 단체다. 기자들의 친목 단체이기 때문에 먹고 마시고 친목 도모하는 동호회와는 다른 성격을 가지고 있겠지만, 어떻든 일반 시민들이 생각하는 것과는 다른 성격을 가진다. 기자회 제명 이후 기자를 기자회에서 내쫓은 첫 사례라는 말이 뒤따랐다. 표결 결과까지 숫자로 남았다. 그 결정을 들었을 때 놀라지는 않았다. 이미 오래전부터 나는 그들 안에 있지 않았기 때문이다.

돌이켜보면 그 시기는 선택의 연속이었다. 어떤 선택은 설명할 수 있었지만, 또 어떤 선택은 설명하지 않는 편이 나았다. 나는 언제나 현장을 가볍게 여기지 않으려 애썼다. 조직도, 갈등도 그 안에 있는 사람들도 모두 현실이었다. 그 현실 안에서 나는 내가 맡은 역할을 올바르게 수행했을 뿐이었다. 또한, 그 시기 나는 이미 한번의 강을 건넜고 다시 돌아올 수 없다는 사실도 잘 알고 있었다. 이후의 삶은 그 선택의 연장선 위에 놓여 있었다.

또다시 바뀐
회사 내부의 공기

정권이 바뀌면 방송은 언제나 가장 먼저 흔들린다. 본부장이 바뀌고 책임자가 바뀌고 그에 따라 뉴스의 결도 달라진다. 그때 나는 워싱턴지사장이었다. 먼 곳에 있었지만, 회사가 어디로 가는지는 알 수 있었다. 그러다 2014년 3월 6일, 나는 MBC 보도본부장에 임명됐다. 지상파에서 여성이 보도본부장이 된 첫 사례라고 했다. 선임은 MBC 최대 주주인 방송문화진흥회의 이사회에서 이루어졌고 같은 날 권재홍이 부사장에 임명됐다. 워싱턴지사장에서 보도본부장으로. 이 한 줄의 인사에 회사 안팎의 무수한 긴장과 계산이 함께 담겨 있었다. 노조는 즉시 반발했다. "최악의 인사", "김재철 체제의 부활"이라는 표현이 기사에 그대로 실렸다. 사람들은 이미 내가 어떤 편에 서 있다는 프레임으로 바라봤고 그 시선은 한번 만들어지면 쉽게 사라지지 않았다. 보도본부장이라는 자리는 화려해 보이지만, 실상은 결정하고 책임지는 자리다. 뉴스의 우선순위를 정하고 어떤 표현을 쓰고 어떤 리포트를 내보낼지, 어떤 화면을 택할지 구체적인 사안은 보도국장의 몫이지만 보도본부장은 그 방송사의 보도 방향성을 결정하는 임원이다. 경영진으로서 회사의 주요 결정을 내리는 소수 인원의 한 사람이다. 기자 시절에는 현장에서 카메라와 마이크로 버티면 되었지만, 그 자리에선 현장을 대신해 결정하고 책임져야 했다.

보도본부장으로 재직할 때 했던 결정 가운데 기억나는 사건이 있다. 이재명의 총리 김민석이나 기획예산처 장관 후보 이혜훈 사례와 비교하면 '이런 일이 있었나'라고 할 정도의 사건이었다. 2014년 6월 10일 박근혜 대통령은 총리 후보로 문창극 전 중앙일보 주필을 지명했다. 기자, 논설위원을 거쳐 주필이 된 문창극 지명자는 박근혜 정부의 총리로서 적절한 인물이라 평가를 받았으나 언론의 '검증'에 걸렸다. 돌이켜보면 '악마의 편집' 때문이었다. 문창극 지명자는 독실한 기독교인이었는데, 교회 간증에서 일제시대 이야기를 하면서 "일제 식민지는 하나님의 뜻", "조선 민족이 게으르고 자립심이 부족했다"는 등의 발언을 했는데, KBS가 이 발언을 중심으로 뉴스 프로그램에 보도하면서 일파만파 논란이 커졌다.

방송사에서도 이 문제를 어떻게 다룰지에 대해 논의하지 않을 수 없었다. 나는 임원 회의에서 교회에서 신앙 간증을 한 것을 두고 '잘못된 역사 인식'으로 프레이밍을 하는 것은 문제라고 지적하고 그의 간증 모두를 국민들에게 들려주고 판단하는 것이 맞겠다고 건의했다. 다른 임원들도 공감을 했고, 문창극 후보의 신앙 간증은 한 시간짜리 특집 프로그램으로 방영됐다. 이재명의 "중국에도 쎄쎄, 대만에도 쎄쎄" 발언과 비교해볼 때 문창극 후보의 말이 더 지나치다고 보지 않는 사람들도 많을 것이라고 생각된다. 확실히 여론을 만드는 프레이밍 능력은 좌파가 훨씬 우위에 있는지 이재명은 아무 일 없다는 듯이 살아남았고 문창극은 중도 하차했다. 정권에 부담을 주지 않기 위해 그는 결국 지명 14일 만에 자진사퇴했다. 돌이켜보면 교회에서 신앙 간증으로 했던 이야기가 정치적으로 악용된 사례였다.

앞서 기획본부장으로 있던 2013년 1월 15일 KAL기 폭파범 김현희 씨와의 대담도 기억에 남는다. 희한하게도 MBC는 좌우 대립의 최전선에 서 있었던 것이 아닌가 생각이 들기도 한다. 2003년에서 2004년('군자산의 맹세'가 이루어진 직후라는 점이 눈에 띈다) MBC 시사 프로그램은 KAL기 폭파사건과 관련해서 북한의 소행이라는 정부 발표에 의문을 제기하는 '음모론'을 바탕으로 프로그램을 만든 적이 있었다. 2012년 박근혜 정부로 정권이 교체된 다음 이 문제가 다시 거론되면서 KAL기 폭파사건은 명백히 북한의 소행임을 밝혀야 한다는 의견이 대두되었다. 사회가 다시 음모론으로 소모적인 논쟁과 혼란에 빠질 것을 우려하여 회사는 김현희 씨 대담을 추진하기로 했다. 접촉은 내가 하기로 했다.

김현희 씨와의 접촉은 오직 이메일로만 가능했다. 김 씨의 그의 대외 연락·소통 창구였고 답이 올지도 모르는 상태에서 대담의 취지를 설명하고 대담을 요청했다. 오랜 시간 칩거 상태로 지내다가 다시 세상으로 나오는 문제에 대해 부부는 신중하게 대응하였으나 취지를 이해한 다음 대담에 응하겠다고 했다. 대담 호스트는 신동호 아나운서 국장이었다. 그는 어떤 프로그램을 맡겨도 즉석에서 아무 문제 없이 해낼 수 있는 베테랑 아나운서였다. 10년이 지난 다음에 어떤 의도로 KAL기 폭파의 배후는 평양 정권이라는 내용의 대담을 편성했느냐는 비판이 좌파 진영에서 나왔지만, 일반 시민과 언론 등의 평가는 긍정적이었다고 판단한다. "조작설에 종지부를 찍었다", "가해자 본인의 증언을 직접 들려준 점은 의미가 있다"는 평가였다.

직접 만난 김현희 씨를 보고 느낀 점도 있다. 가냘픈 몸매에 맑은 눈을 가진 이 여성은 어찌해서 남북 분단의 시대에 태어나서 한 정권의 수단으로 쓰이기 위해 목숨까지 바칠 생각을 했는가, 승객 104명과 승무원 11명 등 탑승자 115명 전원을 희생시킨 이 여성은 잘못된 이념의 희생자였을까, 아니면 확신범이었을까.

2015년 3월 나는 대전MBC 대표이사 사장으로 선임되었다. 언론 기사들은 "2015년 3월 취임, 2018년 1월 사임"으로 내 재임 기간을 정리한다. 여성이 지역 계열사 사장이 된 것도 '이례적'이라고들 했다. 그러나 지역으로 내려가면 '이례성'은 금세 의미를 잃는다. 지역 방송은 지역의 리듬으로 돌아가기 때문이다. 사람도, 이슈도, 시청자의 기대도 모두 다르기 때문이다. 대전은 조용한 도시처럼 보이지만, 방송국 안은 늘 뜨겁다. 지역의 이해관계는 훨씬 촘촘하며 작은 변화에도 빠르게 반응한다. 구성원들과의 관계를 새로 세우는 일은 생각보다 오래 걸렸다. 더구나 내 이름 앞에는 이미 여러 꼬리표가 붙어 있었다. 본사에서부터 이어진 갈등의 흔적이 계열사로까지 따라왔다.

그리고 2016년 말, 탄핵 정국이 시작됐다. 정권이 흔들리면 공영방송은 더 크게 흔들린다. 바깥의 변화가 안으로 밀려 들어와 결국 '사람의 문제'로 정리되기 시작한다. 2017년 들어 MBC도 경영진 교체 흐름이 뚜렷해졌고 그 흐름은 계열사도 비껴가지 않았다. 그리고 2018년 1월, 나는 사임했다. '임기를 채우지 못했다'는 표현으로 정리되는 그 시점은 단순한 사표 한 장이 아니라 '해임 절차'라는 단어와 함께한다. 당시 MBC는 2018년 1월 12일 주주총회에서 편성규약 위반, 방송 사유화 등을 이유로 내 해임 안건을 논의하려 했고 해당 주총을 앞두고 사임했다는 보도가 줄을 이었다. 노조는 '긴 싸움의 결과'라고 말했다. 나는 그때 어떤 말을 길게 늘어놓지 않았다. 말은 늘 해석을 부르고 해석은 다시 전쟁이 된다. 그 시기 나는 이미 그 전쟁을 너무 오래 보고 있었다. 30년 가까이 몸담았던 회사를 떠난다는 건 '퇴장'이라기보단 '이탈'에 가까운 감각이었다. 현장에 서고 싶었던 이진숙, 내가 본 것을 세상에 전하고 싶었던 이진숙이 있었다. 그리고 시간이 흐름에 따라 자연스레 '보도'가 아닌 '조직'과 연결되어 누군가와는 다른 위치에 선 이진숙이 있었다. 누군가에게 나는 '최초'였고 누군가에게는 '상징'이었으며 누군가에게는 '금기어'가 되었다.

이후로도 삶은 계속되었다. 다시 새로운 정권이 들어서면서 나는, 이제는 '방송미디어통신위원회'라는 이름으로 명패가 바뀐, 방송통신위원회 위원장으로 임명됐다. 정치와 전쟁은 본질적으로 다르지 않다는 걸 이제 안다. 자리는 언제나 정치와 조직, 여론의 중력 속에 부유한다. 내가 그 중력을 뚫고 자유로울 수 있다고 생각한다면 오만이다. 나는 현장의 기자였을 때도, 조직을 대표하는 임원이었을 때도, 정무직으로 일했을 때도 언제나 내가 떠 있는 중력 속에서 내가 맡은 소임을 최선을 다해 수행해 왔다고 믿는다. 그렇기에 그 결과로 지금 내게 돌아온 모든 것을 부정하지 않는다. 다만, 그렇게 만들어진 나로서 또다시 주어진 사명을 맞이하고 부끄럽지 않기 위해 최선을 다할 뿐이다.

2부

시대의 부름에 답하다

1장

민주당의 방송 사유화에 홀연히 맞서다

1

나는 어떻게 방통위원장이 되었나

　　'입법 폭거', '입법 내란', 다수 의석을 가진 민주당의 국회 내 힘자랑을 비판할 때 주로 사용하는 이 표현은 안타깝게도 민주당이 방통위에 자행한 광란의 칼춤을 설명하기에 너무도 점잖고 세련된 표현이다. 민주당은 방통위를 어떻게 망가뜨렸나. 이 질문에 답하기 위해 이진숙이 어떻게 방통위원장이 되었는지부터 이야기를 시작한다.

　　윤석열 정권의 1대·2대 방통위원장이었던 이동관·김홍일 위원장은 모두 직무 정지 목적의 부당한 탄핵소추에 맞서 국회 본회의 표결 전 자진사퇴했다. 탄핵심판이 진행되는 동안 방통위 업무가 마비되는 사태를 막기 위한 대승적 결단이었다. 그 결단의 의미는 무엇인가. 민주당의 입법 폭거가 없었다면 민주당이 그토록 싫어하는 방통위원장 이진숙도 없었을 것이란 얘기다. 그래서 세간에 "파출소 피하려다 경찰서 만난 격"이라는 이야기까지 돌았다. 2024년 7월, 김홍일 전임 방통위원장이 사퇴한 지 이틀 만에 윤석열 대통령은 이진숙을 차기 방통위원장으로 지명했다. '또 한번의 탄핵', 그때부터 이진숙의 운명은 결정된 셈이었다. 사퇴하지 않으면 탄핵 절차에 수반되는 비용 또한 오롯이 나의 몫이었다. 그러나 그 이상으로 민주당의 폭주에 당당히 맞서자는 생각이 앞섰다. 후에 평론가들은 이진숙이 민노총 영향력 아래 있는 공영방송을 국민께 돌려드려야 한다는 시대적 사명 때문에 결연히 맞섰다고 평가하기도 했다.

"정부가 방송장악을 했다면 '바이든 날리면'과 같은 보도나 기사가 가능했겠나"
"그런데도 특정 진영, 정당에선 정부가 언론장악, 방송장악을 하고 있다고 한다"
"방송이 지금은 공기가 아니라 흉기라고 불리기도 한다"
"공영방송, 공영언론이 노동 권력과 노동단체로부터 독립해야 한다"

차기 방통위원장 지명을 위한 대통령실 인사 브리핑에 참석해 밝힌 포부다. 국민의 혈세로 운영되거나 공영방송 간판을 걸고 있는 방송사가 특정 정파만을 위한 방송을 한다는 것. 그야말로 국민에 대한 배신이다. 공영방송 타락의 원인은 간명하다. 정파성에 잠식된 특정 노동 권력에 공영방송이 종속되어 버렸기 때문이다. 이재명의 민주당은 한발 더 나아가 공영방송 운영 전반의 권한을 노동 권력에 명시적으로, 합법적으로 이양하는 데 성공했다. 이른바 '방송 3법'이다. 윤석열 정부는 공영방송을 공영방송답게 유지하겠다는 신념을 가지고 있었지만, 민주당은 민노총 언론노조에게 합법적인 틀을 갖춰 영구적으로 힘을 실어주고자 했다고 본다. 무엇이 올바른 방송개혁의 길인지는 명확했다.

공영방송을 그들의 영향력 아래 두고자 했던 민주당이 '이진숙 지명'에 반발하는 것 역시 당연한 수순이었다. 인사청문회 과정부터 순탄치 않았다. 방송·통신 업무와 전혀 무관한 사상 검증 질문들과 근거 없는 네거티브 공세들이 난무했다. 여타 보수 진영 인사들에게 그랬듯 '낙인찍기' 작업에 돌입했고 자신들이 만들어낸 세계관을 근거로 삼아 청문보고서 채택마저 거부했다. 당시 민주당이 주장했던 것들, 이를테면 법인카드 유용, 무단결근 논란 등은 완전히 터무니없는 주장이다. 그럼에도 민주당은 청문보고서 채택 거부에 한술 더 떠 '취임 즉시 탄핵소추안을 제출하는 방안'까지 논의했다. 윤석열 대통령이 당선인 시절이었던 때부터 선제 탄핵을 주장했던 것과 같은 패턴이었다. 급기야 최민희 과방위원장은 윤석열 전 대통령을 향해 "임명을 의결하면 법적인 책임을 묻겠다" 엄포까지 놓았다. 2024년 7월 29일, 결국 인사청문보고서 채택은 불발되었다.

그때부터 이미 민주당의 입법 폭거는 일상화되어 있었다. 청문보고서 재요청 절차를 거쳐 7월 31일 방통위원장으로 임명되자마자 민주당은 뱉은 말 그대로 탄핵을 추진했다. 그렇게 헌정사 최초로 '출근 이틀 만에' 탄핵당한 장관급 인사가 되었다. 민주국가에서 기관장 탄핵이 그토록 쉽고 가벼운 일이었던가. 출근 이틀 만에 기관장을 탄핵하여 심판 결과가 나올 때까지 기관을 마비시키는 행위가 정치적으로 용인될 수 있는 것인가. 예상한 일이었는데도 만감이 교차했다. 민주당의 입법 폭주에 정면으로 맞서 탄핵의 부당성을 증명해야겠다는 의지가 더욱 굳어졌다.

전임 이동관·김홍일 위원장 탄핵 때와 마찬가지로 민주당의 목적은 분명했다. 방통위 업무 마비를 통한 방문진 이사들의 임기 연장, 새로운 MBC 이사진 선임을 막고 공영방송을 민주당 이익을 위해 봉사하도록 하는 것 외에 무엇이 있었겠나. 누가 봐도 부당하고 잘못된 방법이었다. 그러나 자신들의 이익과 목적 달성을 위해서라면 물불 안 가리는 게 민주당 아닌가. 그렇게 민주당은 2024년 8월 1일 탄핵소추안을 발의했고 8월 2일 본회의에서 탄핵소추안을 통과시켰다. 이진숙 방통위원장이 김태규 부위원장과 '2인 체제'로 공영방송 이사 선임안을 의결한 게 불법이라는 것이었다. 그때부터 방통위 2인 체제의 정당성을 둘러싼 길고 긴 논박이 시작되었다.

첨언하자면, 민주당은 스스로 모순적인 탄핵소추안을 발의했다. 만약 2인 체제로 공영방송 이사 선임을 한 것이 '불법'이라면, 그들은 이진숙과 함께 김태규도 탄핵했어야 한다. 김태규는 그대로 두고 이진숙만 탄핵한 것은 앞뒤가 맞지 않은 논리 모순이다. 〈방송통신위원회의설치와운영에관한법률〉(이하 방통위법)에 따르면, 이것은 명백히 합법적인 행위이다. 그러나 백번 양보해서, 그들 주장대로 불법이라고 가정해서 상황을 설명해보자. 이진숙이 불법 행동을 했다면 김태규는 '공범'이다. 그런데 그들은 이진숙에 대해서만 탄핵소추안을 발의했다. 하다못해 단순 절도라도 두 명이 범행에 참여했다면 두 명 모두를 검거하고 재판에 넘길 텐데, 불법이라고 주장하면서도 두 명 가운데 한 명에 대해서만 탄핵소추안을 발의한 것이다. 민주당의 주장과 행동이 모순적인 것은 한두 번이 아니지만, 이진숙 탄핵 역시 코미디였다. 그들의 목적은 이진숙을 업무에서 배제하고 방통위를 무력화시키는 것이었다.

민주당의 '입법 내란', 방통위는 어떻게 '2인 체제'가 되었나

[입법 내란]

우리 형법 제87조는 다음과 같이 내란죄를 규정하고 있다.

대한민국 영토의 전부 또는 일부에서 국가권력을 배제하거나 국헌을 문란하게 할 목적으로 폭동을 일으킨 자는 다음 각 호의 구분에 따라 처벌한다.

[국헌 문란]

나아가 형법 제91조2에 따른 '국헌문란'의 정의는 다음과 같다.

헌법에 의하여 설치된 국가기관을 강압에 의하여 전복 또는 그 권능 행사를 불가능하게 하는 것.

하나씩 따져보자. 방송통신위원회가 헌법에 의하여 설치된 국가기관임을 부정하는 이는 없을 것이다. 민주당이 30차례 넘게 탄핵을 밀어붙였던 각 부처의 장들과 검사·판사들 역시 헌법에 명시된 국가기관에서 국민을 대표해 일하는 3부의 일원들이다. 민주당의 탄핵 추진은 법적 테두리 안에서 이루어졌다. 따라서 이른바 '합법의 탈'을 쓰고 있다. 그러나 법을 '남용하는 것' 또한 죄가 된다. 국회는 헌법과 국가 질서를 수호해야 할 책임이 있고 탄핵이 남발될 시 행정부 권능이 마비되고 그 피해가 고스란히 국가, 국민 전체에 미칠 것은 누구나 예측할 수 있다. 실제로 민주당의 지속적인 방통위원장 탄핵으로 방통위는 윤석열 정권 거의 3년 내내 총체적 마비 상태였다. 임기 만료를 눈앞에 둔 공영방송 이사진 선임이 지연되었음은 물론 공영방송 재허가 기간이 도과하여 사실상 무허가 방송이 송출되는 사태까지 벌어졌다. 그뿐인가. 단통법 폐지와 같이 국민적 관심이 큰 방통위 관할 민생 정책의 후속 조치도 불가능했다. 이것이 국회가 헌법 수호의 책무를 방기하는 걸 넘어 행정부의 권능 행사를 불가능하게 만든 국헌문란이 아니면 무엇인지 묻지 않을 수 없다.

민주당의 만행은 여기서 끝나지 않는다. 민주당의 행정부 권능 마비 시도는 조직적이고 악의적인 방식으로 자행되었다고 볼 수밖에 없다. '좌파 진영의 호메이니'로 불리는 김어준은 "국무위원 전원 탄핵 등 헌법적 상상력을 발휘하라"는 사실상의 '지령'을 내렸고 민주당 초선 의원들은 이런 취지를 반영하는 성명문까지 냈다. 국무위원 숫자가 일정 이하가 되면 현행법상 국무회의 자체가 무력화되고 따라서 국회가 법을 만들면 국무회의 의결 절차 없이 자동으로 공포, 효력이 발생한다는 '정치적 상상력(김어준의 표현)'을 실행에 옮기려 한 것이다. 탄핵의 목적이 위헌·위법적 행위를 바로잡는 게 아니라 행정부 권능 마비 즉, 국헌문란에 있다는 부정한 의도를 자인한 셈이다. 내란을 논하려거든 민주당의 입법 폭거, 이른바 '입법 내란'이 정당했는지부터 따져 묻는 게 순서인 이유다. 아울러 본래 국회 추천 몫 방통위원을 포함해 5인 체제로 운영되어야 할 방통위가 어쩌다 2인 체제 상태가 되었는지 따져보기 시작하면 민주당의 책임은 더더욱 명확해진다.

민주당의 방통위 마비 4단 패키지

하나. 민주당의 방통위원 임명 거부

〈방통위법〉에 따르면, 위원장을 포함한 상임위원 5인 중 2인은 대통령이 임명하고 3인은 국회가 추천, 대통령이 임명하게 되어 있다. 쉽게 말해, 국회 거대 야당의 몽니로 국회 몫 방통위원 추천이 지연 또는 거부된다고 하더라도 대통령이 임명한 두 명의 상임위원으로라도 최소한의 업무를 추진할 수 있도록 한 것이 그 법의 취지라고 생각한다. 당초 이 법을 만들 때 윤석열 정부 때의 민주당 같은 상황을 예상했는지 그 여부는 모르겠지만, 최소한 중요한 정부 기관이 운영되도록 방통위 구조를 설계한 것이 아닌가 추정해본다.

돌이켜보면, 방통위 업무를 마비시키는 권한을 가졌던 것도 민주당, 방통위 정상화의 열쇠를 쥐고 있던 것도 민주당, 그것을 거부한 것도 민주당이다. 그럼에도 민주당은 자신들이 2인 체제를 만들었으면서 2인 체제 의결을 문제 삼는 황당하고 표리부동한 태도를 견지했다. 민주당은 윤석열 대통령이 최민희를 상임위원으로 임명하지 않았기 때문에 국회 몫 3인을 추천하지 않았다고 주장했지만, 그것이 방통위라는 주요 기관을 마비시킨 합리적인 이유는 되지 못한다. 다수당이라는 위치를 이용하여 방통위라는 기관을 마비시켰다는 설명 외에 이 상황을 설명할 다른 방법은 없다. 민주당은 방통위법의 구조적 결함을 악의적으로 이용해 국헌문란을 획책했던 것이다.

2024년 11월 12일 이진숙 방통위원장 탄핵심판 1차 변론 기일에 있었던 청구인 측(국회)과 피청구인 측(이진숙 방통위원장) 간 공방 과정에서 민주당의 귀책이 적나라하게 드러난다. 당시 헌법재판관들이 청구인 측을 향해 가장 집요하게 심문했던 사안은'방통위 2인 체제의 책임이 누구에게 있는가'였다.

헌법재판관들은 국회 측 대표로 나선 정청래 당시 법제사법위원장을 향해 "왜 방통위원 3인을 (국회가) 추천하지 않느냐" 직격했다. 이에 정청래 법사위원장은 "근본적 책임은 최민희 위원을 임명하지 않은 윤석열 대통령에게 있다"고 맞섰다. 2023년 11월 7

일 최민희 방통위원 후보자가 이미 사퇴해 새로운 방통위원을 추천할 책임이 발생했는데도 방기하는 걸 넘어 정부·여당에 책임을 전가하는 부적절한 모습을 보인 것이다. 정청래 법사위원장은 한발 더 나가 스스로 〈방통위법〉 제정에 참여했던 경험을 역설하며 "〈방통위법〉 13조 2항을 보면 위원회 회의는 재적 위원 과반수의 찬성으로 의결하게 되어 있다", "2명만으로 의결하는 건 불법행위"라고 주장했다. 그런데 정청래의 이 주장은 스스로 탄핵소추의 부당성을 '자백'했다고 볼 수밖에 없다. 핵심 쟁점은 '정원'과 '재적'의 차이. 방통위 상임위원의 정원은 5명이지만 민주당의 추천 거부로 재적은 2명이었던 것이다. 이진숙, 김태규가 당시 재적 상임위원이었고, 재적 위원 전원이 참여해 공영방송 이사들을 선임했으므로 합법적인 심의·의결로 보아야 마땅한 일이다. 정청래 법사위원장의 주장대로라면, 야당이 방통위원 추천을 거부한 이유가 더더욱 설명이 안 된다. 자신들이 2인 체제를 만들어놓고 2인 체제가 위법하다고 주장한다면 이것이야말로 '범죄 자백' 아닌가.

헌법재판관들은 청구인 측에 거듭 질문했다. 최민희 방통위원 사퇴 이후 상황을 전제로 "국회는 방통위원 3명을 추천해야 할 법률상 의무가 있지 않느냐"라고 묻자 비로소 국회 측 변호사도 "법률적으로 추천해야 하는 게 맞다"라고 시인했다. 이어 헌법재판관이 "그런데 왜 안 했느냐" 재차 질문하니 국회 측 변호사는 "여야 합의 과정에서 합의가 안 된 것 같다"라며 말을 흐렸다. 이에 재판관들이 "합의가 안 되면 국회는 아무런 결정을 안 하는 것이냐"라고 추궁하는 진풍경까지 벌어졌다. 누가 청구인이고 누가 피청구인인지조차 분간하기 어려운 그야말로 촌극이 헌법재판소 한복판에 펼쳐진 것이다. "대통령이 최민희 후보자를 임명하지 않았고 개인적인 판단으로 사퇴했는데 다시 추천한들 (대통령이) 임명할까 생각했다"고 항변했으나 헌법재판소는 그 역시 받아들이지 않았다. 방통위원 추천은 교섭단체로서 민주당이 아닌 국회의 책무인 만큼 민주당의 의견을 설파하는 것은 답변이 될 수 없다는 취지였다.

나 역시 지지 않고 맞섰다. "국회가 추천해도 대통령이 임명할지 모르는 상황에서 추천할 수 없었다"라는 정청래 위원장의 주장 자체가 사실이 아니었기 때문이다. 정청래 위원장도 시인한 것처럼 법률상 대통령이 국회가 추천한 방통위원들을 '즉시' 임명해야 한다는 의무 규정은 없다. 또한, 국회에서 추천한 뒤 대통령에 의한 임명 절차를 추가로 명시한 이유는 후보자들에 대한 2차 검증 권한을 대통령에게 부여했다는 취지로 이해하는 것이 합리적이다. 실제로 최민희 후보자 추천은 민주당에 의해 속된 말로 '날치기' 처리됐다. 국회 합의의 결과가 아니었다는 뜻이다. 게다가 다시 추천한다고 하더라도 대통령이 임명하지 않을 것이라고 예단하는 것은 무책임 그 자체였다.

〈방통위법〉에 따르면, 방통위원은 여권 인사 3명(대통령 임명 2명, 여당 추천 1명) 야권 인사 2명(야당 추천)으로 구성하게 되어 있다. 당시 임기가 끝난 안형환 위원은 국민의힘이 야당 시절 추천한 인사였기 때문에 최민희 후보자가 후임으로 임명될 경우, 2023년 4월 기준, 여권 인사 1명(김효재) 야권 인사 4명(한상혁, 김창룡, 김현, '최민희')의 불균형한 체제가 만들어질 수밖에 없었다. 2024년 그렇게 여야 합의, 합의제 정신 운운하면서 '2인 체제' 결정을 열렬히 비난했던 민주당은 최민희 임명을 압박했다. 최민희의 경우는 '근본적인' 문제를 가지고 있었다. 그는 민주당 몫 상임위원으로 추천되기 전 2019년 7월부터 2022년 3월까지 한국정보산업연합회에 상근 부회장으로 근무한 이력이 있는 것으로 알려져 있다. 이 협회는 정보통신 관련 100여 개 기업과 단체가 활동하는 단체로, 이와 관련해 국민의힘 박성중 의원은 "지난 3년간 SK텔레콤, LG유플러스, KT 등 ICT.통신사 이권을 대변한 최민희 방통위원 지명은 절대 불가하다", "방통위법상 결격 사유는 기간통신사업 등에 종사한 사람에게 적용된다. 연합회 상근 임원은 사업 관련 활동을 했다는 점에서 해당된다"며 강력한 반대 의견을 피력했다.

그러다가 몇 달이 지나 2023년 8월이 되었고 이동관 위원장이 취임했다. 이때 방통위 구도는 이동관, 김효재, 김현 등 세 명이 있었으나 김효재와 김현은 8월 말로 임기가 종료되어 8월 말에는 이동관 1인만이 있었다. 9월이 되어서야 이상인 위원이 대통령의 임명을 받아 소위 '2인 체제'가 시작되었다. '최민희 사태'는 아직 해결되지 않은 채 공은 이제 대통령실로 넘어갔다. 대통령실은 이렇게 문제가 많이 지적된 인물을 안형환 위원의 후임으로 임명하는 것이 적절하지 않다고 판단했을 수 있지만, 국회 본회의 표결(민주당 과반수)까지 거친 인사를 그냥 임명하지 않겠다고 발표하는 것은 부담이 된다고 판단한 것으로 보인다. 법제처에 최민희의 자격 여부를 검토하라는 요청이 떨어졌다. 돌이켜보면 법제처가 빠른 시일 안에 최민희의 적격 여부를 결정해주었으면 어땠을까 싶기도 하다. 최민희는 이해충돌 문제와 관련해, 국회 입법조사처(공식적으로 의견 피력한 기사는 보지 못함)가 "한국정보통신산업연합회는 현재 과기부에 기간통신사업자로 등록하지 않았기 때문에 협회 상근 부회장 경력을 기간통신 사업에 종사한 경력으로 보기는 어려울 것으로 판단했다"고 주장했다. 이동관, 이상인의 2인 체제가 계속되는 동안 11월 7일 최민희는 후보자 자격을 내려놓고 사퇴하겠다고 밝혔다. 그는 국회 소통관 기자회견에서 "민주당에는 후보자를 추천하지 말라고 요청했다"는 말도 덧붙였다.

최민희는 후보자 자격을 내려놓으면서 민주당 '방송장악'의 큰 그림을 그리고 물러났다. 약 10개월이 지난 2024년 8월, 미디어오늘과의 인터뷰에서 그가 밝힌 내용이다.

기자: 최근 8월 9일 과방위 방송장악 청문회에서 "2023년 11월 7일 제가 그만두기 전, 여권 측으로 인식되는 인사로부터 여야 합의로 여야 추천 몫을 같이 (임명)하고 그리고 제가 얌전히 있어주면 좋겠다는 취지의 얘기를 들었다"고 처음으로 말했다. 사실인가?

최민희: 맞다. 여야가 사실 협상하는 거다. 여야 지도부 간에 대화도 했고, 협상도 했을 거다. 제가 애걸해서 방통위에 들어갈 이유가 없

다. 들러리 설 수밖에 없는 여야 3:2 구조로 들어가게 됐을 때 굉장히
고민했다. 결국은 내가 아무리 애를 써도 들러리 아닌가. 내 인생의
오점이 아닐까? 깊이 고민하고 안 들어가겠다, 내가 할 수 있는 다른
방식으로 싸우겠다고 마음먹었다. 홍익표 당시 원내대표를 만나서
타협하지 말라고 했다. 이동관은 탄핵시켜야 한다고 이야기하고 저
도 후보를 그만뒀다. 당시 원내지도부와 상의하고, 이동관 탄핵을 방
향으로 정하고, 그리고 그만둔 거다.

출처: 미디어오늘(https://www.mediatoday.co.kr)

'카더라 통신'이 아니고 본인이 스스로 밝힌 것이다. 그러니까
최민희는 당시 원내대표인 홍익표(현 정무수석)에게 "타협하지 마
라, 이동관은 탄핵하라"는 당부를 하고 물러난 것이다. "원내지도
부와 상의를 하고, 이동관 탄핵을 방향으로 정하고, 그리고 그만두
었다"는 말은 여러 가지 면에서 충격을 준다. 최민희를 방통위 상
임위원으로 추천하고 민주당 주도로 본회의 표결까지 완료한 것
은 민주당 지도부였다. 그러니까 2023년 11월 7일, 민주당은 이
동관을 탄핵하겠다고 이미 결정을 했다고 볼 수 있다. 이동관 위원
장이 취임한 것이 8월 28일이니 그가 직무를 한 것은 고작 두 달
정도였다. 민주당이 탄핵 사유로 내세운 것은 "공영방송 이사 부
당 해임, 가짜뉴스를 이용한 언론 자유 탄압"을 들었다. 그러나 굳
이 책임 소재를 따지자면, 권태선 이사장 해임은 8월 21일 김효
재 위원장 직무대행 체제에서 의결된 것이었다. 그런데도 민주당

이 이동관 탄핵을 밀어붙인 것은 방통위 업무를 마비시킴으로써 그들의 '진지'인 MBC의 민노총 체제를 연장시키기 위한 조치였다고 생각한다. 그들의 작전은 김홍일 위원장 탄핵안 발의-사퇴, 이진숙 위원장 탄핵안 발의-직무 정지로 이어지면서 결국 성공했다. MBC의 대주주 방문진 권태선 이사장은 2021년 8월 문재인 대통령에 의해 임명된 이후 5년째 그 자리를 지키고 있다. 안형준 MBC 사장은 권태선 방문진에 의해 선임되어 4년째 그 직을 유지하고 있다. 문재인 때 임명된 유시춘 EBS 이사장은 2018년 9월부터 무려 7년 4개월째, 김유열 사장은 2022년 3월부터 4년 가까이 자리를 지키고 있다. 민주당 정권이 지키고 싶은 소위 공영방송 지휘부는 방송 3법 통과로 앞으로는 사실상 제도적으로 '좌파 성향 방송'을 유지하게 될 것으로 우려된다. 현재도 공영방송에서는 민노총 산하 언론노조가 강력한 힘을 발휘하고 있는데, 앞으로는 사장 선임에 민변이나 전교조가 개입할 것으로 예상되기 때문이다. 제도적으로 만드는 것, 이것이 '군자산의 맹세' 이후 좌파 진영이 해온 일이다.

이동관의 백일천하

2023년 12월 1일, 중앙일보는 "이동관 방통위원장, 탄핵 표결 앞두고 사의 표명"이라는 단독 기사를 냈다. 여권 고위관계자의 말을 빌려, 이 위원장이 전날 윤석열 대통령에게 "탄핵으로 인한 방통위 업무가 마비되는 부담을 드릴 수 없다"며 사퇴 의사를 밝혔다는 것이다.

윤 대통령은 사의 수용 여부를 결정하지 않은 상태라는 말도 덧붙였다. 민주당은 11월 30일 이동관 위원장에 대한 탄핵소추안에 대한 보고를 마치고 12월 1일 이 소추안을 통과시킬 예정이었다.

탄핵소추안이 통과되는 순간 이동관 위원장의 직무는 중지되고 헌법재판소에서 심판하는 동안 방통위원회에서 진행되는 업무 역시 중단된다. 이동관 위원장에 대한 탄핵소추안을 발의한 것은 고민정 의원 등 민주당 의원 168명, 압도적 다수로 국회를 점하고 있는 민주당에게는 너무나 쉬운 일이었다. 국민의힘은 탄핵소추안을 법사위에서 먼저 심의하자고 요구했으나 민주당 반대로 모두 부결됐다.

대통령에 대한 탄핵소추안은 국회의원 3분의 2 이상의 찬성이 필요하지만, 국무위원(방통위원장은 국무위원은 아니지만 장관급 기관장) 탄핵소추안은 재적의원 과반, 즉 150명 이상만 찬성하면 되기 때문에 민주당이 탄핵소추안을 표결에 부치면 탄핵은 사실상 기정사실이 된다.

그렇다면 민주당은 왜 취임 100일도 되지 않은 이동관 위원장을 탄핵하려 했을까. 고민정을 비롯한 168명이 발의한 탄핵안 내용을 보면, 이 위원장이 취임 이후 방송·언론 전반에 대해 구조 개편을 추진하면서, 공영방송 및 방송 관련 기관에 대한 '광범위한 인사·조직 개편'을 시도한 것, 특히 방송문화진흥회 이사 해임 시도 등을 문제 삼았다.

이 위원장에 대한 1차 탄핵안은 11월 9일 발의되었으나 국힘이 필리버스터를 전격 취소하면서 민주당은 하루 만에 안건을 자진 철회했다가 28일 탄핵안을 재발의했다.

소위 '2인 체제'는 이미 그때부터 시빗거리였다. 이동관 위원장과 이상인 부위원장은 2인 위원회에서 MBC 대주주인 방문진 보궐이사 임명·해임안, EBS 보궐이사·감사 임명 등의 안건을 의결했다.

돌이켜보면, 압도적 의석을 가진 민주당은 '절묘한' 전략을 짰다고 할 수 있다. 과반 의석을 가지고 할 수 없는 일은 없었다. 이유나 핑계는 갖다 붙이면 될 일이고 결국 표결을 통해 그들이 원하는 결과를 얻을 수 있기 때문이었다. 이동관 탄핵의 핑계는 2인 체제의 심의·의결이 었지만, 목표는 공영방송, 특히 MBC 체제에 손대지 말라는 것이라는 평가가 나왔다. 민주당으로서는 '지켜야 할' 최후의 보루가 MBC였나. 감사원 감사 결과를 근거로 방통위가 권태선 방문진 이사장을 해임하는 절차를 진행하자 2인 체제를 문제 삼아 이동관 위원장을 탄핵하겠다고 나선 것이다.

2023년 3월, 임기가 만료된 안형환 상임위원의 후임으로 민주당은 최민희를 추천해 국회 본회의까지 통과시켰지만, 윤석열 대통령은 그를 임명하지 않았다. 한국정보산업연합회 상근 부회장을 지냈던 그의 경력이 문제가 되었다. 삼성, 에스케이티, 엘지 등 통신 쪽 계열 거대 기업들이 회원사로 있었던 만큼 이해충돌의 소지가 있는 것으로 지적되었고 대통령 임명이 지연되자 그는 11월 민주당 피추천자 신분에서 자진사퇴했다.

이후 민주당은 국회 몫 상임위원을 추천하지 않았다. 민주당이 두 명, 국민의힘이 한 명 추천할 수 있었으나 민주당은 최민희의 사퇴 이후 사실상 추천 보이콧에 들어갔고, 이후 '2인 체제'를 문제 삼으며 무려 세 명의 위원장에 대한 탄핵 시도에 나섰다. '2인 체제'를 문제 삼았지만, 실상은 공영방송 구조를 문재인 대통령 때의 구조로 유지하려던 속셈이 있었던 것으로 보인다. 그리고 그 작전은 끝내 성공했다.

이동관 위원장 당시 심의·의결했던 건수는 최소 14건이며 내가 위원장으로 있었던 2024년 7월 31일부터 2025년 10월 1일까지 상임위원회에서 심의·의결했던 안건도 최소 56건에 이른다. "재난지역 피해 가구 수신료 면제 건"이라든가 "방송 통신 결합상품 서비스 허위·과장·기만 광고 관련 이용자 이익침해 행위에 대한 시정조치에 관한 건", "공익채널 선정 및 장애인복지채널 인정에 관한 건" 등 민생 관련 안건이 압도적으로 많다. 그런데 민주당에게 관심사는 소위 공영방송, 특히 인사와 관련된 것이었다.

만약 2인 체제가 문제라면, 심의·의결된 모든 안건에 대한 효력이 무효가 되어야 할 것(이 부분도 법적으로 따져봐야 한다)인데, 민주당이 문제 삼고 있는 것은 공영방송 인사 관련 건이었다. MBC 대주주 방문진에 대한 인사를 문제 삼아 민주당은 이동관 위원장 탄핵안을 발의했고, 결국 이 위원장은 '식물방통위'와 국회 마비를 피하기 이해 12월 1일 사퇴했다. 1차 탄핵안이 11월 9일 발의되었으니 사실상 한 달 동안 이동관을 탄핵하기 위한 민주당의 작전은 계속되었고, 그 작전은 한 달 만에 성공을 거두었다.

MBC의 민노총 구조는 문재인 정부 때부터 이동관 위원장 때까지 이어졌고, 2인 체제를 '무기'로 한 민주당 작전은 '다수의 횡포'라는 더할 나위 없는 무기를 동원해 MBC의 민노총 지배체제는 현재까지 계속되고 있다. 이동관의 '100일 천하(정확히는 98일)'는 이렇게 끝났다.

그렇다, 좌파들은 흔적을 남긴다. 언젠가 민주당 출신 강남구청장이 꼭 한번 당선된 적이 있는데, 그는 자신의 '업적'을 양재천 산책로에 '영원히(아마도)' 새겨놓았다. 그는 재임 기간에 주민들을 대상으로 문재인-김정은 정상회담을 모티브로 표어·포스터 대회를 열고 당선작을 타일에 구워 양재천 산책로에 커다란 벽화 형태로 제작하도록 했다. 구청장이나 국회의원들이 몇억 원을 들여 무슨 건축물을 만들었네, 산책로를 확장했네 하고 업적을 자랑해도, 좌파 대통령과 북한 3대 세습의 주인공을 버젓이 타일에 박제를 해둔 만큼의 업적을 능가할 수 있을까. 주변을 걸어다니는 어린이나 청소년에게 김정은은 주민의 자유를 억압하는 독재자가 아니라 대한민국 대통령의 파트너로 비칠 뿐이다. 좌파 진영으로 보면 사람들에게 좌파 정신 교육을 시키고 있는 그가 얼마나 큰 업적을 남긴 인물일 것인가. 그렇게 좌파 진영은 '흔적'을 남기고 제도를 바꾼다. 법대로 되지 않으면 법을 바꾼다.

민주당은 21대 국회가 끝난 2024년 5월까지도 후보자를 추천하지 않았다. 11월 이전까지는 쟁점이 존재했다 치더라도 이후에도 계속된 방통위원 추천 거부는 민주당의 고의적 방통위 마비 시도라고밖에 볼 수 없다는 것이다. 최민희는 본인이 7개월 7일을 기다리다가 자진사퇴했다고 곳곳에서 나팔을 불고 다녔는데, 나의 경우 국민의힘 상임위원 후보로 9개월 9일을 기다리다가 21대 국회 종료로 후보 자격은 자동 폐기되었다.

둘. 탄핵 심판 지연을 위한 헌법재판관 임명 거부

12.3 비상계엄 이후 대통령 탄핵 국면이 펼쳐지면서 헌법재판소에 비상등이 켜졌다. 첫 번째 이유는 탄핵 사건 적체였다. 비상계엄 전후로 가결된 탄핵소추안만 10건: 이진숙 방통위원장을 시작으로 손준성 검사장, 이창수 서울중앙지검장, 조상원 4차장검사, 최재훈 반부패2부장검사, 최재해 감사원장, 조지호 경찰청장, 박성재 법무부장관, 윤석열 대통령, 급기야는 대통령 권한대행이었던 한덕수 총리까지. 세계 정치사를 통틀어도 유례를 찾아볼 수 없는 탄핵 남발이 원인이었다. 그러나 그보다도 심각한 문제가 있었다. 9인 체제로 유지되어야 할 헌법재판소가 6인 체제로 사실상 마비 상태였다는 것이다. 헌법재판소법 23조 1항은 재판관 7명 이상의 출석으로 사건을 심리한다고 명시하고 있다. 쉽게 말해 심리 자체가 불가능한 상태에서 사건만 끊임없이 쇄도하는 내우외환 상황이 헌법재판소에 불어닥친 것이다.

여기서 또 질문하지 않을 수 없다. 헌법재판소는 왜 6인 체제로 손발이 묶일 수밖에 없었는가. 기본적으로 헌법재판소는 대통령 3인, 국회 3인, 대법원장 3인 추천으로 구성되며 국회와 대법원장 몫의 경우 대통령 임명이라는 추가 절차를 거쳐야 한다. 또한, 헌법재판소는 정치 사건 외에도 무수한 권리구제 사건들을 다루는 만큼 전임자 임기가 도래하기 몇 달 전부터 각부 요인들이 후임자를 추천하고 인사청문회 등 검증 작업에 착수하여 업무 공백이 발생하지 않도록 하는 것이 상식이자 관례였다. 이번에도 문제는 거

대상자(직위)	가결일	비고
이상민(행정안전부 장관)	2023.02.08.	헌정사상 첫 국무위원 탄핵안 가결(기각)
안동완(검사)	2023.09.21.	'고발 사주' 의혹 관련(기각)
손준성(검사)	2023.12.01.	'고발 사주' 의혹(기각)
이정섭(검사)	2023.12.01.	비위 의혹(기각)
이진숙(방송통신위원장)	2024.08.02.	취임 2일 만에 가결(기각)
최재해(감사원장)	2024.12.05.	감사원장 사상 첫 탄핵안 가결
이창수(서울중앙지검장)	2024.12.05.	검찰 간부 3인(조상원, 최재훈 포함) 동시 가결
조지호(경찰청장)	2024.12.14.	비상계엄 관련 소추
박성재(법무부 장관)	2024.12.14.	비상계엄 관련 소추
윤석열(대통령)	2024.12.14.	2차 탄핵안 가결(2025.04.04. 파면)
한덕수(대통령 권한대행)	2024.12.27.	총리 겸 권한대행 신분으로 가결

탄핵소추안이 국회 본회의 가결 후 헌법재판소로 넘겨진 인물들. 국회 본회의 표결 전에 자진 사퇴한 인물들은 포함하지 않았다.

대 야당, 더불어민주당의 몽니에서 시작됐다. 2024년 11월 국회 몫 3인 재판관들의 임기가 끝날 때까지 "다수당인 민주당이 3인 중 2인을 추천하겠다"고 생떼를 쓰며 추천이 미뤄진 것이다. 그 이전까지는 국회 추천 3인의 경우, 의석수와 무관하게 여당이 1명, 야당이 1명, 여야가 합의로 1명을 추천하는 것이 국회 관례였다. 2018년에는 여당인 민주당과 제1야당인 자유한국당, 제2야당인 바른미래당이 각 1명씩 추천했다. 단지 의석이 많다는 이유로 2명을 추천하겠다는 것을 여당인 국민의힘이 받아들이지 못하는 게 당연했다. 그러나 결국 민주당은 다수의 횡포로 그들이 원하는 두 명을 헌법재판소에 입성시켰다.

비상계엄 전까지 민주당의 정치적 목적은 분명했다. 탄핵 심판을 가능한 지연시켜 방통위 등 행정부 업무를 마비시키는 것.

12.3 비상계엄 이전까지 이루어진 탄핵 사건들 모두 기각될 수밖에 없다는 사실을 민주당 스스로도 잘 알고 있었다고 생각한다. 실제로 윤석열 전 대통령 사건을 제외한 모든 탄핵 사건은 최종적으로 기각 또는 각하되었다. 민주당 입장에서는 국민의힘이 받기 어려운 무리한 요구를 내놓고 그 요구가 관철되기 전까지 헌법재판소가 마비되는 상황이 전혀 '손해'가 아니었던 것이다. 그 과정에서 발생한 국가적 손실이나 국민적 피해에 대해 사과는 고사하고 어떠한 문제 인식도 부채감도 느끼지 않는 게 지금껏 우리가 목도해온 민주당의 민낯이다. 국회 몫 헌법재판관 추천은 전임자들의 임기가 끝나고 몇 주가 지난 2024년 11월 29일에야 민주당이 헌법재판관 2명을 추천하도록 국민의힘이 합의해주는 것으로 마무리되었다.

나아가 이 같은 결정에는 '6인 체제에서는 심리도, 심판도 불가능할 것'이라는 종래 계산과 달리 6인 체제에서도 심리가 가능하다는 헌법재판소의 결정이 나온 것도 영향을 끼쳤을 것이다. 이진숙이 6인 체제에서도 심리가 가능하도록 헌법소원 가처분 신청을 냈고, 헌법재판소가 이를 받아들인 결과였다. 6인 체제나 9인 체제나 어차피 심판 속개를 막을 수 없고 6인 체제에선 만장일치가 나와야만 인용이 가능한 만큼 재판관 추천을 미룰 동기가 사라진 것이다. 민주당의 모든 정치적 의사결정은 오직 민주당의 이익을 극대화하는 길로만 통한다고 얘기해도 과언이 아닐 것이다.

반대로 대통령 탄핵소추안이 통과된 뒤로는 민주당이 다급해졌다. 행정부 마비를 의도한 다른 탄핵과는 달리, 아이러니하게도 실제 탄핵을 관철시킬 작정으로 탄핵소추안을 통과시킨 최초 사례였기 때문이다. 국회 몫 재판관 임명을 위해선 인사청문회와 대통령(권한대행) 임명이라는 또 다른 절차가 남아 있었다. 결과적으로 탄핵 심판 지연을 위해 헌법재판소를 6인 체제로 묶어둔 게 민주당의 발목을 잡는 그야말로 자승자박의 상황이 펼쳐진 것이다. 민주당은 안면몰수하고 헌법재판관을 하루빨리 임명하라며 한덕수 권한대행을 다그쳤다. 헌법재판관을 임명하지 않으면 권한대행을 탄핵하겠다 겁박했고 실제로 그렇게 만들었다. 파렴치하고 명분 없는 탄핵이었다. 권한대행 체제에서 헌법재판관을 임명한 전례가 없고 헌법재판소 결정에도 상당 기간이 필요했기 때문이다. 한덕수 권한대행은 '국회에서 임명 가능 여부에 대해 합의해달라' 요청했지만, 민주당은 인내하지 못하고 권한대행 탄핵을 단행했다. 결과는 환율 급등과 대외신인도 추락 등 엄청난 역풍이었고 후임인 최상목 '권한대행의 권한대행'이 여야 각 1명씩만(정계선·조한창) 임명해 8인 체제를 만드는 것으로 사태는 일단락되었다.

2인 체제를 만들어놓고 2인 체제에서 의결한 죄를 물어 기관장을 탄핵한다, 탄핵심판을 지연시켜야 할 때는 6인 체제로 헌법재판소 권능을 마비시키더니 실제 대통령 탄핵을 추진하게 되자 권한대행 탄핵까지 불사하며 재판관 임명을 관철한다, 민주당은 수치를 모르고 다수당의 횡포라는 무기를 휘둘러댔다. 이진숙 탄핵심판 등 대통령 탄핵심판에 앞서 소추된 사건들이 줄줄이 기각

되었는데도 민주당은 사과 한마디 하지 않았다. 한발 물러서기는 커녕 되레 방통위를 마비시킬 또 다른 대안을 찾았고 실행에 옮겼다. 방통위 회의 소집 가능 인원을 3인으로 주장하며 2인 체제 자체를 불법으로 규정하는 것이었다. 그렇게 민주당은 공영방송 사유화를 넘어 방통위까지 통제하고, 파괴했다.

셋. 탄핵 기각되자 회의 소집 3인으로 묶어

2025년 1월 23일 이진숙 탄핵심판 결정이 나왔다. 인용 4, 기각 4로 결과는 기각. 탄핵심판 청구가 인용되려면 헌법재판관 6인의 인용 의견이 있어야 했기에 그 시점부로 방통위원장 이진숙으로 복귀할 수 있었다. 역시나 핵심적인 쟁점은 2인 체제 의결에 대한 적합성 여부였다. 인용 의견을 낸 헌법재판관 4인의 경우 합의제라는 입법 취지를 강조한 데 반해, 기각 의견을 낸 헌법재판관들은 의결 당시 방통위의 재적 위원은 2인뿐이었으며 명문 법 규정상 '재적 위원의 과반'을 명시하고 있기에 2인 체제라도 만장일치 합의가 있다면 법 위반이 아니라고 판단했다. 결과적으로 헌법재판소 결정에 의해 2인 체제 의결이 탄핵 사유가 아니라는 사실이 증명되었고 직무 수행의 정당성을 확보할 수 있었다. 탄핵을 청구한 민주당 등 야당 역시 당연히 결과에 승복해야 했으나, 순순히 받아들이면 민주당이 아니다.

민주당은 즉각 방통위 의사정족수를 3인으로 의무화하는 내용의 방통위 설치법 개정안을 발의했다. 방통위원을 추천하지 않아

2인 체제를 강제해 놓고 의사정족수를 3인으로 만들겠다는 것은 곧 방통위를 또 한번 마비시키겠다는 심산이었다. 그 과정에서 민주당은 '2인 체제가 위법'이라는 자신들의 과거 주장마저 스스로 뒤집었다. 관련 법 개정이 필요한 이유로 "현행법에 의사정족수에 대한 규정이 없다"는 사실을 시인한 것이다. 규정에 없는 내용을 위법으로 단정하고 탄핵이라는 수단을 남용했다는 사실상의 자백이었다. 그러나 민주당은 잘못된 탄핵소추에 대해 반성하기는커녕 헌법재판소 결정에 불복하며 '방통위 마비법'을 밀어붙였다. 이후 2025년 3월 18일 최상목 대통령 권한대행의 재의요구 행사로 한 차례 제동이 걸렸지만, 목적 달성을 위해 수단과 방법을 가리지 않는 민주당의 입법 독주는 계속되고 있다.

이진숙 탄핵 심판 최후 진술

안녕하십니까, 방송통신위원장 이진숙입니다.

제가 2024년 7월 31일 방송통신위원장으로 임명되고 오늘로 꼭 다섯 달 반이 지났습니다. 임명된 지 이틀 만에 탄핵소추안이 발의되어서 사흘째 되는 날에 소추안이 통과됐습니다. 탄핵소추의 주체는 국회지만 여당인 국민의힘은 소추안 표결에 참여하지 않았기 때문에 실제 방통위원장 소추의 주체는 민주당을 비롯한 야당입니다. 저를 탄핵한 가장 큰 이유는 2인 체제로 공영방송 이사를 선임했다는 것입니다. 방송통신위원회는 다섯 명의 상임위원으로 구성되는데 합의제 정신을 무시하고 대통령이 임명한 두 명의 위원이 공영방송 이사를 독단적으로 선임했다는 것입니다. 얼핏 듣기에는 문제가 있어 보입니다. 2인 체제 의결이 문제가 될 수도 있습니다. 만약 상임위원이 세 명이 있는데 김태규 부위원장과 제가 비밀리에 한 명을 의도적으로 배제하고 모처에서 만나서 의결을 했다면 합의제 정신을 무시한 불법적인 의결이 된다고 판단할 수도 있을 것입니다. 그러나 2024년 7월 31일 상임위원은 두 명이었습니다. 그동안 진행된 변론에서 충분한 공방과 토론이 있었기 때문에 긴 설명은 필요치 않다고 생각합니다.

그러나 오늘 이 시점에서 헌법재판소 재판관들과 국민들께 원점에서 다시 한번 강조해서 말씀드립니다. 저와 김태규 부위원장은 마땅히 해야 할 일을 합법적으로 했습니다. KBS 이사들과 MBC 방문진 이사들은 임기 만료를 각각 한 달과 12일 남겨두고 있었습니다. 이런 상황에서 후임 이사들을 선임하는 것은 저희 위원회의 의무였습니다. 그리고 이미 그전 위원회 때부터 계속되어온 절차였습니다. 가령 어느 기업에서 신입사원 선발절차가 진행되고 있다고 칩시다. 그런데 그 회사 사정으로 대표이사가 바뀌었다고 한다면 신입사원 선발절차가 중단되어야 하는지 묻고 싶습니다. 공영방송 이사회 구성도 공적인 약속입니다. 임기가 끝나면 새로 이사회를 구성해야 합니다. 그런데 야당은 위원이 두 명밖에 안 되니 새로운 이사회 구성을 하지 말라고 합니다. 그 결과 MBC 방문진의 경우 임기가 끝난 지 다섯 달이 지난 이사들이 여전히 이사로 남아 있습니다. 새로 선임된 방문진 이사들은 아직 취임도 못하고 있습니다. 야당은 임기가 끝난 이사들의 이익이 새로 선임된 이사들의 이익보다 더 중요하다고 말하고 있습니다. 둘째 2인 체제 문제입니다. 수차례 지적됐지만, 오늘날 방통위 2인 체제는 야당 특히 민주당이 만든 것입니다. 2023년 8월 이후 1년 반, 17개월이 지나도록 민주당은 방통위원 추천을 하지 않고 있습니다. 추천은 하지 않고 계속해서 2인 체제가 불법이라며 문제를 삼아왔습니다. 이런 사태 때문에 방송통신위원회 법을 만든 분들이 의사정족수를 따로 정하지 않고 의결정족수만 두 명으로 정했다는 것을 제 경험으로 알게 됐습니다. 국회에서 어깃장을 놓고 추천을 하지 않으면 대통령이 임명한 두 명만으로도 위원회가 최소한의 업무를 할 수 있도록 해야 한다는 것을 입법자들이 진작 알았지 않나 추정을 해봅니다. 방송사 재허가·재승인 문제, 해외 거대기업들에 대한 과징금 문제 같은 이슈들을 해결할 수 있도록 말입니다. 현재 KBS, MBC 등 주요 공영방송사 채널들이 무허가 방송을 하고 있고 수백억 원에 이르는 해외 기업들에 대한 과징금 부과도 하지 못하고 있습니다. 무허가 방송도 상관없고 수백억 원 과징금 부과를 하지 못해도 상관없다, 특정 방송을 현재대로 유지하기만 하면 된다, 이것이 민주당이 원하는 것인지 묻고 싶습니다. 민주당은 계속해서 2인 체제가 불법적이라고 주장했지만, 방통위원 추천은 하지 않고 있습니다. 오히려 방통위원 수를 계속 줄이기만 했습니다. 이동관 위원장도 탄핵하려 했습니다. 김홍일 위원장도 탄핵하려 했습니다. 심지어 법까지 바꿔서 이상인 부위원장까지 탄핵하려 했습니다. 민주당 추천 방통위원을 보강해서 5인 체제를 만들려고 하는 대신, 끊임없이 마이너스 방통위원회를 만들려고 했습니다. 완전체인 5인 체제는 커녕 2인 체제도 모자라서 끊임없이 1인 체제를 만들려고 했고 그 결과 방통위원회는 아무것도 하지 못하고 있는 1인 체제가 됐습니다. 그러니까 민주당이 원했던 것은 5인 체제가 아니라 1인 체제였다, 저는 그렇게 생각합니다. 방통위원회가 정상적으로 일을 하기보다 방통위가 마비되는 사태를 원했다고 생각할 수밖에 없습니다. 우리나라 기술개발자들이 손해를 보고 해외 거대기업들이 수백억 원의 이익을 가져가도 상관이 없다는 것인지, 방송사들이 무허가 방송을 해도 상관이 없다는 것인지 묻고 싶습니다. 2인 체제가 불법이라고 한다면 민주당은 진작 그 불법 사태를 해소하기 위해 민주당 몫 상임위원을 추천해야 했습니다. 국민의힘은 진작 국회 몫 한 명을 추천했지만, 민주당이 추천을 거부하는 바람에 2인 체제는 계속 유지되어왔습니다. 2인 체제는 합법이지만 민주당 주장대로 문제가 있다면 그 문제는 민주당이 창조한 것입니다. 재판관들께서는 제가 무슨 말을 하는지 잘 아실 것입니다.

헌법재판소의 결원 문제는 헌법기관이기 때문에 비교적 문제가 빨리 해결됐습니다. 저는 결원이 보강됐을 때 헌법재판관님들이 굉장히 개인적으로 부러웠습니다. 국회 몫 추천 인사를 본 회의에 올리는 것도 표결하는 것도 민주당이 거부하면 그 절차는 진행되지 않습니다. 저는 2023년 국민의힘 몫으로 상임위원으로 추천됐지만, 민주당이 거부하는 바람에 9개월 9일을 기다리다가 끝내 상임위원이 되지 못했습니다. 국민의힘은 과반수 의석이 되지 않기 때문에 본회의 표결을 요하는 어떤 인사도 개입을 하지 못합니다. 그러니까 방통위 2인 체제의 책임은 오롯이 민주당에 있다는 말입니다. 민주당은 2인 체제의 문제점을 보완하겠다며 방통위 법안을 제출했습니다. 의사정족수를 3인으로 규정하는 것입니다. 이 자체가 현재 2인 체제는 법적으로 문제가 없다는 뜻입니다. 민주당은 2인 체제가 합의정신을 위반했다고 하지만 그렇지 않습니다. 헌재 재판관도 민주당 추천 국민의힘 추천으로, 추천한 정당은 다르지만, 헌재 재판관이 되는 순간 특정 정파의 이익을 위해 일하지 않는다고 저는 생각합니다. 만약 헌재 재판관들이 추천받는 정당의 이익을 대변한다면 이진숙에 대한 이 탄핵 심판 역시 절차가 필요 없을 것입니다. 숫자에 따라 이미 결과를 알 수 있기 때문입니다.

그러나 저는 헌재 재판관들이 철저히 법리에 따라 판단할 것이라고 확신합니다. 방통위원들 마찬가집니다. 제가 국민의힘의 추천을 받았다고 해도 저는 국민의힘이라는 정당을 위해 일하는 것이 아닙니다. 또 대통령의 임명을 받았다고 해도 대통령의 이익을 위해 일하는 것이 아닙니다. 대통령이 대한민국 전체 국민의 대통령이듯이 방통위원 역시 대한민국 국민들의 이익을 위해서 정책을 결정할 것이요, 규제의 기준 역시 대한민국과 대한민국 국민이 될 것입니다. 나라가 많이 혼란스럽습니다. 그럴수록 언론 방송의 역할이 중요합니다. 제가 업무로 돌아가서 제 직무를 수행할 수 있도록 재판관 여러분들께서 도와주십시오. 대한민국을 위해서 일할 수 있도록 도와주십시오. 오직 헌법에 따라 현명한 판단을 신속하게 내려주실 것을 간곡히 요청드립니다. 감사합니다.

넷. 탄핵 변호사비 = 국회 세금, 민주당의 창조경제

2024년 8월 직무를 시작하자마자 탄핵으로 직무가 정지됐다. 2025년 1월 헌법재판소에서 기각 결정이 나기까지 걸린 기간만 6개월이다. 통상 6개월 안에 탄핵 심판을 처리하는 것이 관례이니 그 기간을 꽉 채우고 끝난 셈이다. 그리고 2025년 9월, 방미통위법이 민주당 주도로 통과되면서 방통위원장 직위에서 자동면직되었다. 자동면직이라고 하지만 사실상 '강제 해직'된 셈이다. 민노총 산하 언론노조원들이 파업 주도 등의 이유로 해고될 때, '해고는 살인이다' 등의 구호를 외쳐댔는데, 오히려 이재명 민주당 정권이 이진숙을 '살인적 해직'을 시켰다고 생각한다. 민노총 노조원들은 '사장 퇴진' 등을 외치며 스스로 일을 하지 않겠다고 마이크와 펜을 집어던지고 파업에 나섰지만, 나는 일을 하고자 했고 민주당은 다수당이라는 지위를 이용하여 나를 '해고'했으니 말이다. 사퇴 종용에도 불구하고 사퇴하지 않으니까 법을 바꿔 17년 된 기관을 없애고 기관장을 '해고'시킨 것, 이것이야말로 위헌적인 행태가 아닌가. 직무에 복귀한 것은 탄핵안이 헌재에 넘어간 뒤 약 6개월 만이다. 취임에서부터 해임된 것까지 기간은 14개월, 그러나 제대로 직무를 수행한 기간은 4개월에 불과했다. 그러니 민주당은 방통위를 마비시킨다는 그들의 목표를 달성한 셈이다.

탄핵심판에서 수반된 변호사비 등 각종 비용 문제 역시 오롯이 탄핵당한 개인의 몫이었다. 탄핵이 기각된다 해도 '상처뿐인 승리'에 불과한 이유다. 반면 잘못된 탄핵을 추진한 국회는 아무런 페널티도 받지 않는다. 페널티는 고사하고, 좌파 진영은 혈세를 이용한 사건 수임으로 밥그릇까지 챙긴다. 2025년 4월 2일 권성동 원내대표가 국회사무처로부터 제출받은 자료에 따르면, 윤석열 정부 동안 민주당 주도로 추진된 13건의 탄핵소추 변호사비는 총 4억 6,024만 원에 달했다. 윤 전 대통령 탄핵소추 변호사비만 1억 1천만 원 수준이었다. 문제는 이 비용이 모두 국민의 혈세로 지출된다는 것이다. 더 큰 문제는 국회 측 법률대리인 대부분이 친 민주당 성향의 변호사들이었다는 점이다. 과거 민주당 관련 당무를 수행했거나 문재인 정부에서 공직을 지낸 변호사가 13명(37.1%), 민변

출신이나 참여연대 등에서 일한 변호사는 9명(25.7%)이었다. 국민의힘 당직을 맡았거나 보수성향 단체에서 활동했던 변호사는 5명(14.3%)에 그쳤다. 민주당 입장에서 탄핵소추는 그야말로 행정부도 마비시키고 사건 수임료까지 챙기는 꿩 먹고 알 먹는 '창조경제'였던 것이다.

이진숙은 무엇을, 어떻게 했어야 했나

앞선 논의를 종합해보자. 민주당은 방통위원을 추천해야 할 국회의 책임을 저버리고 방통위 2인 체제를 만들었다. 그리고 2인 체제 의결이 위법하다며 방통위원장을 탄핵하고 헌재에서 기각되자 '3인 의사정족수' 개정안을 단독 의결했다. 결론은 방통위는 일을 하지 말라는 것이었다. 이진숙의 선택지는 두 가지밖에 없었다.

첫째, 민주당의 '답정너(답은 정해져 있고, 너는 대답만 해라)'식 입법 폭거에 순응하고 아무 일도 하지 않는 것이다. 둘째, 2인 체제의 정당성을 국민들에게 알리며 방통위원장으로서 마땅히 해야 할 일을 하는 것이다. 무엇이 정의로운 선택인지, 굳이 설명조차 필요하지 않을 것이다. 아무 일도 하지 않으면 아무 일도 일어나지 않기 때문이다. 이진숙의 몸부림은 민주당의 더 큰 탄압으로 돌아왔다. 집권한 이후에는 휴가까지(실제로 휴가를 간 것이 아니라 행정 절차로 휴가 신청을 한 것) 트집 잡으며 망신주기 일쑤였고 표적 감사를 통해 사법적 탄압을 자행했다. 국회에선 '방미통위법'으로 포장된 이른 바 '이진숙 찍어내기 법'을 만들어 강제 면직까지 실행했다. 추석을 앞두고 경찰은 '선거 없는 선거법 위반' 혐의(그들은 기억에도 없는 '보궐선거'를 주장할지 모르겠다)를 앞세워 이진숙에게 수갑을 채우고 체포·연행했다. 민주당이 과연 어디까지 막 나갈 수 있는지 궁금해질 지경이다.

이진숙은 해야 할 일, 할 수 있는 일을 했다. 그 결과에 대한 평가는 국민의 몫이다. 여전히 내 앞에 놓인 선택지는 두 가지다. 순응하고 굴종하는 것과 지치지 않고 당당히 맞서는 것. 내 결론은, 지금까지 걸어오던 길을 일관되게 걷는 것이다. 돌이켜보면, 내가 경험했던 국회는 '동물농장'이었다. 자신들을 "더 평등한 동물"이라고 착각하는 '동물농장'에서 그런 동물들을 보는 것은 진귀한(?) 경험이었다.

'동물농장'의 추억

국회를 흔히 '민의의 전당'이라고 한다. 그러나 내가 경험한 국회는 '동물농장'이었다. '민의의 전당'이라는 말은 국회의원들에 의해 더 많이 사용되는 것 같고, 국민들은 파괴의 대상으로 보는 것이 더 일반적이 아닌가 싶다. 그만큼 분노의 대상, 경멸의 대상이 되어 버렸다. 그리고 나 역시 그런 의견에 동조하지 않을 수 없다.

MBC에 있을 때도 국회를 방문한 적은 있었다. 정치부를 거치지는 않았지만 드물게 취재를 위해 방문하기도 했고, 정책협력부장으로 있을 때도 몇 차례 방문했었다. 그러나 본격적으로 국회를 경험한 것은 방송통신위원장으로 지명된 2024년 7월 이후였다.

7월 4일 지명이 되고 인사청문회는 24일로 확정되었다. 장관급 기관장은 통상 하루 청문회를 거치는 것이 관례였지만 최민희 과방위는 사상 유례없이 사흘 청문회로 만들었다. 이 글에서는 우스꽝스러운 '동물농장'에서의 경험을 몇 가지 공유하겠다.

알다시피 《동물농장》은 영국 작가 조지 오웰이 1945년 펴낸 풍자 소설이다. 이 소설에서 가장 많이 알려진 것은 다음의 문장일 것이다. "모든 동물들은 평등하다. 하지만 어떤 동물들은 다른 동물보다 더 평등하다(All animals are equal, but some animals are more equal than others)." 이 말처럼 위선과 부패를 함축적으로 잘 나타내는 말이 또 있을까 싶다. 소련 독재 정권의 부패하는 과정을 따갑게 풍자한 《동물농장》이 80년이 지난 2025년 대한민국에 부활했다는 것이 안타까울 뿐이다.

국민을 대표해서 질문한다느니 하면서 또 다른 국민에게 고함을 치고 잘난 체하는 꼴사나운 모습에 출석한 기관장이나 직원들은 한편 겁먹은 듯, 한편 긴장한 듯 보였지만 속으로는 비웃는 때가 많았다. 일부 초선 의원들은 보좌진이 적은 듯한 글을 내내 읽어내려가기 바빴다. 그 글을 작성한 보좌관은 '의원님'이 자신의 글을 마이크에 대고 읽어주는 것이 못내 흐뭇했을 것이다.

"더 평등한 동물들"을 구경하는 것은 한편 재미난 일이었다. 인사청문회 때 내가 질문 내용과 관련해 A4 용지를 들고 설명을 하려 하자 최민희 위원장은 자료를 내리라면서 시비를 걸었는데, 막상 본인은 상임위원회 회의보다 더 상위 회의라고 할 수 있는 본회의장에서 피켓을 들고 시위를 했다.

과방위에 불려 나온 증인과 참고인들에 대해서도 그의 갑질성 행위는 덜하지 않았다. 강규형 교수와 김종민 변호사의 경우, 답변 내용이 자기 마음에 들지 않았던지 그들이 답변하는 도중에 답변을 중단시켰다. 심지어 강 교수는 회의 질서를 어지럽힌다는 이유로 퇴장을 시켰고 국민의힘이 다른 청문회 때 증인이나 참고인으로 요청해도 다시는 채택되지 않았다. 사실상 최민희 과방위의 블랙리스트에 오른 셈이다.

그러나 민노총 계열 증인들의 경우에는 그들이 원하는 만큼 충분한 시간 동안 얘기할 수 있도록 '배려'해주었다. 이런 '막강한' 권한을 가지고 있으니 상임위원장 자리를 붙들고 있는 모양이다. 배지를 다는 순간 "덜 평등한 동물"은 "더 평등한 동물"로 진화를 하는 것이다.

그러던 최민희가 정작 피켓에 주눅이 든 모습을 보인 적이 있다. 그가 그 정도로 주눅이 든 모습은 아마도 처음 본 것 같다. 딸 결혼식 축의금 논란 때 과방위 회의에서 국민의힘 의원들이 "딸 결혼식 거짓 해명, 상임위원장 사퇴하라"는 내용의 피켓을 좌석 위에 세워두었는데, 정회 때 그 피켓을 치우는 모습이 국회 카메라에 잡혔다. 본인은 상임위보다 더 권위가 있는 본회의장에서 피켓 시위를 했으면서 다른 당 의원들의 피켓을 허락도 없이 치우는 것이

가능한지 모르겠는데, '내로남불'은 민주당의 전매특허라는 말이 나올 법하다.

최민희 의원과 쌍벽을 이루는 것이 김현이었다. 다른 에피소드도 많지만, 김현을 생각하면 '거짓말'이라는 말이 생각난다. 그의 삶에서 거짓말을 자주 경험해서였을까, 그는 유난히 '거짓말'이란 말을 많이 썼던 것으로 기억한다.

국회에서 증언을 한 증인 자격으로 '거짓말'을 하는 것은 매우 어려운 일이다. 국회에서 위증을 하면 〈국회에서의 증언·감정 등에 관한 법률〉에 따라 징역 1년 이상 10년 이하의 처벌을 받게 된다. 벌금형은 없고 오직 징역형만이 주어지는 매우 중한 벌을 받는다. 따라서 의원들의 질문에 매우 신중하게 답할 수밖에 없으며, 혹여라도 실수가 우려가 되는 경우 "OO한 것으로 기억하고 있습니다"라고 답을 한다. 그래야 기억이 잘못된 경우, 발언에 대한 책임을 덜게 되니 말이다.

'거짓말'과 관련하여 김현 의원과 세게 부딪친 적이 있다. 나는 '거짓말'이란 말을 싫어하는데(좋아하는 사람은 없겠지만), SKT 해킹 건과 관련한 회의로 기억한다. 시장에 대한 영향을 조사하기 위해 간부들에게 현장 조사를 하라고 지시한 적이 있는데, 김현은 이 말을 이진숙 위원장이 직접 현장 조사에 갔다는 말을 한 것으로 이해했던 모양이다.

"이진숙이 거짓말을 한다"고 주장하면서 속기록까지 가져오게 했다. 자기 눈으로 보고도 거짓말 주장을 계속했는데 최민희가 나

서서 어영부영 넘어갔다. 만약 내가 실제로 '거짓말'을 했다면 그냥 넘어갈 사람들이 아닌데, 어영부영 넘어가는 모습을 보니 속으로 웃지 않을 수 없었다.

최민희와 김현의 관계는 글쎄, 혹자는 경쟁 관계라고 하기도 하고 혹자는 협력 관계라고 하기도 하는데, 꾀많은 어느 누군가가 다른 누군가를 활용한다는 설도 있다. 김현 역시 일방적으로 발언을 하고, 거기에 대한 답을 하려고 하면 "질문하지 않았습니다"라며 말을 막는 경우가 부지기수였다.

본인들은 온갖 모욕적인 언어폭력을 가하고도, 거기에 항의를 하거나 해명을 하려고 하면 "묻지 않았다, 답변하지 말라"고 하니 참으로 어이없는 일이다. 황당한 일은 수도 없이 많은데, 그중의 하나가 노종면의 '볼펜 사건'이다.

방송통신위원장으로서 미국의 FCC, 연방통신위원회를 방문해서 브랜던 카 위원장을 만나 업무 협조 논의를 했는데, 무슨 합의를 해왔냐라고 반복해서 따져 물었다. 나는 출장의 경위를 차분하게 설명하려 했으나 "합의를 했냐"를 서너 번 반복해서 묻더니 고함을 질러댔다. "고함 지르지 마십시오. 다 듣고 있습니다"라고 했지만, 그는 계속 소리를 질렀다. 사람이 범죄 혐의로 경찰에 출석해도 이보다는 나은 대우를 받을 것이다. 급기야 그는 자기 분을 참지 못한 듯 볼펜을 책상 위에 던지고 자리를 박차고 나갔다. 그때의 기분을 솔직히 말하면, 가소로웠다.

기자도 그렇고 국회의원도 그렇고, 초년병 기자나 초선 의원이

목에 가장 힘을 준다는 얘기를 들었다. 걸핏하면 "국민을 대표한
다"느니 하면서 실상은 자기 목에 힘을 주고 피감 기관 직원들에
게 '갑질'을 해대는 것이다.

내 경우도 때로는 자리를 박차고 나올 정도로 분노가 솟구치는
경우가 있었지만 내가 책임져야 하는 기관을 생각하면 나의 분노
를 그대로 표출할 수 없는 것이다. 비서실 운영비도 0원으로 만들
고, 간부들의 업무추진비, 교통비 등도 절반으로 깎아버리는 권한
을 가지고 있는데, 기관장이 성질을 내면 피해를 직원들이 입게 될
지도 모르니 말이다.

과방위에서 민주당 의원들이 나의 답변을 끊는 경우가 많았는
데, 지금에 와서 이유를 생각해보면 그놈의 '쇼츠' 때문인가 짐작
을 해본다. '배지'들이 말하는데 끼어들면 연결해서 쇼츠를 편집하
는 데 지장이 될 수 있다는 것이다.

내가 이런 생각을 하는 것은 과방위가 끝나고 나중에 유튜브
를 보면 각종 제목으로 그들의 '업적'과 '활약'이 쇼츠 영상으로 올
라와 있기 때문이다. "팩폭당하는 이진숙, 월급 루팡(이해민)", "이진
숙 콧대 박살내는 이훈기", "끼어들지 마시라고요(최민희)", "어디다
기자정신 운운 … 기가 차(한민수)" 등등의 내용으로 올라온 쇼츠를
통해 그들의 '활약'은 널리 알려지게 된다.

'동물농장'의 추억에서 빼놓을 수 없는 것은 김우영의 '씨' 사
건일 것이다. 그는 증인을 내려다보듯이 "이진숙 씨, 이진숙 씨께
묻습니다"라며 질문을 시작했다. '이진숙'과 '씨' 사이에 약간의

포즈가 있는 것을 보면 그 찰나의 순간 '위원장'으로 부를까, '씨'로 부를까 생각도 있었던 것이 아닐까 싶다. 최민희조차도 위원장 석에서 "이진숙 위원장으로 해주십시오"라고 말했지만, 김우영은 "그건 제 마음이에요"라며 말을 계속했다. 김우영의 뒤에서 보좌관이 웃고 있는 모습이 보였다. 나는 "더 평등한 동물"에게 말했다. "이진숙 씨라고 하면 저도 김우영 씨라고 할 수밖에 없습니다."

국회 청문회나 현안 질의 등에는 공식 명칭이란 것이 있다. 증인에게는 증인, 참고인에게는 참고인, 그리고 기관장에게는 기관의 이름을 붙이는 것이 관례이다. 그러나 이진숙 위원장 대신 이진숙 씨라고 부르는 그의 마음에는 자신은 "더 평등한 동물"이고 이진숙은 "덜 평등한 동물"이라는 계산이 있었을 것이다. "덜 평등한 동물"은 '씨'로 불려도 아무런 저항을 하지 않을 것이며 그 무저항에 "더 평등한 동물"은 자신의 지위를 확인하고 뿌듯한 쾌감을 느낄 것이 아닌가.

나의 임기가 강제 종료될 무렵, 일부 민주당 의원들은 현안 관련 질문을 나에게 하지 않고 방통위의 다른 간부들에게 했다. 나를 기관장으로 인정하지 않는다는 뜻이었다. 부끄러운 줄도 모르고 참으로 무책임한 짓들을 그들은 했다.

이런 과방위에서 한두 번 법사위에 참석할 때가 있었는데, 분위기가 몹시 달랐다. 지금은 법사위도 '동물농장'으로 변한 느낌을 받지만 그래도 당시에는 법사위가 상대적으로 더 나았다. '방송 3법'과 '방미통위설치법'을 이미 통과시키기로 작심하고 한두 명 의원의 발언을 들은 다음 일사천리로 토론 종결을 선언했으니 출석한 기관장을 닦달할 필요가 없어서인지도 모르겠다. 그때 법사위에 갔다 오면서 간부들에게 이런 말을 했다. "'동물농장'에서 '사람 사는 세상'으로 이동하니 한결 마음이 편하네요." '동물농장'의 추억은 이 밖에도 많다.

14개월 가운데 위원장으로서 업무를 한 기간은 4개월 정도가 된다는 이야기는 앞서도 했었다. 민주당이 원했던 것은 방통위 업무를 마비시키는 것이고, 이진숙이 위원장 직무를 하는 기간을 가급적 단축시키는 것이 그들의 목표였을 것이다.

핑곗거리를 찾으려는 듯 최민희의 과방위는 나를 수시로 불러 댔다. 청문회, 현안 질의 등 이름은 다양했지만 나를 목표로 삼아 고성을 질러댔다. "그만하세요", "물어보지 않았습니다", "중단하세요" 등은 민주당과 조국혁신당 의원의 전매특허였다. 한발 더 나아가 위원장석에 앉은 최민희는 "마이크 끄세요"라며 나의 말을 막기도 했다.

최민희 의원은 본인이 방통위 상임위원으로 임명되지 않은 것을 이진숙의 탓으로 생각하는 듯 상상할 수 있는 모든 방법을 동원해 나를 괴롭혔다. 폭력적이고 모욕적인 발언들은 참기 어려웠지만, 그래도 냉정을 유지하려고 애썼다. "(이진숙의) 뇌 구조가 이상하다"는 말에 최민희에게 사과를 요구했지만, 그는 끝내 사과하지 않았다(이 발언 등에 대해 이진숙은 최민희를 모욕죄로 고소했다).

정권이 교체되고 민주당 입법부의 권력은 더욱 강해져서 법까지 바꾸어 기관을 없애버렸다. 사퇴를 거부하는 임기제 기관장을 내쫓는 기상천외한 관례를 다수독재는 만들어낼 수 있다. 법을 바꾸고 기관 이름을 바꾸면서 정무직을 자동 면직(해임)시키는 '창의적인' 부칙은 대한민국 입법부의 수치로 기록될 것이다.

왜 분노하지 않았습니까

대한민국 역사상 탄핵소추된 인물이 몇 명이나 되겠는가. 탄핵이라는 기이한 경험을 한 나는 이 시점에서 이런 질문을 한다. "당신은 왜 그때 분노하지 않았습니까."

만약 당신이 직장에서 이해하지 못할 이유로 정직을 당했다고 가정해보자. 당신은 결백을 주장하지만, 회사는 당신에게 정직이라는 강한 징계를 내렸다. 직장 동료들은 처음에는 함께 분노하면서 위로의 말을 건네다가 차츰 당신을 잊게 된다. 분노하는 것은 당신을 포함한 극소수에 불과하다.

국회 상임위에서 가끔 퇴장이나 발언권 정지 같은 일이 발생한다. 상임위원장의 폭압적인 행태에 동료 의원들이 분노하면서 항의하고 때로는 고성과 삿대질이 오가기도 한다. 기자들을 상대로 회견을 열기도 한다.

좀 과장해서 이야기하겠다. 174일간의 탄핵을 경험한 나로서는 1회성 퇴장이나 발언권 정지가 부럽기도 했다. 도대체 장관급 기관장을 여섯 달 가까이 직장에 나가지 못하게 하는 것이 말이 되느냐는 것이다. 방송통신위원회, 너무나 할 일이 많은 그 기관의 기관장을 174일 동안 일을 못하도록 국회의원이라는 자들(민주당 주도)이 '폭력'을 행사했다.

내가 경험한 과방위에서 민주당과 협력 정당의 의원은 국민의힘의 두 배였다. 20명 가운데 민주당이 11명, 조국혁신당 1명, 개혁신당 1명이었고 국민의힘은 7명이었다. 조국혁신당의 이해민은 표결 때 민주당과 다르게 투표한 적은 없는 것으로 기억한다. 건강한 토론은 거의 없었고 안건은 일방적으로 민주당이 이끄는 대로 결정되었다.

방송 3법의 경우 민주당은 계속해서 "국민의힘이 대안을 안 낸다"고 말했지만, 민주당이 낸 법안보다 '현행 유지'가 더 나았기 때문에 대안을 내지 않은 것으로 안다.

걸핏하면 고함을 지르고, 출석한 기관장과 직원들을 윽박지르고 모욕을 주는 민주당 의원들 앞에 앉아서, 멋지게 보였던 국민의힘 의원들은 그들에 맞서 소리치고 고함치고 삿대질하는 의원들이었다. 신사적인 사람보다, 논리적인 사람보다, 터무니없는 갑질에 맞서서 함께 싸워주는 의원들이 고맙고 멋있었다. 그래서 때로는 민주당의 횡포에 '저항의 뜻으로 퇴장'하는 국민의힘 의원들이 야속했다.

총칼 들고 싸우는 전쟁터에서 법전을 들고 "이러시면 안 됩니다"라고 점잖게 말하는 것이 아군에게 얼마나 도움이 될까. 또 주민을 위해 싸워야 할 군인이 그들을 두고 퇴각한다면 주민들은 군인들을 어떻게 생각할까. 상대는 "전쟁입니다"를 상시로 부르짖는 이들인데.

그렇게 압도적인 수적 우위를 점하고 있는데도, 청문회나 현안 질의 때 민주당 의원들은 마지막 시간까지 남아 있는 이들이 많다. 들리는 이야기에 따르면, 상임위 출석과 언론 출연 등을 모두 계량화해서 공천 등에 반영한다고 한다. 그래서 무려 개헌 선에 육박하는 의석을 얻게 된 것인가. 절반의 수로 전쟁을 이기는 방법은 하나다. 말 그대로 죽기살기로 싸우는 것이다. 그렇지 않으면 미래는 없다.

174일간의 탄핵, 그런데 탄핵이 나 이진숙에게만 일어났나. 이상민 행안부 장관과 이창수 서울중앙지검장, 그리고 헌법기관인 감사원의 최재해 감사원장에까지 탄핵소추안을 통과시켰다. 이동관, 김홍일 방송통신위원장들도 민주당의 탄핵 대상이 되었지만 자진 사퇴로 소추안은 자동 폐기되었다.

앞서 설명했듯이 이진숙에 대한 탄핵안 발의로 방통위의 업무가 중단되었듯이 다른 기관들도 업무에 큰 차질이 빚어졌을 것이다. 그러니까 민주당이 노린 것은 방송언론에 대한 정책을 담당하는 방통위, 주요 수사를 관장하는 검찰과 경찰, 헌법기관인 감사원의 기관장들에 '정직'이란 중징계를 내림으로써 기관의 업무를 상당 부분 중단·중지시키는 것이라고 할 수 있다.

그뿐이랴. 민주당 국회는 대통령실 특활비를 전액 삭감하고 검찰청과 경찰청의 특활비도 삭감했다. 주요 기관에 대한 인사를 무력화하고 예산까지 삭감한 행위는 한마디로 정부를 정부로 인정하지 않겠다는 뜻이다. 한 조직의 근간이 인사와 예산인데, 민주당은 대한민국 정부의 인사와 예산을 망가뜨렸다.

헌법재판소는 윤석열 대통령에 대한 탄핵 판결에서, "국회와의 대립, 야당 주도 예산 심의·탄핵 시도 등으로 국정이 마비됐다고 주장했지만, 그 원인은 정치·제도·사법 절차를 통해 해결할 수 있었던 문제"라며, "군 동원 대신 정치·제도적 해결을 모색했어야 한다"고 지적했다.

이와 관련해서 나는 이런 질문을 하고 싶다. 임명 전부터 이진숙에 대해 탄핵을 공공연히 벼르고 있었고, 장관급 기관장으로는 최초로 사흘 청문회(사실상 나흘)를 열었으며, 취임 이틀째 탄핵소추안을 발의하고, 각종 고소·고발을 한 민주당 최민희와 이진숙이 '정치적으로' 사태를 해결하는 것이 가능했을까.

압도적 의석수를 무기로 고함을 지르고, 마이크를 뺏고, 퇴장을 시키는 자들과의 정치적·제도적 해결이 어떤 것인지, 헌법재판소에게 묻고 싶다. 만약 답하지 못한다면, 그들은 "스타일 재판"을 했다는 비판에서 벗어나기 어렵다. 귀에는 그럴듯하게 들리지만, 실질적으로는 아무 의미 없는 "스타일 재판", "패션 재판" 말이다. 다행히 이 터무니없는 상황에 대한민국의 신(新)청년들이 분노해주니 이것이 유일한 희망이다.

민주당의 '방송 3법'과 '방미통위법' 무엇이 문제인가

재판, 재판, 재판 ……

탄핵심판이 기각되고 직무에 복귀한 뒤에도 소송은 계속됐다. 주로 2인 체제 의결의 위법성을 확인해달라는 야권 인사들의 집행정지, 혹은 가처분 신청이었다. 민주당의 방통위원 추천 거부 몽니로 방통위 업무가 부정되면서 행정부 업무가 사법부 결정에 종속될 수밖에 없는 불행한 사태가 계속된 것이다. 2015년 2월 13일에는 'KBS 신임 이사진 임명' 집행정지 신청에 대한 기각 결정이 있었다. 2인 체제 의결에 대해 명백히 위법이라는 명확한 규정이나 판례가 없으며 임명 처분의 효력을 정지할 경우 공공복리에 중대한 영향을 미칠 우려가 있다는 취지였다. 탄핵심판 기각 결정을 내린 헌법재판소와 같은 취지로 윤석열 정권에서 새로 임명된 권순범 이사 등의 업무 수행상 제약이 사라진 유의미한 결정이었다.

유감스러운 판결도 뒤따랐다. 2025년 3월 13일에는 MBC 방문진 신임 이사 6인 임명에 대한 효력 정지가 최종 확정되었다. 본안 소송이 남아 있기는 했지만, 한참 시간이 걸리는 만큼 대법원이 이미 임기가 1년 가까이 지난 전임 이사들의 사실상의 임기 연장을 용인해준 셈이었다. 2인 체제 의결에 대한 헌법재판소와 법원의 각기 다른 판결은 방통위 직무 수행에 극심한 혼란을 초래했다.

조금 더 구체적인 사실관계를 설명하자면 이렇다. MBC 전임 방문진 이사들은 2024년 8월 12일, KBS 이사회는 8월 31일 각각 임기가 만료될 예정이었다. 2024년 7월 31일 방통위원장으로 임명된 직후 임기 만료를 12일 앞둔 MBC 이사회와 한 달여 앞둔 KBS 이사회 이사들을 신속하게 선임해야만 했던 이유다. 공모 절차는 이미 전임 위원장 때 진행된 상황이었기에 위원회는 선임·의결만 하면 되었다. 그러나 해당 결정에 대해 전임 방문진 이사들이 2인 체제를 문제 삼으며 가처분 소송을 걸었고 민주당이 같은 이유로 탄핵소추안을 통과시키며 탄핵심판이 시작된 것이었다. 대법원에서 MBC 방문진 신임 이사 임명에 대한 효력 정지를 결정한 시점에 이미 전임 이사들은 8개월 이상 임기가 연장된 터였다. 본안 소송은 통상 2~3년이 걸리기 때문에 전임 이사들은 연임이 된 것이나 다름없는 결과였다. 똑같이 2인 체제에서 의결했는데, KBS는 신임 이사들이 박장범 사장을 선임했고 MBC는 그대로 유지됐다. 지난 1월 23일 헌법재판소에서 2인 체제 의결이 탄핵 사유가 아니라는 점을 분명히 한 바, 법원의 각기 다른 결정은 그야말로 아이러니였다.

5월 16일, YTN이 방통위를 상대로 제기한 소송에 대한 법원의 결정도 마찬가지였다. 재판부는 합의제 행정기관인 방통위의 의사결정상 하자 유무를 판단하면서 "위원 2인 전원의 출석과 찬성으로 이 사건 의결을 한 것은 방통위법 제13조 제2항에서 정한 의결정족수 요건을 충족한 것으로 봄이 타당하다"고 설시했다. 더불어 "이 사건 의결 당시 방통위의 재적 위원은 2인이었고 재적 위원 전원의 출석 및 찬성으로 이루어진 이 사건 의결은 재적위원 절반이 넘는 수, 즉 과반의 찬성으로 이루어졌음이 분명하다"고 밝혔다. 헌법재판소 결정에서 기각 의견을 낸 재판관들과 일치하는 의견이다. 그러나 서울행정법원은 2025년 11월 28일 이 판결을 뒤집고 YTN의 최대주주 변경 승인 처분을 취소한다고 판결했다.

탄핵 심판과 이후 몇 차례의 소송 결과를 받아들이며 느낀 점은 대한민국의 많은 것이 법으로 해결되는 세상이 되었다는 것이다. 방통위 위원장이 가진 권한을 행사하자 가처분 소송이 시작되고 그것이 인용되니 행정부의 권한이 고스란히 묶이게 됐다. 행정부의 인사권이 언제부터 국회, 사법부로 넘어가게 되었나, 그런 생각까지 들었다. 더욱이 우스꽝스러운 점은 방통위는 민주당과 전임 이사들이 문제 삼는 것들 외에도 2인 체제에서 여러 사안들을 의결해왔다는 점이다. 이를테면 통신사에 과징금을 물리거나, 재난지역에 수신료 면제안을 의결할 때는 야권에서 2인 체제 의결에 대해 어떠한 문제 제기도 없었다.

쉽게 말해 '인사' 또는 '특정 방송사' 관련 결정과 같은, 민주당이나 야권 인사들의 이권이 걸린 사안에 대해서만 선별적으로 문제 삼고 사법부의 판단을 구해온 것이다. 같은 2인 체제 의결인데 특정 사안만 선별하여 문제 삼고 법 조항은 하나인데 재판부마다 그에 대한 해석이 들쭉날쭉 달라진다. 어떤 재판부를 만나느냐 하는 것이 관건이 되는 비일관적이고 불안정한 상황 속 최대 피해자는 단연 국민이었다. 법은 상식의 최소한이라는 말이 있지만, 당시 판결들을 회고하면 법과 상식은 아무런 관계가 없다는 생각이 든다. 재판부가 특정 연구회 소속인지, 특정 지역 출신인지를 염려해야 하는 상황은 '법치'라는 말조차 공허하게 만든다.

본론으로 돌아와 논란의 2인 체제는 누가 만들었나. 주지하듯 이진숙이나 김태규 부위원장이 만든 것이 아니다. 국회 몫 3인의 방통위원 추천을 거부한 민주당이 만든 것이다. 그러나 법원 판결이 나온 3월 그 시점, 방통위원 추천을 끝내 거부한 민주당은 마은혁 헌법재판관을 빨리 임명하라며 최상목 권한대행에 대한 탄핵 겁박을 계속했다. 국회의 책무는 자신들에게 불리하다는 이유로 패대기치고 행정부 수장을 향해 너무도 쉽게 탄핵을 거론하는 상황. 이 또한 웃지 못할 코미디, 아이러니였다.

"Power, use it or lose it."(권력은 쓰지 않으면 잃는다)

권한을 부여받은 사람이 그 권한을 제대로 행사하지 않으면 자격이 없다. 그런데 그 권한의 행사를 사법부가 묶어두면, 누구의 책임이라고 할 터인가? 답답함과 참담함의 연속이었다.

최상목 권한대행이 현행범? 그렇다면 이재명도 현행범이다

"나는 옳고 너는 그르다."

오직 민주당만 옳다는 억지 주장은 그 후로도 계속됐다. 급기야 2025년 3월 19일, 이재명 당시 민주당 대표는 최상목 권한대행을 향해 '직무유기 현행범'이라고 직격했다. "이 순간부터 국민 누구나 현행범으로 체포할 수 있다", "몸조심하기 바란다"라는 극언까지 퍼부었다. 논란의 발언은 여야 극한의 대치로 이어졌고 해당 발언을 다룬 기사에는 "양아치", "깡패", "시정잡배" 같은 표현들이 서로 부딪치며 볼썽사나운 장면들을 연출했다. 이재명 대표가 그 같은 발언을 한 이유는 하나, 최상목 대행이 마은혁 헌법재판관 후보자를 임명하지 않은 것에 대한 보복성 엄포였다. 당시 공직에 있는 상태였고 민주당 과방위 위원들이 '정치적 중립 의무 위반'을 주장하며 감사원에 감사 청구까지 한 상태였기에 발언을 극도로 자중하는 와중이었지만, 한마디 거들지 않을 수 없었다. 헌법재판관 불임명을 규탄하면서 정작 방통위원 불추천으로 방통위 마비 상태를 방치하는 민주당의 행태가 내로남불 그 자체였기 때문이다.

　방통위 정원은 5명인데 2인 체제로 운영될 수밖에 없는 이유는 몇 번을 강조해도 충분치 않다. 민주당이 방통위원 추천을 거부했기 때문이다! 김효재, 김현 상임위원이 임기를 마치고 퇴임한 2023년 8월부터 시작된 2인 체제는 이동관-이상인, 김홍일-이상인, 이상인 대행 1인을 거쳐 이진숙-김태규 체제로까지 이양됐다. 2025년 3월까지 무려 19개월 동안 2인 체제가 계속되고 있는데도 민주당은 이를 방치했다. 국회 몫 상임위원 추천 3인에 대한 본회의 상정 권한은 171석이라는 압도적 다수 의석을 가진 민주당이 가지고 있음이 너무도 자명했다. 3인 가운데 2인은 민주당이 1인은 국민의힘이 추천하기로 했고 국민의힘은 1인을 공개 모집한다고 밝혀 이미 절차에 들어간 상태였다. 그런데도 민주당은 2인 체제의 불법성만 계속해서 주장했고 일부는 법원에서 관철되기에 이르렀다. 그런 민주당의 대표가 헌법재판관 불임명을 트집 잡으며 '현행범' 운운하니 어찌 개탄하지 않을 수 있겠는가. 그 헌법재판관 임명마저도 윤석열 대통령에 대한 탄핵 심판이 시작되기 전후 태도가 완전히 다르니 그 또한 기막힐 노릇이다.

　만약 헌법재판소가 이진숙이 제기한 '심판 정족수 7인 규정'에 대한 헌법소원과 가처분을 인용하지 않았다면 헌법재판소 6인 체제에서 그대로 심리가 중단되고 나를 비롯한 탄핵 공직자들은 직무가 정지된 채로 임기를 마칠 수도 있는 상황이었다. 그런데도 민주당은 꿈쩍하지 않았다. 그런데 움직이지 않던 민주당이 다급한 상황이 되었다. 계엄이었다. 윤석열 대통령의 비상계엄 선포 직후인 12월 4일이 되자 민주당은 즉각 마은혁, 정계선 두 사람을 헌법재판관 후보자로 추천했다. 그렇게 발 빠르게 일사천리로 할 수 있는 일을 왜 그 이전까지는 하지 않았나. "나는 옳고 너는 그르다", 이 주문은 민주당의 이익과 목적만을 따른다. 민주당에게 이익이 되면 옳고 시급한 일이 되며 민주당에게 이익이 되지 않으면 틀리고 중요하지 않은 일이 된다. "민주당은 합니다", "이재명은 합니다"라는 선명한 구호 역시 민주당의 필요가 닿을 때만 유효하다.

이후 대통령 탄핵 심판이 인용되고 조기 대선이 확정된 뒤에도 민주당은 방통위원을 추천하지 않았다. 중립을 유지해야 할 우원식 국회의장도 "어째서 국회 몫 상임위원을 추천하지 않느냐"는 이진숙의 물음에 묵묵부답이었다. 해야 할 일은 하지 않은 채, 윤석열 대통령 탄핵 결정에 대해 "역사에 죄송한 날"이라고 쓴 이진숙의 페이스북만 문제 삼았다.

MBC 지키기가 상임위원 두 자리보다 더 중요했나 -1

2023년 3월, 방송통신위원회 안형환 위원의 임기가 종료됐다. 후임 위원 절차가 즉각 시작되었다. 안 위원의 임기 종료 직전 상임위원 구성은 다음과 같다.

한상혁(위원장 2019.9~2023.5), 안형환(2020.3~2023.3), 김효재(2020.8~2023.8), 김현(2020.8~2023.8), 김창룡(2019.11~2023.4) 등 5명

잘 알려져 있다시피 한상혁 위원장은 2023년 3월 "TV조선 등 종편 재승인 심사점수 조작 의혹 건"이 드러나면서 검찰 조사를 받았다. 민주당은 윤석열 정부가 전 정부에서 임명된 방통위원장을 잘라내려는 음모라고 주장했으나 재승인 심사점수 조작 의혹은 방통위 심사의 공정성을 의심케 하는 큰 사건이었다. 한상혁은 5월 2일 불구속기소되었다.

한상혁에 대한 조사와 안형환의 임기 만료로 2023년 3월 방통위는 어수선한 분위기였다. 한 위원장은 출근을 계속하면서 조사를 받았지만, 직무를 제대로 볼 상황이 아니었고 김창룡, 김효재, 김현 등도 8월까지 모두 임기가 만료되는 상황이어서 8대 방통위원장 체제도 끝이 보이는 시점이었다.

이런 상황에서 민주당은 안형환의 후임으로 최민희를 추천했다. 2023년이면 21대 국회로 당시도 여소야대 구조였다. 여당인 국민의힘이 113석, 야당 민주당이 155석으로 이것만으로도 민주당이 과반 의석을 차지했지만, 범여권:범야권의 경우를 보면 여권은 더 쭈그러들었다.

범여권이 115석인 반면, 범야권은 181석으로 "원하는 것은 무엇이든 가능한" 수준이었다. 개헌만 겨우 저지할 수 있는 정도였다. 그러니 최민희는 민주당의 추천과 본회의 표결까지 일사천리로 끝낼 수 있었다.

2023년 3월, 최민희가 상임위원이 되면 방통위 구도는 이렇게 된다. 한상혁(민주), 김효재(국힘), 김현(민주), 김창룡(민주), 최민희(민주) 등으로 민주당 몫이 4명, 국힘 몫이 단 한 명이 되는 기이한(?) 구도가 된다. 아무리 임기제로 운영을 한다고 해도 "바람직한" 상황은 아니었다. 그러나 최민희는 다른 문제를 가지고 있었다. 그의 한국정보산업연합회의 상근 부회장 이력이었다.

일요신문은 2020년 8월 28일자 기사에서 그의 상근부회장 선임과 관련해 "최민희 전 의원 정보산업연합회 상근부회장 발탁 뒷말"이라는 제목을 달았다(최민희가 선임된 것이 2019년 7월이었으니 아마 1주년 즈음의 기획기사였던 것 같다. 최근에 최민희 딸 축의금 관련 기사를 매일신문 최훈민 기자가 특종한 적이 있는데, 정산연 기사도 최훈민 기자 기사인 것이 눈에 띈다).

소제목은 "전임자와 달리 추천에 의해 뽑혀 …… 정산연 측 '방통위 경험 있고 정부·기업 가교역 판단'"이라고 하면서, 이 연합회가 최민희를 부회장으로 뽑은 이유를 사실상 '로비' 성격으로 규정했다. "147개 회원사 가운데 88개사가 참여한 임시총회(의) 목적은 최민희 전 의원의 상근부회장 선임"이었다는 말도 덧붙였다. 이사 전원만장일치로 상근부회장이 된 최민희의 연봉은 약 1억 7500만 원으로, 왠만한 장관급 연봉 이상이 아닐까 한다.

민주당이 이런 인물을 방통위 상임위원으로 추천하고 본회의 표결까지 거쳤으니 국민의힘이나 대통령으로서는 그 적정성에 의문을 품지 않을 수 없었다. 업계를 위해 로비를 했던 인물을 그 업계를 규제하는 기관의 차관급 상임위원으로 임명한다는 논란이 거세게 일었다.

국민의힘에서 여당 간사를 맡고 있던 박성중 의원은 기자회견을 열고 최민희는 임명되어서는 안 된다고 강력하게 주장했다. "방송장악이라는 잿밥에만 관심 있는 민주당은 고도의 공정성이 요구되는 방통위원 자리에 ICT, 통신사를 대변하고 허위사실을 유포해 벌금형까지 받은 부적격자 최민희 전 의원을 임명해달라고 생떼를 부리고 있다 …… 최민희 후보는 2019년 7월부터 2022년 3월까지 연합회 상근부회장을 역임하며 총 4억 8000만 원 이상을 받는 특혜를 누렸다"는 것이 국민의힘 측 주장이었다.

민주당의 주장은 달랐다. 최민희가 방통위 상임위원 지명에 결격 사유가 없다면서 국회 입법조사처의 의견을 제시했다. 입법조사처는 한국정보산업연합회가 과학기술정보통신부에 기간통신사업자로 등록하지 않았기 때문에 해당 경력이 결격 사유로 보기 어렵다는 의견을 냈다는 것이다.

최민희의 한국정보산업연합회 경력에 대해 두 가지 다른 주장이 맞부딪치면서 대통령은 법제처에 판단을 맡겼다. 법의 해석을 담당하는 정부의 부처에 최민희 건을 맡긴 것이다.

돌이켜보면 법제처가 적절한 시기에 판단을 내렸으면 어땠을까 하는 생각은 든다. 입법조사처와 법제처의 판단 가운데 대통령이 인사 기준으로 삼아야 하는 것은 법제처의 판단이 되어야 할 것이다. 방통위원회는 대한민국 정부의 중앙행정기관이기 때문이다. 그러나 법제처는 7개월 7일 동안 최민희에 대한 판단을 미루었고 그는 결국 11월 후보자 자격을 내려놓고 사퇴했다.

최민희가 방통위원회 상임위원으로 일했다면 지금 국회 과방위원장으로 '갑질'을 하는 사태는 없었을 거라고 아쉬움을 표하는 사람들이 많다.

MBC가 상임위원 두 명보다 더 중요했나-2

If I can't have it, no one can (내가 가질 수 없다면 아무도 가져서는 안 된다)

최민희의 후보 사퇴와 함께 민주당은 새로운 '전략'을 짠 것이 아닌가 생각을 해본다. 전형적인 민주당의 전략이다. 내가 가지지 못할 것이라면 '깽판'이나 치자는 전략 말이다. 대통령의 언어 습관이 국민들에게 엄청난 영향을 미친다고 하는데, 대통령이 '깽판'이라는 말을 사용하니 이 단어가 자연스럽게 떠오른다.

2023년 말까지 사실상 방통위 상임위원 5명 모두의 임기가 만료될 예정이었고, 그렇게 되면 방통위의 구성은 국힘 3: 민주 2의 구도로 재편이 될 터였다. 그렇다면 민주당에게는 두 가지 시나리오밖에 없었다. 1)최민희 대신 다른 인물 두 명을 추천하든가 아니면 2)전혀 추천하지 않든가 하는 방법이었다.

이 두 가지 선택은 민주당에게 매우 다른 의미를 부여한다. 최민희 대신 다른 인물 두 명을 추천하는 것은 정해진 법을 따르는 것으로, 그들이 골백번 주장하는 것처럼 방통위 합의 정신에 따라 그들의 의견을 펼치고 합의를 이끌어내는 것이다.

만약 1)을 선택했다면 민주당은 (정상적인) 민주당이 아닌 것이고, 현재의 탈법·편법적 대한민국은 만들어지지 않았을 것이다.

물론 민주당은 1)을 선택하지 않고 2)를 택했다. 민주당에게 2)는 훨씬 '남는 장사'였다. 법대로 하느냐 '깽판'을 치느냐 중에서 민주당은 '깽판'을 택했고, 결과적으로 그들은 '남는 장사'를 했다. 대한민국은 엉망이 되었지만, 민주당에게는 이득이 되는 그런 것 말이다.

만약 1)의 시나리오대로 갔으면 어떻게 되었을지 모르지만, 확실히 추정 가능한 것은 임기가 만료되는 공영방송의 이사들을 순차적으로 교체했을 것이다. 2024년 8월 12일 MBC의 대주주 방송문화진흥회(방문진) 이사진이 임기 만료 예정이었고, 8월 말에는 KBS 이사회의 임기가 끝날 예정이었다. 교육방송공사(EBS) 역시 이사진 임기 만료가 9월로 예정되어 있었다.

그러니까 민주당 다수 국회가 국회 몫 3인을 추천해서 방통위가 5인이 되었다면 공영방송 이사회는 순차적으로, 2023년 말까지 모두 바뀌었을 것이다. 그랬다면 KBS, MBC, EBS의 사장들도 임기를 마치고 연임, 또는 교체가 되었을 것이다. 역사에 가정이란 것은 없지만 1)의 시나리오대로 갔다면 순리대로 그런 결과가 나왔을 것이다.

그런데 민주당은 2)를 택했다. '깽판' 시나리오다. '깽판' 시나리오는 민주당이 자당 몫 두 명을 추천하지 않는 것이다. 민주당이 두 명을 추천하지 않으면 국회 몫 3명은 자동으로 아웃이다. 국민의힘이 자당 몫 한 명을 추천하더라도 본회의 상정 권한은 다수당인 민주당이 가지고 있기 때문이다.

민주당 추천 없이 국힘 추천 한 사람만 본회의에서 표결해준다는 건 꿈속에서나 가능한 일. 그래서 이진숙은 2023년 국힘 몫으로 상임위원 추천이 되었지만 9개월 9일 기다리다가 21대 국회 해산으로 후보에서 자동 아웃되었다.

민주당이 1)을 택한 것은 민주당 다수 국회에서 절묘한 '깽판 전략'이었다. 국회 몫 3인을 추천하지 않고 "2인 체제는 불법"만 외쳐대기만 하면 되었다. 그리고 이 전략은 대성공(?)을 거두었다. 불법이 아닌 것도 자꾸 불법이라고 외쳐대면 합법도 불법이 된다는 것을 선전 선동에 능한 그들은 알고 있었던 것이다. 최근에 "조진웅은 영웅"이라고 외쳐대는 걸 보면 그들은 과연 선전 선동의 귀재라는 생각을 다시 한번 하게 된다.

알다시피 방통위 상임위원은 5명이다. 방통위설치법에 따르면, 2명은 대통령이 임명, 3명은 국회가 추천하고 대통령이 임명한다. 설치법의 입법 취지에 대한 설명과 주장은 다양하지만, 나의 경우 대통령이 두 명을 임명하도록 한 것은 방통위라는 기관이 최소한의 업무를 할 수 있도록 마련한 '안전판'이라고 해석한다. 설치법 13조는 이런 주장을 뒷받침해준다.

〈방통위설치법 13조〉

1항. 위원회의 회의는 2인 이상의 위원의 요구가 있는 때에 위원장이 소집한다. 다만, 위원장은 단독으로 회의를 소집할 수 있다.

2항. 위원회의 회의는 재적위원 과반수의 찬성으로 의결한다.

민주당이 국회 몫 3인을 추천하지 않고 "2인 체제는 불법"을 외쳐대면서 행정법원 일부 판사도 호응하는 판결을 내놓았다. 가처분이 인용되면서 법적인 근거도 축적되었다. MBC 등 친민주당 성향의 언론에서도 "2인 체제는 불법"에 호응하면서 그들의 목소리를 증폭시켜주었다. 민노총 세력이 자리를 잡고있는 그들의 회사에서 그들은 민노총 기득권을 지키기 위해 민주당과 발맞추며 "2인 체제는 불법"을 소리높여 외쳤다.

대한민국에서 내로라하는 헌법학자들도 2인 체제는 합법이라고 했지만, 헌법재판소 탄핵심판에서 4 대 4의 결과가 나온 것은 충격이었다. 그때부터 "헌법재판소는 정치적 기관"이라는 생각을 할 수밖에 없었다.

만약 방통위원이 3인이 있는데, 1인을 배제하고 2인만 모여서 회의를 하고 결정했다면 단연 불법이라고 주장할 수 있겠지만, 국회가 고의적으로 추천을 하지 않아 재적이 2인이 되었는데 어떻게 이를 불법이라 할 수 있는가.

터무니없는 법원 결정이 날 때마다 젊은 사람들이 농담으로 쓰는 "머리는 장식으로 달고 있나"라는 말이 떠올랐다. 스타일 재판, 패션 재판이라는 생각도 들었다. 그러니까 "2인 체제는 불법"이라는 말은 두 명으로는 아무 일도 하지 말라는 얘기 아닌가. 방송통신위원회라는 기관이 아무 일도 하지 말고 월급만 받으라고? 국민 세금만 축내라고?

결과적으로 민주당은 뜻을 이루었다. 차관급 방통위원 두 자리를 '희생'하고 그들은 더 엄청난 것을 얻었다. "2인 체제는 불법"이라고 노래를 부르면서 이진숙을 탄핵시켰고, 탄핵이 기각되자 그들은 이진숙을 여러 건으로 고발하면서 사퇴 압박을 강화했다.

감사원 감사 청구, 인사처 윤리위 제소, 유성경찰서 고발, 영등포경찰서 고발, 공수처 고발, 검찰 고발 등이 이어졌다. 심지어 행정 절차인 여름휴가 신청한 것까지 문제 삼아 언론에 공지까지 하는 '지질한' 짓까지 벌였다. 정무수석은 공공연하게 사퇴를 촉구했다. 그래도 물러나지 않자 결국 법을 바꿔 방통위를 없애버렸다. '미디어'를 추가하고 '이진숙'을 뺐다.

민주당은 무시무시한(?) 집단이다. 차관급 자리 두 명을 '희생'시키는 대신 '2인 체제'를 불법으로 만들었다. 그 결과 문재인 때 임명된 MBC와 EBS의 이사장과 이사들은 아직도 자리를 지키고 있다.

최민희는 권태선과 유시춘 등 두 명의 이사장들에 대해 민주화 투쟁을 했던 훌륭한 선배님들이라면서 치켜세우곤 했는데, 결국 그들의 자리를 보전해준 셈이다. 또 그 결과 민노총과 민주당의 "동지"로 사랑받는 MBC 역시 민노총과 민주당이 "만나면 좋은 친구"로 여전히 응원가를 불러젖히고 있다.

방송 3법, 무엇이 문제인가

2025년 8월 5일 민주당이 기어코 공영방송을 노동권력에 종속시킬 위험을 극대화하는 이른바 방송 3법을 통과시켰다. 현재의 권력 구도상 비가역적 변화이다. 무기력함을 느낄 수밖에 없는 현실이 안타까우나 비판의 목소리를 멈추어선 안 된다. 논리적으로 방송 3법의 문제를 규명하고 기록하는 것만이 방송 정상화를 위한 통제 가능한 방법이다. 통과된 방송 3법을 악법이라고 규정하지만, 가장 두드러진 문제점 몇 개를 살펴보자.

방송법 1. 사실상 경영진이 되는 편성위원회

비유하자면 편성위원회는 사실상 노사의 '공동경영진'이다. 편성위원회의 법제화로 노조는 단숨에 사실상의 '경영진'으로 편입되었다. 사장은 편성위원회의 '일원'으로 지위가 격하되면서 인사권을 포함한 경영권도 축소된다. '편성'은 영어로 프로그래밍(programming)이라고 한다. 어떤 경우에는 영어가 의미를 더 잘 전달하는 경우가 있는데 편성의 경우가 그렇다. 프로그래밍, 그러니까 편성이란 프로그램을 운용하는 작업을 말한다. 프로그램은 방송에서 핵심 중 핵심이며 프로그램을 빼면 방송사가 아닌 송신소가 된다. 대한민국에서 방송국은 프로그램을 제작하고 송출하는 곳이며 완성된 프로그램을 '완제품'이라고 한다. 방송사도 말하자면 일종의 제조업체인 셈이다.

편성이란 어느 프로그램을 어떤 시간대에 송출하냐를 결정하는 작업이다. 편성책임자는 방송사에서 사장 다음으로 가장 큰 권한을 가지는 직위로 여겨지는 이유다. 물론, 주요 뉴스를 저녁 8시에 심느냐 9시로 심느냐, 인기 트로트 경연 프로그램을 평일 밤 10시대로 하느냐 주말에 심느냐 등은 편성 전문가들이 경영진과 협의하여 최종 결정을 하게 되지만, 기본적인 틀은 편성 부문에서 결정하게 된다. 시청률이 저조한 경우 특정 프로그램을 '아웃'시키는 결정도 마찬가지로 편성에서 하게 되는데 그럴 경우 프로그램에 참여했던 피디, 작가, 진행자 등도 연동해서 일자리를 잃게 된다. 특정 외주 프로그램의 경우 특정 방송사에 자신들의 프로그램을 심느냐 못 심느냐에 따라 회사의 운명이 좌우될 정도니 그 중요성은 두말할 필요가 없을 것이다.

정리하자면 편성책임자는 프로그램에 관한 운명을 결정하는 사람이며 동시에 방송사의 운명을 결정하는 사람이기도 하다. 좋은 프로그램을 적절한 시간대에 배치하면(편성을 잘하면) 시청률이 높아지고 광고 수익이 많아져 회사의 매출과 영업 이익을 높이게 되니 말이다. 그러나 방송 3법 통과로 앞으로는 각 방송사의 편성책임자가 사장이 아닌 앞서 설명한 편성위원회에 의해 임명될 예정이다. 노사 동수로 구성되는 편성위원회가 방송사 프로그램에 대해 전권에 가까운, 막강한 권한을 행사하도록 법제화했기 때문이다. 모 의원은 이 편성위원회를 '인민위원회'로 표현하기도 했다.

이 법이 통과되기 전에는 사장이 경영책임자(CEO)로서 편성책임자를 임명했었다. 그러나 개정 방송법에 따르면, 사장이 지명한 편성책임자가 노조의 마음에 들지 않아 노조가 거부권을 행사할 경우 사장은 그 사람을 편성책임자로 임명할 수 없게 된다. 사장이 가지는 주요 권한이 인사권과 예산권인데 가장 중요한 인사권에 제동을 걸 수 있는 것이 편성위원회의 노측 대표, 즉 노조가 되는 것이다. 이 부분과 관련해서도 방송 3법을 설계한 민주당은 "꼼수적" 언어를 사용해 이 부분을 피해나갔다. 편성위원회 구성을 사측 대표 5명, 종사자 대표 5명이라고 표현했는데, MBC를 비롯한 일부 회사는 압도적 다수가 민노총 노조원이기 때문에 말은 '종사자'이지만 실제로는 '노조' 대표가 편성위원회를 구성하게 된다.

따라서 편성위원회는 사실상 각 방송사의 경영진을 무력화시키는 효과를 가져온다. 인원이나 명칭이 약간씩 상이하나 모든 방송사에는 사장을 포함한 경영진이 있다. 사장, 부사장, 기획본부장, 편성본부장, 제작본부장, 보도본부장, 경영본부장, 기술본부장 등이 각 부문을 총괄한다. 이 가운데 편성본부장은 어느 프로그램을 어느 시간에 심고, 어떤 프로그램을 살리고 죽일지 결정하는 권한을 가지고 있다. 앞서 설명했지만, 이제 이 권한이 편성위원회로 이관되며 이는 곧 사장과 편성본부장, 그리고 경영진의 임원회의에서 결정하던 중요한 업무가 편성위원회로 넘어가게 된다는 것을 뜻한다. 일례로 특정 시사 프로그램이 편성위원회 노측 대표의 심사를 통과하지 못하면 제동이 걸려 방송되지 못할 수도 있다. 다른 예로 특정 진행자가 노측 대표의 마음에 들지 않으면 진행자가 교체될 수도 있다. 그동안 각 부문에서 자율적으로 이루어지던 일들이 편성위원회의 사실상 검열(Screening, censorship)을 거치도록 바뀐다는 것이다.

취재, 보도, 제작, 편성 부문에서 사측 5명 노측 5명으로 구성되는 편성위원회가 편성책임자 선임에 대한 제청권과 편성 규약의 재개정 절차를 심의·의결하는 권한을 가지게 되면서 노조는 최소한 사측의 경영진과 똑같은 수준의 권한을 가지게 된다. 경영진과 직원 대표 각 5명이라고 하지만, 사측 대표 5명과 대표 교섭 노조 5명의 구조가 될 것이 자명하다. 공영방송이라고 불리는 대부분의 방송사에서는 대표 교섭 노조가 민노총 산하 언론노조다. 특히, 방송법은 편성위원회를 구성하지 않을 경우 1년 이하의 징역이나 3천만 원 이하의 과태료라는 형사법적 징벌 조항까지 규정하고 있다. 뿐만 아니라 편성위원회 구성 여부를 방송사 재허가, 재승인에도 반영하도록 이중, 삼중 장치까지 만들어 방송사들이 빠져나갈 수 없도록 규정했다. 이 편성위원회를 앞으로 전 방송사(KBS·MBC·SBS·EBS 등 지상파, TV조선·채널A·MBN·JTBC 등 종편, 연합뉴스TV·YTN 등 보도전문채널)가 설치하게 된다. 공영방송사에 설치하는 것도 지나친 개입이며 무리라는 생각이 드는데 민영방송까지 편성위원회를 설치하도록 하여 경영권의 상당 부분을 노조에 내주도록 명시했으니 방송에 대한 민노총 언론노조의 영향력이 장차 얼마나 커질지는 추가 설명이 필요 없겠다.

한마디로 방송법은 편성위원회라는 무소불위의 위원회를 만들어 이전 경영진을 무력화시키는 대신 노조 대표를 사실상의 경영진으로 승격시키는 법이다. 노사가 프로그램에 대해 같은 방향성을 견지한다면 협동조합식으로 각자 이익을 증대시키는 결과가 될 수도 있겠지만, 노사동일체로 운영되는 일부 회사를 제외하면 상당히 소모적인 갈등과 부작용을 낳을 수밖에 없다. 해외 입법례를 보더라도 이처럼 막강한 권한을 가진 노조 대표가 포함되는 편성위원회를 두는 국가는 단 한 곳도 없다. 그러나 민주당은 이처럼 엄청난 내용을 담고 있는 방송법을 토론과 숙의, 여야 합의가 아닌 고압적이고 일방적인 방식으로 단독 처리했다. 국민의힘이 필리버스터로 반대의 뜻을 분명히 했지만, 의석수의 한계상 역부족이었다. 방송 3법 가운데 가장 먼저 통과된 방송법은 공영방송 KBS에 관한 것으로, 이 법의 부칙에 따르면 시행 3개월 안에 KBS의 이사진을 새로 구성해야 한다. 남은 방송문화진흥회법, 한국교육방송공사법도 압도적 다수인 민주당의 의지에 따라 차례로 통과되었다.

"민주주의는 어둠 속에서 죽는다(Democracy Dies in Darkness)", 워싱턴포스트의 슬로건이다. 언론이 정치권력과 자본권력에서 자유로워야 하는 만큼, 노동 권력으로부터도 자유로워야 한다. 언론 자유의 기본조차 망각한 방송법과 그로 인한 특정 권력의 비대화는 그들의 이익에 방해되는 기사는 외면함으로써 언론을 기관지, 기관방송화하면서 민주주의는 어둠 속에서 죽어가게 될 것이다.

방송법 2. 방송계의 '노란봉투법' - 민영방송도 노조 권력 아래로

민주당은 소위 방송개혁을 위해 방송 3법을 통과시켰다고 말한다. 그러나 통과된 방송 3법은 사실상 방송계의 노란봉투법이라고 할 수 있다. 기업에서 노조의 권한을 한층 강화시키기 위해 만든 것이 노란봉투법이라면, 통과된 방송 3법은 방송계에서 노조에게 경영진에 준하는 권한을 부여하기 위해 만든 것으로 보기 때문이다. 이번에는 경영진과 노조(구체적으로는 노조의 압도적 다수를 차지하고 있는 민노총 산하 언론노조)가 공동경영을 하게 만드는 편성위원회에 이어 공영방송 이사회에 대해서도 다루어보고자 한다.

[공영방송 이사 추천 주체]

KBS (15명)	국회 6명, 종사자 3명, 시청자위원회 2명, 방송미디어학회 2명, 변호사 단체 2명
MBC (13명)	국회 5명, 종사자 2명, 시청자위원회 2명, 방송미디어학회 2명, 변호사 단체 2명
EBS (13명)	국회 5명, 종사자 1명, 시청자위원회 2명, 방송미디어학회 1명, 교육단체 2명, 교육부장관 1명, 시도교육감협의체 1명

국회가 직접 이사를 추천하겠다는 것부터 문제다. 대한민국 이념 양극화에 가속도를 붙일 것이기 때문이다. 방송 3법을 추진한 민주당 등 여권은 공영방송 이사회 구성권을 방통위에서 국민의 품으로 이양한다고 말한다. 과거에는 방통위가 국회와 여러 관계자들의 의견을 들어 상임위원회를 열고 KBS 이사회 11명, MBC 방문진 9명 등의 이사를 선임했다. 그러나 통과된 방송 3법은 국회가 직접 KBS 6명, MBC 5명, EBS 5명 등 공영방송의 이사를 추천하게 되어 있다. 공영방송의 이사가 되기를 원하는 사람들이 얼마나 정당에 줄을 대려고 치열하게 경쟁을 할지, 또 각 분야에서

그들의 인정을 받기 위해 얼마나 목소리를 높일지 걱정이 앞서는 이유다. 학자들은 각종 세미나장에서, 변호사들은 방송 출연에서 각 정당 지도부의 낙점을 받기 위해 '맞춤식' 보고서와 발언들을 쏟아낼 것이다. 눈길을 끌려면 더 강한 수위의 발언을 해야 하고 이는 양 진영을 더욱 극단으로 몰고 갈 것이며 대한민국은 이념적으로 더욱더 양극화될 것으로 우려된다.

더 큰 문제는 민변이다. 개정 방송 3법에 따르면, 공영방송 이사 추천 단체로 3개 방송사 모두 언론방송학회가 들어있고, KBS와 MBC의 경우는 변호사 단체가 들어간다. 그런데 공영방송 이사회의 임무 가운데 가장 중요한 두 개 임무는 사장 선임과 각 방송사의 경영 관리 감독이다. 그렇다고 하면, 경영과 관계있는 경영 전문가, 회계 전문가가 이사로 들어가야 하지 않나. 정작 경영 전문가는 빠져있고 언론학자와 변호사가 의무적으로 포함되어야 하는 이유가 제대로 설명되지 않는다. 또 KBS, MBC 양 방송사는 일찌감치 각종 음악 방송을 편성하여 가수들을 위한 무대를 만들었고 이를 바탕으로 오늘날의 K팝을 글로벌 무대로 진출시켰다는 평가를 받고 있다. 그런 만큼 문화 관련 전문가와 단체들도 마땅히 이사회 구성원으로 참여해야 한다는 의견도 있다. 실제 독일이나 일본의 경우 공영방송 이사회에는 언론학자나 변호사도 있지만, 과학자, 문화계 인사 등 각계 인사가 고루 반영되어 있고 지역과 성별, 연령을 대표하는 이들까지 포함되어 있다. 그러나 개정 방송 3법은 고작 언론학자와 변호사를 포함해놓고 공영방송을 "국민의

품”으로 돌려준다고 하니 우스꽝스럽지 않은가.

나아가 제한적으로 참여시킨 단체들도 너무나 자의적이고 임의적이 될 수 있어서 위헌적이란 비판이 나온다. 개정안에 따르면, 관련 학회나 단체는 회원 수와 주요 활동 내역, 활동 연한 등을 고려해서 학회 세 곳, 변호사 단체 두 곳을 선정하게 되어있는데 이 기준이 그대로 적용될 시 특정 이념에 편향된 인사들이 선임되게 될 것이 불 보듯 뻔하다. 언론·방송 관련 3곳의 학회는 문재인 정권으로 교체된 다음 박근혜 대통령 집권 때 임명된 KBS, MBC 사장에 대해 퇴진하라는 성명을 내는 등 좌파 이념 성향이 강하다는 평가를 받고 있다. 또 변호사 단체 두 곳 가운데 한 곳은 민변이 될 가능성이 높은데, 민변의 이념 성향에 대해서는 따로 설명할 필요가 없을 것이다. 이처럼 경영, 문화 관련 단체 등은 배제되고 ‘갑툭튀’로 언론학회와 변호사 단체만 이사 추천 단체로 들어가는 것도 위헌적 요소가 크며 선택을 받지 못한 언론 관련 학회, 변호사 단체 등에서도 “왜 우리는 아니냐?”라고 이의를 제기할 가능성이 농후하다. ‘주요 활동 내역’을 고려해 단체를 선정하라고 하지만, ‘주요 활동 내역’을 평가할 때 참석자로 할 것이냐, 언론에 보도된 기사 건수로 할 것이냐, 사회적 파장(변호사 단체의 경우 더더욱 그렇다)으로 할 것이냐 등 기준과 근거도 매우 애매하고 추상적일 수 있다.

편성위원회가 시청자 위원을 추천하고 시청자위원회가 이사를 추천하는 방식이라면? 사익을 위한 도돌이표 이사 추천 가능성이 커진다. 우리가 제도를 만드는 이유는 개인의 선의를 믿지 않기 때문이다. 모든 사람이 '법 없이 사는 것'이 불가능하기 때문에 제도를 만들고 법을 만드는 것이다. 방송 3법을 추진한 민주당 등은 대통령이나 민주당이 공영방송사의 이사나 사장 임명에 관여할 수 있는데도 이 권한을 포기하고 국민에게 돌려주는 것처럼 홍보하고 있다. 전혀 사실이 아니며 지나가는 소도 웃을 궤변이다. 아울러 개정 방송 3법 가운데 가장 '기이한' 것 중 하나가 편성위원회와 시청자위원회, 이사회의 관계성이다. 개정안에 따르면 편성위원회는 사측이 추천한 위원 5명과 종사자가 추천한 5명으로 구성된다. 편성위원회는 보도 기능을 가진 모든 방송사(KBS, MBC, SBS, EBS(사실상 보도 기능이 없는데도 편성위원회 의무화), YTN, 연합뉴스TV, TV조선, 채널A, MBN, JTBC)가 의무적으로 만들게 되어있는데, 이 가운데 일부 방송사의 경우 종사자 대표가 민노총 계열 노조 대표가 될 가능성이 매우 크다.

편성위원회를 법으로 강제하고 엄청난 법안을 부여한 개정안을 토대로 다음의 상황을 가정해보자. A라는 대표이사/사장이 연임을 원한다. 그렇다면 본인과 가까운 시청자위원장을 선임할 것이다. 시청자위원회가 이사회 이사 두 명에 대한 추천권을 가지고 있기에 사장은 시청자위원장을 '의식'할 수밖에 없다. 결론적으로 개정 3법은 공영방송사와 보도채널 경영진(사장)의 권한을 대폭 축소시키게 된다. 사장은 편성위원회(10인)의 10분의 1에 불과하기에 시청자위원회의 눈치를 봐야 하는 입장이 되는 것이다. 상식적인 조직이라면 경영 능력을 발휘하여 이사회의 인정을 받고 연임을 시도하겠지만, 앞으로는 노조 눈치를 봐야 하고 동시에 시청자위원회를 의식해야 하며 이사회의 감독을 받아야 하는 위치가 된다.

거꾸로 봐도 이상한 현상이 생길 수 있다. 편성위원회가 시청자위원을 추천할 수 있게 되어 있기 때문이다. 편성위원회가 시청자위원을 추천하게 되면, 사측 편성위원 즉 임원 가운데서 차기 사장을 노리고 있는 사람이 있다면, 자신이 미는 사람을 시청자위원에 앉히고 싶을 것이다. 시청자위원회가 이사 두 명에 대한 추천권을 가지고 있고 이사회는 사장 선임 권한을 가지고 있기 때문이다. 이런 구도를 가지고 있는 것 자체가 방송사의 경영권을 심각하게 해칠 우려가 있는 것이다.

또한, 현재 경영진의 가장 막강한 권한인 편성권은 편성위원회에, 보도 책임자 등에 대한 인사권은 임명동의제에 따라 노조에 넘겨주어야 한다. 편성위원회에서 절반의 권한은 사실상 노조가 가지게 되므로 사장은 노조의 비토를 피하려면 결국 노조가 추구하는 방향으로 경영을 할 수밖에 없다. 노조는 이를 '민주 경영'이라 주장하며 비로소 '국민 눈높이'에 맞다고 칭송할 것이다. 공영방송의 콘텐츠는 소리 없이 국민의 정신에 스며들어 대한민국을 포퓰리즘 공화국으로 몰고 갈 것이다. 이것이 방송 3법에 대해 우려하는 일반적인 시각이다. 민노총 언론노조를 비롯한 집단들은 오래전부터 방송 3법을 '언론개혁'이라고 포장하면서 개정안의 통과를 촉구했다. '민주적' 방송 3법이 언론개혁이라는 그들에게 나는 이렇게 선언한다. "개정 방송 3법은 방송계의 노란봉투법이다."

'자기 정치'는 없다

'의견'을 물은 것과 '지시'한 것의 차이?

정부·여당이 방미통위법이라는 논란의 법을 통과·공포하여 방통위를 폐지하기 전까지 이진숙은 임기를 보장받는 독립기관의 장, 방통위원장이었다. 법은 입법부가 만들지만, 집행은 행정부가 한다. 쉽게 말해, 방송 3법을 만드는 권한은 입법부에 있지만, 그 방송 3법을 현장에서 어떻게 적용하고 집행할지 결정하는 것은 행정부, 그중에서도 방통위의 권한이자 역할이라는 것이다. 이는 곧 법을 만드는 과정부터 입법부와 행정부가 유기적으로 소통하고 의견을 교류해야 할 이유가 된다.

의견은 물었지만, 지시하지 않았다?

국무회의는 국정을 논의하는 자리이며 비공개 회의에서 오간 발언은 원칙적으로 공개하지 않는 것이 마땅하다. 나 역시 스스로 국무회의 과정에서 있었던 일을 대외적으로 이야기한 적이 없다. 다만, 언론에 보도된 기사가 사실을 왜곡할 우려가 있을 때 정정해준 적은 있다. 물론 기록이 아닌 기억에 의존해서 보충 설명을 할 수밖에 없는 상황이었기에 일부 표현상의 오류가 발생할 수도 있다. 만약 '독임제'라는 말을 언급했다면 장관이 결정하고 책임지는 차원의 제도에 초점을 맞춘 것이 아닌 독임제 부처 장관들처럼 '대통령과 방통위원장이 임기를 맞추게 되면 좋겠다'는 취지로 발언했을 것이다. 이를 두고 '독임제'를 언급해놓고 왜 안 했다고 하느냐며 허위사실을 얘기했으니 책임지라는 사람들이 있을지 모르나 그야말로 발언의 취지를 왜곡하는 것이다. 이진숙의 주장은 일관되게 '공공기관장과 대통령의 임기가 맞지 않아 발생하는 문제들을 지적한 것'이었다.

이후 쟁점이 되었던 것이 방송 3법에 대한 대통령의 발언이었다. 국무회의에서 "나는 방송장악·언론장악했다는 얘기는 듣고 싶지 않다"라는 취지로 발언한 것이 언론사 사장단 만남 이후 보도되었고 나 역시 방통위 차원에서 방송 3법에 대한 개선안을 만들어보라는 지시를 받았다. 이 같은 사실이 공개된 과정은 다음과 같다. 국회 과방위는 지난 2025년 7월 6일 일요일 오후 다음 날인 월요일 상임위 전체 회의에 방송 3법 안건이 추가되었다고 통보해왔다. 휴일인 일요일 오후에 급작스럽게 안건 추가 사실을 통보한 것도 이례적인데 바로 다음 날인 7일 월요일 방송 3법을 속전속결식으로 의결했다. 국민의힘 의원들은 이 법에 대한 반대 의사를 분명히 밝혔으나 압도적 다수(민주당 11, 국민의힘 7, 조국혁신당 1, 개혁신당 1) 구도에서 여권에 밀려 방송 3법은 상임위를 통과했다. 이 법안과 관련한 의견을 민주당 의원이 물어왔기에 방송 3법과 관련해 방통위의 안을 만들어보라는 대통령의 지시를 공개할 수밖에 없었다. 이에 대해 대통령실은 이재명 대통령이 지시한 것이 아니며 방송 3법과 관련한 방통위의 의견을 물은 것이라고 설명했다.

선출 권력은 존중되어야 하나, 제도의 작동 방식을 제대로 이해하지 못한 몰지각한 인식과 설명이라는 생각을 지우기 어려웠다. 행정부 작동에 있어 국정과제는 일종의 바이블이며 대통령의 발언 하나하나가 부처 및 산하 기관이 따라야 할 방향이자 지침이 된다. 그것이 공무원의 복종 의무다. 국무회의에서 대통령이 기관장에게 "방통위 안을 만들어보세요"라고 했다면 그것은 지시인가 아닌가. 그런데 대통령실 대변인은 "지시가 아니라 의견을 물은 것"이라고 했고, 다음 국무회의에서 대통령도 격노하며 "의견을 물은 것이며 자기 정치를 하지 말라"는 식으로 언성을 높였다. 기막힌 일이다. 대통령이 "방통위 안을 만들어보세요"라는 말을 언어학적으로 분석하면 이는 '명령문'이다. 지시라는 말이다. 기관장은 응당 성실하고 충실하게 안을 만들어야 할 책임이 발생한다. 나는 방통위의 장으로서 국회 입법에 대해 사전에 긴밀하게 조율해야 할 책임이 있었고 마찬가지로 대통령의 지시를 이행해야 할 책임이 있었다. 과방위에서 해당 발언이 있기까지 어떤 부자연스러움도 없었다. 그런데 대통령실에서 이진숙을 향해 내부 발언을 부적절하게 발설했다는 식의 적의를 보이며 프레임을 씌우니 황당한 노릇이었다. 전임 정부 인사는 성실하게 일하고자 하는 것도 잘못이 되나.

'이재명 주권국가'는 언어를 오염시켰다. '지시'가 '의견을 물은 것'이 되고 '신중하게 판단하라'는 뜻이 된다. 하기야 "박근혜 대통령을 존경한다고 했더니 진짜 존경하는 줄 아나"라고 했던 사람이다. 그냥 질러놓고 문제가 되면 아닌 걸로 하면 되는 세상이 되었다.

민주당은 윤석열 대통령 취임 이후 전현희 전 국민권익위원장을 국무회의에 불참시켰으나 이재명 대통령은 이진숙 위원장을 국무회의에 참석시켰다. 통합의 정치를 한다는 취지로 말이다. 나역시 국무회의 배석자로서 회의 안건에 대해 발언할 기회를 가진 것에 감사하다는 생각을 하기도 했다. 방통위원장은 국무위원은 아니지만, 배석자로서 발언할 권리를 가진다. 대통령이 전임 정부의 장관들로부터 업무 보고를 받고 소통하는 것을 보고 잠시나마 긍정적인 인상을 받기도 했다. 2025년 7월 7일 있었던 방송 3법의 급작스러운 상임위 통과에 관해 소관 기관장으로서 이와 관련한 설명을 하는 것은 권리이자 의무이기에 대통령이 요청한(어떤 차이인지 모르겠으나, '지시'라는 표현이 맞지 않다고 하니 '요청'으로 한다) 방통위의 의견을 보고하려 했던 것이 전부다. 더 구체적으로 부연하고 싶으나 당시 상황은 국무회의 때 일이므로 직접 밝히지는 않겠다. 궁금한 분들은 보도된 언론 기사를 참고하시면 되겠다. 국무회의 비공개 토론 때 나온 내용을 외부에 공개한 게 '그 자체로' 문제가 된다는 이들에게는 이렇게 되묻고 싶다. 다른 부처 장관·기관장들이 발언한 내용들도 여러 건 기사화가 되었는데 어째서 그런 것들은 문제 삼지 않나. 이진숙과 관련된 기사도 '단독' 등으로 나온 기사 상당수는 이진숙 발로 나온 것이 아니다. 전임 정부 장관을 불러놓고 내부 정보 유출자 취급을 하며 같은 일도 다른 잣대로 문제 삼는 것이 과연 통합이라는 정부 취지에 맞는지 고민하지 않을 수 없는 대목이다.

대통령도 인정한 2인 체제?

이재명 대통령 주재의 국무회의에 참석하는 '불편한 동거'가 영 불편하기만 했던 것은 아니다. 7월 1일 국무회의에서 오갔던 질의는 대통령실 대변인의 선제적 설명이 있었기에 조금은 자유롭게 언급할 수 있겠다. 그날 국무회의에서 이재명 대통령은 방통위에서 두 명의 상임위원이 1대 1로 의견 대립이 있을 경우, 어떻게 해결할 수 있겠느냐고 내게 물었다. 기본적으로 방통위에는 의견 대립 없이 위원회에서 의결할 수 있는 안건이 연간 최소 수십 건이다. 대표적으로 언급한 것이 2023년 말까지 의결해야 했던 140여 개 방송국에 대한 재허가·재승인 건, 그리고 7월 22일로 예정된 단통법 후소 조치 건 등이다. 재난 발생 지역 주민들에 대한 수신료 면제, 아파트 등 집합 건물에 인터넷 등을 집단으로 강제 가입시킬 수 없도록 하는 조치 역시 여야·좌우 이념 대립 없이 심의·의결할 수 있는 안건이다. 오히려 여야 위원 간 각축을 벌여야 할 사안이야말로 오히려 소수라고 하겠다.

대통령이 1 대 1 의견 대립을 질문한 것은 아마도 인사 문제 때문이 아니었을까 생각한다. 공영방송 이사 선임 건이라든지, 관계 기관 인사 같은 문제에선 이견이 발생하는 게 자연스럽기 때문이다. 그러나 그와 같은 이견은 소위 완전체인 5인 체제에서도 발생했고 그런 경우 협의를 통해 해결해온 것이 관례였다. 협의가 안 되면 그때 표결에 부쳐 다수결로 결정하는 것이다. 따라서 대통령의 질문에 "아름다운 합의를 이뤄내도록 노력하겠다" 답변했다. 후속 조치는 대통령이 결정할 몫이다. 주목할 점은 당시 이재명 대통령의 발언이 상당한 함의를 가지고 있다는 것이다. 1 대 1 구도가 때로 의견 대립을 불러올 수 있지만 '의결이 가능하다는 것을' 대통령이 언급한 것. 그동안 2인 체제가 불법적이라 주장하며 얼마나 많은 소송이 있었던가. 이 점에서 중요한 가르마를 타준 이재명 대통령의 발언을 대통령실이 직접 확인해준 셈이니 그야말로 예기치 않은 성과(?)였다.

아울러 당시 국무회의에서 대통령을 향해 '대통령 몫의 상임위원만 임명해달라'고 건의한 것이 아니다. 대통령 몫을 임명하고 국회 추천 3인도 이뤄질 수 있도록 지원해달라는 취지였다. 현재 방송통신위원회는 상임위원이 위원장 한 명뿐이다. 중요한 사안을 의결하기 위해서는 최소 두 명이 필요하지만, 7월 1일 김태규 부위원장의 면직이 재가되면서 1인 위원회가 되었다. 기관장으로서 5인 위원회로 정상화되도록 노력하는 것은 당연한 일이며 그래서 관련한 발언을 자주 하게 된다. 그것은 기관장으로서의 책무를 다하는 것일 뿐 '자기 정치'라는 프레임이 개입될 여지는 없다.

이후에도 이재명 정권과 민주당은 이진숙을 향해 사사건건 날을 세웠고, 추석 직전 체포 작전으로 대표되는 여러 해프닝들이 벌어졌다. 그 자세한 이야기는 다음 장에서 자세히 후술하도록 한다.

방미통위법과 이진숙 찍어내기

위인설법(爲人設法)

한 사람을 위해 법을 바꾼다는 뜻이다. 종래에는 한 사람에게 관직을 주기 위해 법을 바꿔 자리를 만든다는 의미로 '위인설관'이라는 말이 있었으나, 민주당 '뉴노멀' 시대에서는 '위인설법'이라는 말이 생겨났다. 위인설법은 한 사람을 구제하거나 한 사람을 찍어내기 위한 수단으로 일상화되었다. 그 대표적인 사례가 바로 지금부터 설명할 '방송미디어통신위원회법', 이른바 '방미통위법'이다. 아래는 2025년 9월 9일 방미통위법 개정안에 대한 기자회견 전문이다.

안녕하십니까, 방송통신위원회 위원장 이진숙입니다.

지난 7일 정부조직법 개정안이 발표됐습니다. 우리 방통위와 관련해서 기자 여러분께, 또 국민들께 설명 드리려고 이 자리에 나왔습니다. 핵심은 방송통신위원회를 방송미디어통신위원회로 바꾼다는 것입니다.

통상 조직 개편은 구조를 크게 바꿀만한 이유가 있을 때 시행하는 것입니다. 이번 조직 개편안을 보면, 조직이 분리되거나 틀이 크게 달라지는 부처들이 있습니다. 그런 개편안에 제가 어떤 입장을 가지고 있는가와는 무관하게, 조직 개편이라는 말은 그럴 때 쓰는 것입니다.

그런데, 방송통신위원회와 방송미디어통신위원회를 비교하면, 그 틀이 근본적으로 달라지지 않습니다. 유료방송에 대한 관리권한이 추가되는 정도로 파악하고 있습니다. 더 쉽게 설명해볼까요. 이 건물, 방통위 건물도 그대로 사용하게 될 것입니다. 아마 사무실도 거의 그대로 유지될 것입니다. 직원들도 그 자리에서 지금처럼 근무하게 될 것입니다. 사실상 현판만 바꿔달게 될 가능성이 큽니다.

가장 큰 변화는 위원장, 저에 대한 조치입니다. 방미통위법이 통과되면 직원들은 그대로 승계가 되고 정무직 위원들만 직을 잃게 만들었습니다. 현재 정무직은 이진숙 위원장, 저 한 사람입니다.

돌이켜보면 민주당은 거대정당이 가진 힘을 유독 방통위에 발휘했습니다. 국회가 추천하게 되어 있는 방통위 상임위원을 추천하지 않고 소위 2인 체제로 만들었습니다. 그리고는 그 2인 체제를 불법이라고 규정하면서 저를 탄핵했습니다. 불법적이라고 하면서 그 불법 상황을 해결하려는 노력이나 시도는 하지 않았습니다. 방통위 심의의결을 문제 삼는 것은, 오른손을 묶어놓고 왜 왼손으로 밥을 먹느냐 시비를 하는 상황입니다.

소송도 마찬가집니다. 민주당은 2025년 방통위 소송 예산을 0원으로 만들었습니다. 아마 정부 부처 가운데는 유일한 경우일 것입니다. 정부를 상대로 소송이 제기되면 소관 부처는 마땅히 대응해야 합니다.

소송 가운데는 국내 기업도 있지만 글로벌 기업들도 있습니다. 소송비가 제로가 되면 이런 중요한 소송에 손을 쓰지 못하게 되고 피해는 대한민국이 받게 됩니다. 왜 이렇게 소송비를 0원으로 만들었나. 그것은 특정 방송사, 친민주당 성향의 방송사를 보호하기 위한 것이라는 말이 나옵니다. 특정 진영을 위해서라면 대한민국이 피해를 봐도 괜찮다는 것인지 답답한 노릇입니다.

민주당 소속 최민희 국회 과방위원장은 이재명 정부와 의견이 다른데 왜 방통위원장 자리에 있느냐고 물었습니다. 방송통신위원회라는 기관은 대통령 직속 중앙행정기관이지만 대통령을 위해 봉사하는 기관은 아닙니다. 국민을 위해 봉사하는 기관입니다.

흔히 전파를 국민의 재산이라고 하고 '방송 중'이란 표현은 영어로 'on air'라고 합니다. 그만큼 방송은 국민들에게 공기 같은 존재입니다. 특정 진영의 소유물이 아니고 대통령의 소유물도 아닙니다. 방송은 윤석열 정부의 소유가 아닌 만큼 이재명 정부의 소유가 되어서도 안 됩니다.

그렇게 되면 국민주권정부가 아니라 대통령주권정부가 됩니다. 그래서 이재명 정부와 의견이 다르기 때문에 이 자리에 있어서 안 된다는 말은 매우 위험한 발언입니다.

저를 찍어내고 나면 이 자리에는 정부와 의견을 같이 하는 인사가 위원장으로 올 가능성이 큽니다. 과방위원장 말에 따르면 그렇습니다. 정부가 하는 정책에 박수를 치고 공감을 표하는 인사를 앉힐 때 우리나라의 방송은, 언론은 과연 독립적인 것이 될까요.

정부조직 개편, 필요합니다. 기능이나 구조가 크게 달라질 때, 그렇게 함으로써 더 효율적인 기능을 할 수 있을 때, 조직 개편할 수 있습니다. 그런데, 사람 하나 찍어내기 위해 정부조직 개편이라는 수단이 동원된다면, 그 정부를 민주적 정부라고 부를 수 있겠습니까.

유료방송 관리 권한을 방통위로 이관하는 문제는 그간 줄곧 논의되어 오던 이슈였습니다. 방통위라는 이름을 유지하고도 진행 가능한 문제입니다. 그럼에도 방통위를 방미통위로 바꾼 것은 부칙에 있는 정무직 임기 종료 규정 때문입니다. 이진숙 면직, 사실상 축출이 목적이라고 볼 수 있습니다. 많은 언론이 그렇게 해석합니다.

저는 임기를 시작하기 전부터 탄핵시키겠다는 협박성 발언을 들었습니다. 두 사람으로도 회의를 열고 심의의결할 수 있는데도, 다수당 민주당이 불법이라고 하니까 불법으로 보는 사람도 있었습니다. 민주주의는 다수결이란 대원칙을 만들었지만, 다수가 항상 옳은 것은 아니란 걸 방통위원장으로 재직하면서 몸으로 알게 됐습니다.

저 한 사람을 뽑아내기 위해 경찰에 고발, 감사원 고발, 공직

자율리위원회 조사 요구, 공수처 고발 등 다수의 고소고발 건이 있었습니다. 저인망식으로 고소고발을 하더니 국무회의에서 배제시키고 심지어 정상적인 휴가 신청도 반려했습니다. 휴가를 못 가서 불만이란 게 아닙니다. 이렇게까지 괴롭혀서 사퇴시키려고 하나, 하는 생각이 들기도 했습니다.

한 사람만 남아서 중요한 안건 심의도 못하는 상황입니다. 재난지역 피해주민에 수신료를 면제해 준다거나 단통법 폐지 후 시행령도 만들어야 합니다. 작년 말에 끝냈어야 할 방송국들에 대한 재허가·재승인도 의결을 못하고 있습니다.

이번 방통위 조직개편안은 사실상 이진숙 축출법으로 요약됩니다. 저만의 평가가 아니라 많은 언론이 그렇게 보도하고 있습니다. 아마 방미통위가 되면 민주당은 즉시 상임위원 추천에 나설 것입니다. 이동관 위원장, 김홍일 위원장을 거치는 동안 두 명으로 유지했던 방통위 상임위원회를 다섯 명이든 일곱 명이든 아홉 명이든 즉각 복구시킬 것입니다. 그것이 거대 여당 민주당의 힘입니다.

제가 방송계의 노란봉투법이라고 부르는 방송 3법도 허점이 많습니다. 여야가 협의·합의해서 대안을 찾았더라면 훨씬 촘촘한 안이 나올 수 있는데도 민주당 주도로 밀어붙였습니다. 사실상 노사공동경영을 만드는 편성위원회, 문제가 많다고 생각합니다. 그런데도 거대여당 앞에서 야당의 의견은 반영되지 못했습니다.

과천 정부청사 주변에 수백 개 화환이 전시되어 있습니다. 이진숙 개인에 대한 지지와 응원의 뜻도 있겠지만 법까지 바꾸어서 사람을 잘라내려는 다수당의 시도에 저항하는 분들의 의사 표명이라고 생각합니다. 법을 바꾸어서 사람을 찍어내는 것, 그것이 purge 숙청입니다. 법에 의한 지배가 아니라 법을 바꾸어서 법을 지배하는 것, 민주주의 체제를 바꾸는 것, 그것이 revolution, 바로 혁명입니다.

요약하자면 방미통위법은 방통위법에 점 하나 찍어 위원장 한 사람을 축출하는 위인설법이다. 조직의 기능도, 직제도, 관할도 무엇 하나 크게 변하는 것이 없다. 오직 정무직 한 사람을 면직하는 효력만을 갖는다. 정치적 압박, 사법적 압박을 모두 동원해도 이진숙을 면직시킬 명분과 방안이 없으니 법 자체를 통째로 바꿔버린 어처구니없는 블랙 코미디다. 이어 9월 29일 방미통위법 최종 통과를 앞두고 방통위 출입기자단을 상대로 했던 마지막 기자회견문 전문을 소개한다.

"언론이 죽으면 대한민국이 죽는다"

안녕하십니까, 방송통신위원장 이진숙입니다.

다수당 민주당이 점 하나 찍고 없애버려서 어쩌면 마지막이 될 방송통신위원장의 기자회견이 될 것 같습니다. "어쩌면"이라는 수식어를 붙인 것은, 그래도 대한민국에 헌법이 살아있다면, 법치가 살아있다면, 헌법을 해석하는 분들이 방송미디어통신위원회설치법이라는 사실상의 표적입법을 위헌으로 판단할 것이라는 작은 희망을 가지고 있기 때문입니다.

방통위 출입을 하는 여러분들이 잘 아시는 대로, 방통위설치법과 방미통위설치법은 내용이 거의 꼭 같습니다. 과기부에서 유료방송 업무가 옮겨오는 정도입니다. 30명가량의 직원이 전보를 오는 정도의 변화입니다. 구조로 보면, 이명박 정부 때의 업무분장으로 돌아가는 것입니다.

달라진 미디어 환경에 따라 법을 바꿀 필요성이 대두됐다는 것은 억지로 만든 수식어라고 생각합니다. 그냥 과거로 회귀하는 구조라고 볼 수 있습니다. 그러니까 위인폐관, 표적입법이란 말이 나오는 겁니다. 이제 방송통신위원회라는 이 배경판도 바꾸어야 되고 우리 방통위 직원들 명함, 또 메모지들도 다 바꿔야 되겠군요. 최소 몇억 원, 몇십억 원이 들지도 모를 일입니다.

제 생각에 오직 이진숙이란 인물을 제거하기 위해 만든 법이 방미통위법입니다. 많은 언론도 그렇게 평가하고 있습니다. 돌이켜보면 민주당은 이진숙이란 사람이 방통위에 오는 것을 원천적으로 막으려 했습니다. 장관급으로는 사상 처음으로 사흘 동안 청문회를 열었습니다.

저한테는 자료를 제출하지 않는다고 청문회를 사흘 동안 한다고 했지만, 지난번 김민석 총리 청문회를 보면 자료 하나 제대로 내지 않아도 총리가 됐습니다. 자료 제출하지 않는다고 하루 더 청문회를 하자고 요구하는 민주당 의원 한 사람도 없었던 걸로 기억합니다.

10년 전 주식회사에서 근무하면서 사용했던 법인카드 사용 내역을 공개하라고 해서 저는 공개하는 데 동의했습니다. 업무를 위해서 사용했다는 걸 저 스스로 잘 알고 있기에 자발적으로, 자신 있게 공개했던 것입니다. 그런데 민주당은 직원 격려를 위해 빵을 구입한 것을 꼬투리 잡아서 저를 '빵진숙'으로 만들었습니다.

앞으로 정무직 공직에 나설 분들이 계시다면, 민간기업 때 사용한 법인카드 사용 내역 절대 공개하지 마십시오. 아무리 업무용으로만 사용했다 하더라도 민주당은 무언가 프레이밍할 꼬투리를 잡아 선전선동의 도구로 활용할 것입니다.

사실 저에게는 조명현 씨 같은 내부고발자도 없었습니다. 제 집에서 법인카드로 초밥을 시켜먹었다거나 법인카드로 과일을 구매해서 제사상을 차렸다는 증거도 나오지 않았습니다. 법인카드 공개 이전에 저에게는 워싱턴 특파원 부임 때 고지서를 받지 못해 내지 못했던 지방세 미납건 하나, 그리고 교통위반 과태료 3~4건 정도가 있었습니다.

완벽한 삶은 아니었지만 논문 표절도 없었고, 원인 모를 재산 증식도 없었습니다. 누구를 사칭했다거나 직원들에게 갑질했다는 이야기도 나오지 않았습니다. 그런데도 직원 격려를 위해 구입한 빵은 프로파겐다 공장에서, '뉴스공장'들에서 끊임없이 회전하여 이진숙을 부패한 인물로, 파렴치범으로 만들어냈습니다.

제가 방통위원장으로 취임하기 전부터 그들은 저를 탄핵하겠다고 협박하기도 했습니다. 실제 취임 사흘째 저를 탄핵해버렸습니다. 제가 민주당과 좌파 집단은 우리가 상상할 수 있는 모든 것을 한다, 우리가 상상하지 못하는 것도 한다고 말했던 것은 이 때문입니다. 누가 취임 사흘 만에 탄핵시킨다고 감히 상상이나 할 수 있겠습니까. 민주당 덕분에 저는 탄핵에, 헌재 가처분 신청 등 갖가지 기록을 만들어냈습니다.

174일, 거의 6개월을 채우고서야 저는 직무에 복귀할 수 있었습니다. 그것이 끝이 아니었습니다. 탄핵이 기각되고 올해 1월 23일 직무에 복귀한 다음에도 끊임없이 국회에 불러서 현안과 관련 없는 질문을 쏟아냈습니다. 그들은 선출직이 임명직보다 높다는 착각을 하면서 저의 인격을 모독하기도 했습니다. 뇌구조가 이상하다느니, 헛짓거리라느니, 심지어는 공식 회의석상에서 이진숙 씨라는 비상식적 발언까지 쏟아냈습니다. 법보다, 상식보다 우위에 있는 것은 다수라는 공식을 그들은 만들어냈습니다.

따지고 보면, 그들을 보면서 저는 민주주의에 대한 성찰을 하게 되었습니다. 다수결민주주의란 것은 아름다운 것입니다. 토론이 끊임없이 공전할 때 다수결로 결론을 내는 것이 효율

적이기 때문입니다. 그러나 이 다수가 공모를 해서 (토론이나 숙의는 없이) 다수결을 밀어붙일 때 이것은 다수의 횡포, 즉 다수독재가 되는 것입니다. 여러분과 제가 현재 대한민국에서 목도하는 것은 다수결 민주주의가 아니라 다수의 횡포, 다수독재입니다.

방송 3법과 방통위 폐지법안은 과방위에서 심도 있게 논의되지 않았습니다. 일사천리, 속전속결로 밀어붙였습니다. 국민의힘은 더 숙의가 필요하다, 더 많은 논의가 필요하다고 했지만 민주당과 조국혁신당 의원들은 밀어붙였습니다. 법사위에서도 마찬가지였습니다. 토론이란 절차는 생략되고 국힘 의원과 민주당 의원 각각 한 명씩이 발언한 다음 토론종결로 끝내버렸습니다.

대한민국 방송계의 구도를 완전히 바꾸는 법인데도 진지한 토론 절차는 볼 수 없었습니다. 무토론에 표결, 그리고 땅땅땅, 이것이 민주주의입니까. 10위권 경제대국이라고 하는 대한민국의 국회는 제3세계에서도 보기 어려운 코미디같은 상황을 연출하고 있습니다.

그러면, 왜 민주당은 저를 이렇게 몰아내려고 기관 하나를 없애버리고 점 하나만 찍은 새 기관을 만들려고 하는 것일까요? 거기에는 민노총이라는 단체가 등장합니다. 회원 100만에서 120만을 가지고 있는 민노총에게 이진숙이란 인물은 참을 수 없는 거세 대상이기 때문입니다. 실제 제가 윤석열 대선후보

언론특보로 내정되었을 때 민노총 언론노조가 거세게 반발해서 성명을 냈고 이 때문인지 저는 불과 1주일만에 언론특보에서 해촉이 되기도 했습니다.

그렇다면 왜 민노총 언론노조는 이진숙을 제거대상, 숙청의 대상으로 삼게 되었을까요? 그 답은 2012년 MBC 사상 최장 파업에 있습니다. 당시 저는 홍보국장과 기획본부장으로 파업을 대응하는 책임자로 있었고, 언론사상 최장 170일 파업을 성공적으로 막아냈습니다. 다른 경영진과 함께 대응한 것이지만 언론노조는 저 이진숙을 지목해서, 파업을 분쇄한 책임자로, 보복 대상으로 삼게 되었다고 저는 평가하고 있습니다.

MBC 사내 문제를 여기서 자세하게 언급할 필요는 없겠습니다만, 펜을 내던지고, 카메라를 내던지고, 사실상 업무방해를 했던 노조원들을 회사에서 무노무임과 징계로 대응하지 않으면 어떻게 되겠습니까.

그 결과 민노총 언론노조는 집요하게 저의 앞길을 막으려 했습니다. 앞서 언급했던 언론특보때도 그랬고, 방통위원장으로 취임했을 때도 그랬습니다. 극우인사다라고 하면서 상상할 수 없는 방식으로 저의 진로를 방해하려 했습니다. 저의 인사청문회장 앞에서도 현직 민주당 국회의원과 민노총 언론노조 간부들이 피켓팅을 하면서 저의 청문회장 입장을 방해했습니다.

민노총에게 잘못 보이면 평생 고생한다는 대표적인 사례가 바로 이진숙 저입니다. 그런데, 하나 물어보겠습니다. 도대체 대한민국 공영언론사 공영방송사가 왜 민노총 산하에 있어야 합니까. 공영방송사 노조의 상급기관이 왜 민노총이어야 합니까. 저는 평기자 때 노조원으로 활동했습니다. 노조는 근로자에게 마땅히 필요하다고 생각합니다.

그런데, 언론사 노조의 상급기관이 민노총이다? 이건 문제가 있습니다. 공영방송 기자들은 언론은 정치권력, 상업권력(재벌권력, 대기업권력)으로부터 독립되어야 한다고 주장하면서, 막상 지금은 기득권 권력이 된 민노총 아래 스스로 몸담고 있습니다.

언론사 노조가 민노총 산하에 있는 것이 맞습니까. 민노총은 그 강령에서 노동자의 정치세력화를 공언하고 있습니다. 우리는 정치세력화의 그 정치가 좌파적 성향이란 걸 분명히 알고 있습니다. 그렇다면 어떤 정치권력, 상업권력으로부터 독립되어야 한다고 주장하는 언론인들이 특정 정치성향의 노동권력 아래로 스스로 들어가는 것이 맞느냐는 말입니다.

언젠가 제가 언론노조 간부에게 이런 질문을 했더니 그 간부가 이런 취지의 답을 했습니다. 편성이나 취재 과정, 기사 작성에 민노총의 지시를 받지 않는다고 말입니다. 그렇다면 아무 관계 없는 그 상급단체에 회비(노조비)는 왜 내는 겁니까? 이건 업무상 배임이 아닙니까. 이게 업무상 배임 아니면 어떤

것이 업무상 배임입니까. 아니면, 실질적으로 어떤 특수 관계
에 있는 것입니까.

전직 민노총 조직국장이 간첩 혐의가 확정되어 9년 6개월의
징역형을 선고받았습니다. 이 사람 외에도 김정은에게 충성
편지를 보낸 민노총 간부들도 있다고 합니다. 언론에 보도된
충성맹세문 몇 개만 읽어보겠습니다.

사실 이 인용문을 읽기도 겁이 납니다. 이 인용문 읽는 것만
따로 떼어서 이진숙이 충성맹세를 하는 것처럼 조작할 수도
있다는 우려 때문입니다. 내용을 보면, 읽는 것도 역겹지만 읽
어보겠습니다. 민노총 간부가 김정은에게 보낸 충성 맹세문
일부입니다.

2018년 12월 9일에는 이렇게 썼습니다. "경애하는 김정은 동
지는 조선반도에 김일성 김정일 주의를 온겨레 성원 모두가
우러르는 주체혁명의 새 세상을 열어주시었습니다." 2020년
9월 30일에는 "경애하는 최고 영도자 김정은 동지 만세! 아름
찬 투쟁의 역사 조선노동당 만세! 김일성김정일주의화 실현
투쟁 만세!"라고 썼고, 2022년 1월 30일에는 "사무치게 그리
운 위대한 김정일 장군님은 우리와 함께 계십니다. 이 땅에 낙
원을 펼쳐주시려 생신날도 쉬지 않으시며 불면불휴의 현지지
도의 길에 오르셨던 아버지 장군님, 해마다 이날이 되면 그리
움에 눈물로 가슴 적시며 맞이합니다." 2022년 4월 4일에는
"위대한 김일성 수령님은 우리와 함께 계신다 …… 경애하는

김정은 동지 받들어 대를 이어 충성하자……"

국민 여러분, 생각해보십시오. 어느 기관의 조직국장이라면 핵심 중의 핵심 간부입니다. 조직국장을 비롯해 주요 간부들이 간첩 혐의가 확정되고, 적대 세력에게 이런 짓을 했다면 그 기관은 해체되어야 한다고 생각하는 사람들이 많을 것입니다.

실제, 트럼프 미국 대통령은 우파 청년 활동가 찰리 커크가 살해된 이후, 이 사건과 관련 있는 것으로 알려진 안티파시스트 그룹, 즉 안티파를 테러단체로 규정하는 행정명령에 서명했습니다. 자국 내 세력을 공식 테러조직으로 규정한 것은 사상 처음이라고 합니다.

그런데 대한민국에서는 김정은에게 충성을 바치고 위대한 김일성 수령님은 우리와 함께 계신다고 외치는 이들이 주요 간부로 있는 민노총이 언론노조의 상급기관으로 버젓이 존재합니다. 120만 조합원이라고 하지만 우리나라 전체 조합원의 5퍼센트 정도에 불과합니다. 그런데 이 민노총이 주요 언론사, 특히 공영방송사를 지배하고 있는 것입니다.

방송 3법을 통과시키면서 민주당은 공영방송을 국민에게 돌려준다고 했습니다. 과연 그렇습니까. 다수당이 일방적으로 통과시킨 법에 따라 3개월 안에 공영방송 이사진을 바꾸고, 순서에 따라 사장도 바꿀 것입니다. 최단 속도로 보면, 내년 초에는 새로 꾸려진 KBS 이사진이 사추위를 구성해서 KBS 사장을 선임할 것입니다. 내년 6월에는 지방선거가 예정되어 있습니다.

저 이진숙에 대해서 불법적인 2인 체제로 중요한 안건을 심의의결했다고 하는데, 도대체 소위 불법적인 2인 체제는 누가 만들었습니까. 최민희 의원이 방통위 상임위원으로 추천됐다가 뜻을 이루지 못한 다음, 민주당에서는 아예 국회 몫을 추천하지 말자고 했다는데, 그렇다면 민주당이 이 2인 체제를 만든 당사자 아닙니까. 식탁에서 오른손을 묶어놓고 왜 왼손으로 밥을 먹느냐고 따지는 꼴입니다.

헌법재판소에서 제 탄핵재판 때도 국회는 왜 상임위원을 추천하지 않느냐, 방통위는 일을 하지 말라는 것이냐고 국회를 질책했습니다. 최민희 의원이 상임위원이 되지 못한 벌을 방통위가 받았고 나아가 대한민국이 받았습니다. 김태규 부위원장이 사퇴하면서 상임위원은 저 한 사람이 되었고, 그 이후 단통법 시행령과 고시, 문자전송인증제 시행령과 고시도 심의의결 못하고 있습니다.

대통령은 취임 후 스팸과 보이스피싱 단속에 큰 관심을 보였지만 문자전송 사업자에 대한 인증제도 제대로 시행을 못하고 있습니다. 대통령이 말을 해도 민주당 국회가 뒷받침을 못하고 있습니다. 아니 안 하고 있다고 저는 생각합니다. 말로는 당정대 원팀이라고 하는데, 실제로는 강성 세력들이 허술한 법을 마구 통과시키고 있는 것 아닙니까.

합리적인 인사들이 과방위에 있었다면, 2인 체제를 5인 체제로 복원시켜서 스팸을 단속할 수 있도록 하는 조치를 최단시간에 마련하도록 했을 것입니다. 그런데, 민생민생 말만 하고 실제 민생과 관련 있는 법들은 지금 제대로 시행하지 못하고 있습니다. 민생보다 그들에게 중요한 것은 공영방송사의 지배구조를 민노총이 좌우하도록 만드는 것이라고 볼 수밖에 없습니다.

왜 개정 방송 3법, 방송계의 노란봉투법이 방송을 민노총에 갖다 바치게 하는 법인가에 대해서는 제가 페이스북에 몇 차례에 걸쳐 썼기 때문에 이 자리에서 길게 반복하지는 않겠습니다. 그런데, 가장 중요한 사실 하나는 다시 한번 짚고 넘어가겠습니다. 방송사 자체적으로 운영하던 편성위원회를 법적으로 강제하게 만들었는데, 이 편성위원회는 노사공동경영위원회이며 사실상 경영진입니다. 사장이나 주주가 임명하는 경영진은 사실상 무력화되고 노조와 5 대 5 공동 경영을 해야 합니다. 미국의 ABC나 CNN에 이런 식의 노사동수 편성위원회가 있다는 얘기는 못 들어봤습니다. 세상에 이런 법은 없습니다.

이런 점을 지적한다고, 방송 3법에 반대한다고, 대통령의 국정철학과 맞지 않는다고 저를 자르는 법을 통과시켰습니다. 대통령 말을 안 듣는다고 해임한다고 합니다. 이 말은 무슨 뜻입니까. 새로 구성되는 방송미디어통신위원들은 대통령 말을 잘 듣는 사람으로 앉히겠다는 뜻입니다. 어떤 인물들로 구성될지 궁금합니다. 대통령 국정철학과 맞는 사람을, 독립적이어야 하는 방송미디어통신위원회의 위원들로 앉히겠다, 이게 방송장악 아니면 무엇입니까.

그리고 새 법을 만들면서, 공무원 모두가 새 기관으로 승계된다고 하는데, 정무직은 안된다, 그 근거는 무엇입니까. 헌법에 그런 규정이 있습니까. 조직개편을 하면 정무직은 배제된다는 규정이 헌법에 있습니까. 법을 만들기 위해서는 근거가 필요합니다. 왜 임용직은 되는데 정무직은 안되는지, 상임위원은 왜 5명이 아니고 7명이 되어야 하는지 합리적인 근거가 있어야 한다는 것입니다. 그냥 이진숙이 밉고 싫다, 우리가 정하면 법이다, 다수가 정하면 옳다, 이것이 다수의 횡포이고 다수 독재인 것입니다.

짐이 곧 국가라는 말은 전근대 국가를 표현하는 상징 문구인데, 지금 21세기 대한민국에서 목도하고 있는 것은 다수당이, 민주당이 곧 법이다라는 것입니다. 현행법으로 되지 않으면 법을 바꾸면 된다, 그러면 합법이 된다, 이런 논리는 다수가 법 위에 있다는 뜻입니다. 법을 지배하는 것, 그것은 독재입니다. 그리고 자유민주 체제를 뒤바꾸는 혁명입니다.

문제는 또 있습니다. 방송미디어통신심의위원회 위원장을 정무직으로 하고 청문회와 탄핵의 대상이 되게 만들었습니다. 이렇게 되면 방송미디어통신심의위원회는 다수당에 밉보이지 않기 위해 다수당을 의식하는 방향으로 심의를 하게 되지 않을까 우려됩니다. 때문에, 좌파 성향의 시민단체 언론단체들도 심각한 우려를 공개적으로 표하고 있습니다.

참고로, 현재 방송통신심의위원회 노조는 단일 노조이며 전원 민노총 언론노조 소속입니다. 그런데, 방송통신심의위원회가 반대 성명, 우려 성명을 냈다는 이야기는 들어보지 못했습니다.

마지막으로 출입기자 여러분께 선배로서 드리는 말씀입니다. 언론이 죽으면 대한민국이 죽습니다. 현재 대한민국에서 제대로 작동하고 있는 것이 무엇입니까. 입법 행정 사법, 3권이 제대로 분립되어 있습니까. 당정대 원팀은 무슨 뜻입니까.

이 지점에서 제4부, 언론이 제 역할을 다해야 합니다. "바이든 …… 날리면"을 가지고 백악관에 이메일까지 보내서 꼼꼼한 취재를 했던 그 실력으로, 왜 한미 관세협상에서 합의문이 발표되지 않았는지, 백악관에 취재를 해야 합니다. 언론이 침묵하면 대한민국이 죽습니다.

이진숙 축출 계획의 완성

일련의 과정을 겪으며 "한 송이 국화꽃을 피우기 위해 봄부터 소쩍새는 그렇게 울었나 보다"라는 시가 떠올랐다. 한 사람을 잘라내기 위해 공적인 권력과 법이 동원되는 상황은 21세기 대한민국에서 벌어진 역사적 비극이었다.

이진숙 찍어내기에 걸린 시간은 대략 1년이었다.

2024.7.24~26.	**인사청문회 3일** 장관급 최초 기록, 청문회장 밖에서 민노총 언론노조 반대시위
2024.7.29.	**추가청문회 1일** "연장 청문회", 인사청문경과보고서 채택 안건(보고서 채택 불발)
2024.8.2.	취임 이틀 만에 탄핵소추, 사흘 만에 가결
2024.7.	**7~10년 전 주식회사(대전MBC)에서 사용한 법인카드 내역 관련, 업무상 배임으로 고발**(과방위 민주당 의원+언론노조, 민언련 등) 사적 사용 없어서 이진숙 본인이 자발적으로 공개 동의
2024.11.	**정치 중립 위반 감사원 감사 요구** 유튜브, 페이스북 발언 문제 삼음. 사흘 만에 탄핵 소추된 다음 자기방어 차원에서, "민주당은 우리가 상상하는 모든 것을 한다. 우리가 상상하지 못하는 것도한다," "만약 2인 체제가 불법이라면, 불법적인 상황을 만든 것은 민주당이며, 이 상황을 해결할 수 있는 당사자도 민주당입니다." 등의 발언이 정치 중립 위반했다고 주장 → 감사원, 가장 낮은 단계의 "주의" 조치, "주의"는 징계성 아니라는 다수 의견
2024.11.	**공직자윤리위원회 조사 요구** 국회 과방위 민주당+조국혁신당 소속 12명
2025.4.10.	**뉴스타파 고소** 정보통신망법상 명예훼손. "윤석열 검사가 커피 타줬다" 보도 관련
2025.4.7.	정치 중립 건 감사원 감사 후속 조치로 경찰 고발
2025.6.28.	**공수처 고발** 변호사 김OO씨가 방통위 하드디스크 폐기 건 관련(2025. 6. 28경) 방통위, 감사원에 감사 요청
2025.7.11경.	좌파 성향 시민단체 "촛불행동"이 명예훼손 등으로 고발. "대통령이 방송 3법 관련 방통위 안 만들라고 지시했다"고 발언한 것과 관련
2025.7.9.	**국무회의 참석 배제** 대통령실, 이진숙 방통위원장 국무회의 참석 배제 발표

2025.7.22.	**휴가 신청 반려** 방통위 직원 휴가 현황 파악의 일환으로 본인 휴가 계획 대통령실에 신청했다가 반려당함
2025.8.29.	**이진숙 위원장 직권 면직 검토 중 발표** 강유정 대변인 발표
2025.8.30.	**우상호 정무수석, "이진숙은 사퇴하라" 요구** 전국 민방 특별대담에서 "출마할 생각이 있으면 그만두고 나가는 게 맞지 않느냐" 발언
2025.9.7.	**방통위 폐지 정부조직법 발표** 방송통신위원회 폐지하고 "방송미디어통신위원회" 신설. 이진숙 자동 면직

…… 노란 네 꽃잎이 피려고 간밤에 무서리가 저리 내리고 내게는 잠이 오지 않았나 보다"로 시인의 시는 끝이 난다. 이진숙을 찍어내기 위해 민주당 주도의 국회와 공권력이 무도하게 사용되는 동안 나도 때로 잠을 설쳤다. 그리고 축출을 위한 원대한 계획이 마무리 단계에 접어든 이때 홀가분함을 느낀다. 법대로 되지 않을 때 법을 바꾸는 것, 그것이 뉴노멀이 되었다. 그것을 독재라고 한다.

표적 감사부터 체포까지, 끝나지 않는 탄압

똘레랑스(tolérance). "나는 네가 주장한 것에 동의하지 않지만, 그것을 말할 네 권리는 내 목숨을 바쳐서라도 지키겠다"라는 말로 대표되는 똘레랑스 정신은 민주주의를 구성하는 가장 핵심적인 가치 중 하나이다. 관용받지 못할 유일한 것이 있다면 그것은 비관용뿐이라는 자유의 가치야말로 민주주의가 가장 우월한 시스템으로 평가받는 이유이기도 하다.

똘레랑스 정신은 단순한 관념적인 호소가 아니다. 작용에는 늘 그에 상응하는 반작용이 따르게 되며 상대방에 대한 지나친 탄압은 상대 진영을 역으로 결집시켜 역풍으로 돌아올 수 있다. 강한 권력을 가질수록 역설적으로 더 겸손하게 행사해야만 민주적 정통성이 배가되고 더 강한 권력을 손에 쥘 수 있다는 정치 전략적 함의가 또한 똘레랑스 정신에 담겨있다는 것이다. 그러나 인간은 늘 같은 실수를 반복한다. 권력이 '독이 든 성배'인 걸 알면서도, 민주주의 국가에서 대통령이란 자리는 국민으로부터 위임받은 권한에 불과하다는 걸 알면서도 남용하다 몰락하기를 반복한다. 윤석열 대통령을 탄핵시키고 정권을 차지한 뒤에도 정적들에게 더 날 선 칼날을 휘두르고 있는 이재명 대통령과 여당의 모습이 정확히 그러하다.

휴가 유감
― '대의'를 위해 목숨 걸어본 사람만 나에게 손가락질하라

2025년 7월 23일, 그러니까 내가 아직 방통위원장으로 재임 중일 당시 대통령실에서 아주 낯설고 기이한 브리핑이 나왔다. 이재명 대통령이 이진숙 방통위원장의 휴가 신청을 반려했다는 것이다. 전국이 수해로 재난을 겪고 있는 상황에 휴가를 '신청'한 것이 그 자체로 부적절하다는 이유였다. 직장 생활을 40년 가까이 했지만, 휴가를 신청한 것을 문제 삼고 반려하는 경우는 처음 본다. 적잖이 씁쓸한 기분이었다. 휴가가 반려되어서가 아니라 기관장이 휴가를 신청한 것이 기사가 되고 휴가 신청이 반려된 게 다시 기사가 되는 어처구니없는 2025년 대한민국의 현실이 씁쓸하고 안타까웠다. 급기야 민주당은 해당 기사를 근거로 논평까지 냈다. 기관장의 휴가 신청이 집권 여당이 논평해야 할 화두라니, 이 얼마나 놀랍고 한가로운 일인가!

사실 당시 휴가를 신청한 것은 방통위 직원들도 마음 편하게 휴가를 쓸 수 있도록 행정절차를 밟은 것이었다. 일주일에 한번씩 사무처장 직무대행과 점심 식사를 하면서 위원회 돌아가는 상황을 점검하는 중에 나에게 언제 휴가를 갈 것인지 물어왔다. 당시 나는 휴가 생각은 전혀 할 수 없는 상황이었다. 유성경찰서 조사도 진행되고 있었고, 무엇보다 방송 3법을 민주당이 밀어붙이는 상황이었기 때문에 단 며칠이라도 자리를 비우기가 어려웠다. 그러나 사무처장 직무대행이 내가 휴가를 가야 간부들도 편하게 휴가를 갈 수 있다고 했고, 이것이 공무원의 관행인가 해서 나도 휴가를 신청하기로 했다. 장관급 기관장은 휴가 실시 일주일 전에 대통령실에 보고를 해야 한다고 해서 비서실을 통해 신청을 하라고 했다. 물론, 폭우 등 자연재해가 계속된다면 휴가는 가지 않을 작정이었다.

그런데, K신문에서 이진숙이 휴가 신청을 했다는 보도가 나오더니 그 직후 대통령 대변인이 언론 공지를 통해 이진숙 휴가를 반려했다는 보도가 이어졌다. 재난 보도 책임자가 어떻게 자리를 비우느냐는 비난성 코멘트까지 나왔다. 코미디였다. 민주당을 향해 되묻지 않을 수 없었다. 방통위가 그렇게 중요한 기관이면 어째서 상임위원을 추천하지 않은 상태로 손발을 묶어두고 있나. 당시 방통위는 상임위원이 단 한 명으로 2인 체제 의결조차 불가능해졌다. 대통령 몫 한 명, 국회 추천 세 명이 임명되지 않아 중요한 안건들을 심의 의결하지 못하는 상태를 그대로 방치해놓고 상황이 시급해 휴가를 가지 말라니, 이 얼마나 해괴한 논리인가. 여기서 핵심은 휴가를 간 행위가 아니라 휴가를 신청한 절차 자체를 문제 삼았다는 것이다. 만약 내가 재난 기간에 휴가를 감행했다면 비난과 손가락질을 받는 게 당연하다. 장관급 기관장이 재난 기간에 휴가를 간다는 것은 상상하기 어렵고 내가 가진 공직자로서의 상식에도 부합하지 않는다. 그러나 휴가를 신청하는 것과 휴가를 실행하는 것은 전혀 다른 차원의 문제다.

휴가 신청은 행정 절차에 불과하다. 장관급 기관장의 휴가 신청은 실행 일주일 전에 하도록 되어 있다. 오늘 신청해 내일 갈 수 있는 단순한 문제가 아니란 말이다. 나의 경우 경찰, 공수처 등 고발된 사건들이 적지 않아 정작 휴가를 실시하더라도 집에서 보낼 예정이라고 간부들에게 일러두었다. 긴급 상황이 발생하면 당장 뛰어나올 것이라고도 얘기했다. 내가 휴가를 신청한 것은 18일, 휴가 실시 예정일은 25일이었다. 국정의 영역에서 일주일이라는 시간 동안 얼마나 다양한 사건과 변수가 발생할 수 있는지, 정치에 조금이라도 관심이 있는 이들이라면 누구나 쉽게 예측할 수 있다. 만약 휴가 실시 전 폭우가 쏟아지는 등 자연재해가 있었거나 그 밖의 비상 상황이 발생한다면 휴가 실시는 당연히 없던 일이 될 것이다. 그것이 상식이다. 특히 언론사에 근무하는 사람이라면, 휴가 기간 중 긴급 상황으로 불려 나오는 일이 다반사이고 그것을 당연하게 받아들인다는 사실도 잘 알고 있을 것이다.

아울러 어느 기관이든 휴가 신청은 미리 이뤄져야 하는데, 장관 휴가와 차관 휴가는 겹치면 안 되기에 기관 내 간부들의 휴가 일정을 미리 파악하여, 업무 공백이 생기지 않도록 해야 한다. 모든 간부의 휴가 일정이 한꺼번에 겹치게 되는 불상사를 피하기 위해 사전에 일정을 파악하고 조정하는 것은 필수다.

2003년 3월 이라크 전쟁이 발발했을 때 당시 네 살이던 딸을 두고 전쟁 취재를 위해 국경을 넘었었다. 살아서 돌아온다는 보장이 없었을 때 어린 자식을 두고 전쟁터로 들어갔다고 정신 나갔다는 비난·비판도 받았다. 하루 서너 시간만 자며 취재를 했고 회사에 도움만 된다면 쓰러질 것 같은 현기증 속에도 거리낌 없이 카메라 앞에 섰다. 재난 중에 휴가를 갔다면 비난을 달게 받겠으나 재난 중에 휴가 신청을 한 것을 두고 부적절하다고 지적하는 것은 또 다른 프레임 조작이다. 평생 일 욕심 많다는 이야기를 들어온 나로서는 휴가 반려 소식에 황당함과 씁쓸함을 느낄 뿐이었다.

어떤 공무원이라도 부적절한 휴가 사용은 비난받아야 하지만 휴가 신청이라는 행위를 처벌(휴가 반려는 처벌의 성격이 있다고 본다)한다는 것을 어떻게 설명하랴. 나는, 대한민국의 기자가 중요한 역사적 사건인 이라크전쟁을 취재해야 한다는 '대의' 하나만을 보고 그 가치를 좇아 바그다드로 진입했고 그것이 기록으로 남아있다. 휴가를 '신청' 했다고 비난, 비판하는 것은 선진 대한민국에서 일어날 일이 아니다. 당신들은 대의를 위해 자신의 무엇까지 희생해 봤나. '대의'를 위해 목숨을 걸어봤던 전력이 있는 사람들만 나에게 돌을 던지라.

빵에 관하여

방미통위법 통과에 의한 방통위원장 직위 박탈, 이진숙 찍어내기를 앞두고도 터무니없는 네거티브 공세는 계속됐다. 8월 26일 과방위에서 민주당의 한 의원이 KBS 박장범 사장에게 이렇게 말했다. 지난번 과방위 회의 때는 이진숙 위원장을 대상으로 "빵빵" 이야기만 했는데, 오늘은 그 얘기는 접고 파우치 얘기만 하겠다고.

대체 빵이 무어라고 화두가 되는가. 헛웃음이 날 사람들을 위해 짧게 설명하자면, 내가 10년 전 대전MBC 대표이사·사장으로 근무하던 시절 사용했던 법인카드 내역에 관한 이슈다. 쉽게 말해 법인카드로 빵을 (그들의 주장으로 '많이') 구입해 문제라는 것이다. 여당 의원 등에 의해 고발까지 된 이 사건을 접하며 "사실 여부는 차치하고" 선전 선동에 도움이 된다면 "사실은 만들어낼 수 있다"는 어느 이데올로그의 말이 떠오른다. 민주당 일부 의원들의 "작업" 결과 나는 "빵진숙"이 되었고 박장범 사장은 "파우치 박"이 되었다.

"빵빵"의 연원을 살펴보자. 나는 2015년 3월 4일 대전MBC 대표이사·사장으로 부임하여 2018년 1월 9일자로 사퇴하였다. 사퇴하기 전날인 1월 8일 나는 법인카드로 서울 자택 부근에서 44만 원, 대전에서 53만 원 정도의 과자류를 구입했다. 당시 대전MBC는 파업 중이었고 파업 중에도 고생하는 비서실 직원, 환경미화원, 경비원, 운전기사들을 위해 5만 원 안팎의 롤케이크 또는 쿠키류를 구입한 것으로 기억한다.

10년 전의 일이라 청문회 당시 정확한 상황을 기억 못했는데, 당시 수행비서가 잠시 쉬는 시간에 연락이 왔다. "사장님 댁 부근에서 과자류를 구입했는데, 롤케이크 같은 것은 많은 양을 구비해 두지 않기 때문에 제가 대전에서 나머지를 구입했어요."

사퇴 하루 전날 수행비서는 대전에서 서울 집까지 회사 차량으로 나를 데려다주었다. 수행비서와 함께 집 부근 베이커리에서 과자류를 샀다. 그리고는 대전으로 이동하여 카드와 과자류, 그리고 법인카드를 경영국장에게 전달한 것으로 기억한다. 과자류는 경영국장이 수고한 분들에게 전달하도록 조치했다. 수행비서의 환기 덕분에 사퇴 직전에 마지막으로 한 일을 비교적 자세한 것까지 떠올렸지만 롤케이크이었는지, 쿠키였는지, 아니면 양쪽 다인지는 아직도 모르겠다. 법인카드는 업무용으로 기업이나 관계 부처의 사람들을 만날 때도 사용하지만 직원 격려 목적으로도 물론 사용할 수 있다. 기자들이 선거 때 야근을 하거나 피디들이 야간에 특별 근무를 할 때도 야식을 시켜주기도 한다. 나도 그랬다.

20여 명에게 4~5만 원 가량의 과자류를 선물한 것이 "빵빵"의 시작이었다. 100만 원어치의 빵을 구입하려면 1천 원짜리 단팥빵이 1천 개다, 그 빵을 혼자 옮겼느냐, 쿠폰으로 구입하고 나중에 현금으로 바꿔치기한 것이 아니냐, 온갖 우스꽝스런 비아냥이 국회 회의 때 난무했다. 단팥빵이 당시 가격으로 1천 원이었는지도 모르겠지만, 빵 1천 개를 혼자 옮기는 장면은 상상만으로도 코믹할 뿐이다. 이 시나리오가 성공(?)하려면 수행비서와 내가 "공범"이 되어야 한다. 빵 1천 개를 5백 개씩 나눠 갖는 시나리오. 어떤 의미에서 이것은 내가 자초한(?) 것이었다. 나는 2024년 6월 24일~26일 진행된 인사청문회를 앞두고 민주당 의원들이 요구한 MBC 근무 당시의 법인카드 사용 내역을 공개하는 데 동의했다. 나는 업무 외에 사적으로 사용한 적이 없어 떳떳하기에 그 사용 내역을 공개하기로 했던 것이다. 사적으로 법인카드를 사용했다면, 하다못해 1백만 원, 아니 몇십만 원이라도 있으면 무슨 배짱으로 법인카드 사용 내역을 공개하겠는가. 인사청문회에서 자료를 거의 내지 않은 이들도 총리, 장관 등을 하고 있는데 말이다.

1961년 창사한 MBC에서 자발적으로 법인카드 사용 내역을 공개한 것은 창사 64년 동안 내가 유일하다. 지난 2012년 당시 김재철 사장의 법인카드 사용 내역이 공개된 적 있지만, 이는 본인의 동의 없이 불법적으로 유출된 것이다. MBC는 상법상 주식회사이며, 수신료 등 공적 재원 투입 없이 광고와 사업 수익 등으로 운영되는 회사이다. 상법상 주식회사 임원의 법인카드는 그 회사의 자체 규정에 따라 사용 금액과 범위가 결정된다. 나는 회사의 규정에 따라 회사의 수익 증진을 위한 업무 활동에 법인카드를 사용했다고 인사청문회와 현안 질의 등을 통해 여러 차례 밝힌 바 있다.

그러나 민주당은 이런 소명과 설명에도 불구하고 끊임없이 나를 희화화했고 경찰에 수사를 의뢰한 뒤에서 계속 "빵빵"을 노래 불렀다. 사실을 알기 위한 수사 의뢰가 아니고 망신 주기와 비아

냥을 위한 수사 의뢰가 아닌가 의심이 들 정도였다. 진실과 진상을 알고 싶다면 수사 결과가 나오기를 기다리면 될 일이다. 그러나 수사 의뢰를 한 뒤에도 "빵빵" 노래는 계속되었다. 사실 여부는 차치하고, 내 얼굴에 먹칠만 하면 작전 성공이 아닌가? 모 의원은 마치 범죄 혐의를 받는 피의자를 조사하는 사람에게 이야기하듯, 나의 진술이 계속 달라졌다며 거짓말을 한다는 식으로 비아냥댔다. 그러나 당장 한 달 전에 누구와 어디서 어떤 메뉴로 식사했는지 기억하기 어려운 마당에 10년 전, 어떤 과자류를 구입한 것인지 기억해내기는 쉽지 않다. 게다가 절반은 수행비서가 구입했지 않았는가. 다만 1인당 4~5만원 어치 과자류를 선물용으로 구입했다는 사실은 분명히 기억한다는 것이다.

발음 때문에 "빵빵"은 더욱 희화화의 도구로는 제격이다. "빵진숙, 감빵이나 가라"는 식의 목적성 비아냥은 저급한 정치 선동으로 인터넷 공간을 떠돈다. 나를 개인적으로 알고 있는 사람들은 이것이 사실이 아니라는 것을 알지만, 5천2백만 대한민국 국민 중에서 나를 개인적으로 아는 사람이 몇 명이나 되겠는가. 1~2백 명, 1~2천 명의 사람들을 제외하고는 법인카드로 1천 개의 단팥빵을 리어카에 싣고 제 집으로 옮기는 비열하면서도 코믹한 그림을 상상하게 되는 것이다.

그들에게 묻는다. 그것이 도대체 가능하겠냐고. 그런 선동을 믿는 자신이 창피하지 않냐고. 나는 그런 선동을 찍어내는 '공장장'들은 그것이 사실이 아니라는 것을 알면서도 찍어내고 있다고 믿는다. 그들에게 중요한 것은 사실(fact)이 아니다. 그들에게 중요한 것은 선동의 대상이 되는 사람을 쓰러뜨리는 것이다. 쓰러뜨리지 못한다면 최소한 구정물을 뒤집어씌우는 것이다. 경찰 수사 결과도 어떤 면에서 중요치 않다. 수사 결과, 재판 결과가 나오기까지 목표물의 명예에 흠집을 내는 데는 성공했으니까.

그런데, 진짜 중요한 것은 이것이다. 소수의 사람을 단기간 속이는 것은 가능하고, 많은 사람을 단기간 속이는 것도 가능하다. 그러나 많은 사람을 영원히 속이는 건 불가능하다. 이 말을 나는 믿는다. 아이러니는 이념의 좌우를 막론하고 다음의 말을 주장한다는 것이다. 거짓은 진실을 이길 수 없다고.

이재명, 김종철 위원장 임명

이재명은 결국 2025년 12월 18일 김종철 연세대 교수를 초대 방송미디어통신위원장으로 임명했다. 방송4법을 통과시키는 순간 예견된 일이었다. 이진숙이 사퇴를 거부하고 버티면 방통위는 그들의 계획대로 돌아가지 않기 때문에 이진숙을 잘라내는 것은 그들에게는 필요충분조건이었다고 나는 생각한다. 나는 페이스북에 그와 관련한 입장문을 냈다. 방미통위는 대통령의, 대통령에 의한, 대통령을 위한 방미통위가 될 것이란 생각에 지금도 변화는 없다.

대통령의, 대통령에 의한, 대통령을 위한 방미통위가 될 것

이재명 대통령의 김종철 위원장 임명에 대한 입장

이재명 대통령이 김종철 전 연세대 교수를 초대 방송미디어통신위원장으로 임명했다. 그의 이력을 보면, 김종철 위원장이 이끌 방송미디어통신위원회(방미통위)는 대통령의, 대통령에 의한, 대통령을 위한 방미통위가 될 것이라고 평가할 수밖에 없다.

김 위원장은 통진당 해산 청구에 반대 의사를 밝힌 인물로, 자유민주 국가에서 정당을 함부로 해산할 수 있다면 북한과 다르지 않다는 취지의 발언을 한 것으로 알려져 있다. 그렇다면 김 위원장은 현재 국민의힘을 해산하겠다고 위협하고 있는 민주당에 대해서도 비판해야 할 것이지만 이 부분에서는 침묵을 지키고 있다.

김종철 위원장은 국가보안법 관련해서도 표현의 자유를 존중해야 한다고 주장한 인물이다. 안보를 해칠 우려가 있는 분야에서는 표현의 자유를 강조하면서, "종편이, 방송인지 편파유튜브인지 의심이 드는 경우가 꽤 있다, 방송심의를 담당하는 기관도 지휘통제를 받아야 한다"는 취지로 말한 대통령 편을 들고 있다. 노골적으로 친정권 성향의 인물이 방송과 통신 정책을 담당하는 기관의 기관장이 된 것이다.

법과 규정에 따라 심의·의결한 공영방송 이사 선임과 YTN 민영화 건을 되돌리려는 시도 또한 방미통위가 특정 진영의 편을 들겠다는 선언으로 볼 수밖에 없다. 방송이 공정성과 독립성을 추구하도록 관련 정책을 구현해야 할 방미통위가 국회에서 압도적 다수를 점하고 있는 민주당과 함께 특정 진영을 위한 정책을 만든다면 역사의 심판을 받게 될 것임을 경고한다.

이진숙, 체포되다

추석을 하루 앞둔 10월 2일 목요일 오후. 백주대낮에 집 앞에서 경찰에 체포됐다. 방미통위법 통과로 방통위원장 직이 해제되고 마지막 인사를 남기고 나온 지 고작 이틀 만이었다. 집 앞에서 수사관들이 도로를 막고 나와 남편이 타고 있는 차를 정지시켜 무슨 큰 강력 사건이라도 발생한 줄 알았다. 그것이 놀랍게도 나에 대한 체포영장이었다는 걸 인지하기까지 그리 오랜 시간이 걸리지 않았다. 전직이라고는 하나 직전까지 장관급 기관장을 지냈던 인사를 추석을 하루 앞두고 '긴급하게' 체포했어야 할 이유가 대체 무엇인가. 난생처음 수갑이라는 걸 차본 직후 떠오른 얼굴이 다

사퇴 압력에 물러나지 않고 버티자 법을 바꿔 기관을 없애버렸다. '자동면직'된 다음 날 체포되어 연행되었으나 체포적부심으로 풀려났다.
사진: 연합뉴스

름 아닌 이재명 대통령이었던 것도 그와 같은 의구심 때문이었으리라. 만감이 교차했다. 참담한 심경이었다. 그것은 명백히 폭력이었고 검찰 해체 후 찾아올 공안 경찰 시대의 서막이었다. 지금부터 당시 이야기를 상세히 풀어보고자 한다.

체포의 근거는 무엇인가

어쨌든 법원에서 영장이 발부됐다. 경찰이 무어라 주장했기에 이렇게 상상을 초월하는 영장이 발부될 수 있었던 것인가. 통상 체포영장은 범죄 혐의가 소명되고 증거인멸과 도주의 염려가 있을 때 청구하고 발부된다. 그러나 이진숙의 경우 세 가지 조건 중 어디에도 해당되지 않는다. 3대 특검에 청구한 구속영장이 연거푸 기각되면서 법원이 밝힌 바와 같이 '혐의에 다툼의 여지가 있을 경우' 영장은 발부되지 않는다. 조기 대통령 선거는 고사하고 윤석열 대통령의 비상계엄 선포조차 전혀 예측할 수 없었던 2024년 9월경 했던 발언을 '선거법 위반'으로 수사하는 것부터 말이 되지 않는 주장이었다. 백번 양보해 혐의에 대한 경찰의 수사를 모두 받아들인다 해도 이 사건은 증거인멸의 가능성이 단 1%도 존재하지 않는다. 해당 발언이 담긴 유튜브 영상이 버젓이 게시되어 있으며 경찰도 관련 증거들을 모두 확보하고 있기 때문이다. 추석을 앞두고 가족과 일상을 누리던 이진숙이 도주할 염려가 있다는 주장도 받아들여지기 어렵다. 조금이라도 도주할 생각이 있었다면 10월 1일 헌법재판소에 방미통위법의 위헌성을 확인해달라는 헌법소원과 가처분을 걸었겠는가. 따라서 이진숙이 도주할 우려가 있어서 체포했다는 것 역시 현실에도, 상식에도 반하는 주장이다.

기억을 소환하여 재구성한 사실은 이렇다. 2025년 9월 9일 아침 10시경 나는 영등포경찰서 수사2과장과 전화 통화로 9월 27일 조사를 받기로 약속했다. 그러나 경찰은 9월 9일과 9월 12일 두 차례나 더 출석요구서를 보냈다. 해당 출석요구서는 9월 12일과 19일에 출석할 것을 요구하고 있었다. 9월 27일 조사하겠다고 합의했는데 추가적인 출석 일정을 '통보'할 이유가 대체 무엇인가. 약속된 출석일에 출석을 하지 않았을 때 조율을 하든 통보를 하든 날짜를 정하는 게 상식 아닌가. 경찰은 이 같은 불법적인 출석요구서를 근거로 내가 여섯 차례나 출석요구에 불응했다고 주장했다. 총체적 공작, 그것이 사건의 진상이었다.

내가 경찰과 합의한 출석 일자는 9월 27일 단 하루였다. 그러나 나는 쥐도 새도 모르게 6차례나 출석에 불응한 사람이 되어 있었다. 수갑을 차고 체포된 것만큼 붉은색 바탕에 커다랗게 새겨진 "여섯 차례 출석 요구에 불응"이라는 텔레비전 속 자막이 수치스러웠다. 완벽하지는 않지만, 자부심을 느낄만한 삶을 살아왔다고 생각한 내게 경찰의 조사를 "6차례나 불응했다"는 자막은 자존심과 명예에 심각한 타격을 주었다. 경찰은 27일에도 출석하지 않은 것을 문제 삼는다. 그러나 이진숙이 어째서 9월 27일 경찰에 출석할 수 없었는지는 온 국민이 다 알고 있다. 9월 20일 전후 방통위 상황은 급박하게 돌아갔다. 민주당이 25일로 날짜를 못 박아놓고 방통위 폐지법인 방미통위법을 본회의에 상정하겠다고 밝혔기 때문이다. 국민의힘과 민주당은 정부조직법에 일부 합의하기도 했지만, 끝내 무산되었고 방통위와 검찰을 없애는 법안이 25일에 기어이 상정되었다. 혼란스러운 국회 상황으로 해당 일정은 25일 당일이 되어서야 확인할 수 있었고 26일 변호인에게 이 사실을 알리며 경찰에 불출석사유서를 제출해달라 요청했다. 그리고 무제한 토론, 필리버스터가 27일까지 계속되었고 이진숙은 본회의장에 자리를 지켰다.

영등포경찰서는, 어처구니없게도, 필리버스터에 다른 사람이 대리 참석할 수 있었다고 주장했다. 장관급 기관이 폐지되고 그 결과로 기관장 직위까지 해제될 수 있는 일촉즉발 상황. 급기야는 헌법소원 등 소송전으로까지 비화될 수 있는 절체절명의 상황을 두고 '대리인이 출석하면 그만'이라는 황당한 주장을 펼치면 그 누가 동의하겠나. 기관 폐지와 기관장 직위 박탈을 내용으로 하는 법을 통과시키는 상황에서 이를 무시하고 경찰에 출석하라는 말인가! 다른 근거로 이진숙은 방통위와 방통위원장 업무와 관련한 네 차례 필리버스터에도 모두 참석했고 24시간 내내 자리를 지켰다(EBS 관련법 경우는 시간 경과로 6시간 만에 종료). 더욱이 9월 27일은 방통위 자체를 폐지하는 법안이 통과될 수 있는 날이었고 국회가 본회의에 기관장이 반드시 참석하도록 규정을 변경했다는 보고를 방통위 간부로부터 받았다. 영장을 청구한 경찰과 발부해준 판사는 당최 어떤 상식을 가지고 있기에 기관의 운명도 국회법도 모두 패대기치고 영등포경찰서에 출석해 조사를 받았어야 했다는 결론을 도출한 것이냐 말이다.

체포적부심 인용률은 1% 미만에 불과하다고 한다. 다른 진범이 밝혀진 경우가 아닌 이상 사실상 체포가 취소되는 경우는 없다는 것이다. 그러나 법원은 1%에 손을 들어주었다. 같은 법원의 판사가 바로 며칠 전 다른 판사의 결정을 뒤집어야만 했을 만큼 이번 사건이 총체적으로 잘못되었다는 방증이기도 했다. 10월 5일 저녁 7시가 되어서야 50시간이 넘는 구금 생활을 끝내고 집으로 돌아와 휴식을 취하며 자유의 소중함을 온몸으로 느낄 수 있었다. 그 소중함에 비례하여 자유를 빼앗으려는 세력에 대한 분노도 더욱 커졌다. 지금 대한민국은 어디로 가고 있나. 자연인이 된 뒤에도 계속되는 정부, 여당의 탄압에 어떻게 맞서야 할 것인가. 오만 생각이 교차하는 2015년 추석이었다.

이재명이 시켰나, 정청래가 시켰나

이재명 정부가 출범하고 이재명 대통령이 주재한 첫 번째 국무회의에서 소위 3대 특검을 심의 의결하면서 국무위원 등 참석자들 간 여러 의견이 오갔다. 나는 그 자리에서 "대통령께서 선거운동 때도 그랬고 당선되었을 때도 모든 국민의 대통령이 되겠다고 말했다", "통합의 대통령이 되겠다고 말했는데 이 3대 특검에는 국민의힘이 빠져있다", "민주당과 조국혁신당만 특검을 추천하게 되면 정치보복이라는 말을 들을 우려가 있다"라는 취지의 발언을 했다.

그러나 3대 특검법은 의결되었고 우리는 그 특검의 칼날이 얼마나 무도하게 휘둘러질 수 있는지를 적나라하게 목도했다. 어쩌면 나 이진숙에 대한 계획도 그때부터 시작되었을지 모르겠다는 생각도 든다.

6월 3일, 이재명 정부가 들어선 이후 방송통신위원회가 정상화될 수 있으리라는 한 조각 헛된 희망을 품었던 스스로가 어리석게 느껴졌다. 한 명만 남게 된 방송통신위원회에 대통령 몫 한 명과 국회 몫 세 명의 상임위원을 임명, 추천해달라고 수시로 요청하고 호소했지만, 모두 묵살되었다. 노골적인 사퇴 압박 외에 추가적인 작업도 동시에 이루어졌다. 자발적으로 공개했던 법인카드의 사용과 관련한 경찰 고발, 정치 중립을 해쳤다며 감사원에 감사 요구, 공무원 윤리위원회 조사 요청, 국회 불출석 관련 고발, 유튜브와 페이스북 게시글 관련 고발 등 셀 수 없을 정도의 법적 조치들이 이어졌다. 한 개인이 감당하기에는 너무도 벅찬 일들이었지만, 불의에 굴복할 수 없었기에 인내하고 버텼다. 그렇게 이진숙에 대한 탄압은 전방위적으로 이루어졌다. 그 화룡정점이 바로 10월 2일 이진숙 체포 작전이 아니었을까.

난데없는 체포를 당한 후 체포적부심 심사에서 새롭게 알게 된 사실들이 있다. 그중 가장 충격적이었던 것은 경찰이 이미 두 차례나 체포영장을 청구했으며 그것이 기각되었다는 것이다. 아마 시기는 8월 말과 9월 9일 사이 어느 두 날이었을 것이다. 9월 9일 영등포경찰서 수사과장과 전화 통화에서 9월 27일 출석할 것이라고 일정을 조정했기 때문이다. 27일 출석 날짜를 받아놓고 체포영장을 청구했다? 도저히 이해할 수 없는 상황에 대해 경찰은 명확한 답을 내놓아야 한다. 더불어 이번 조사에서 추가로 알게 된 사실은 '엉터리' 출석요구서를 9월 9일과 9월 27일 사이에 두 번이나 보냈다는 것이다. 출석요구서는 사전에 요구한 출석 일자에 피의자나 피조사자가 출석하지 않았을 때 재차 보내는 것이 상식이다. 그런데 영등포경찰서는 27일에 출석하겠다고 상호 합의해놓고 9월 9일과 12일에 두 차례나 출석요구서를 발송했다. 불출석 횟수를 늘려 영장 발부 가능성을 높이기 위해 인위적으로 발송한 엉터리, 조작 문서라고밖에 해석할 길이 없다. 경찰은 왜 합의를 한 날짜 이전에 두 번씩이나 출석요구서를 보냈느냐는 임무영 변호사의 질문에 끝내 답변하지 않았다.

이제부터 핵심은 대통령실이 이진숙의 체포 계획을 사전에 알았느냐는 것이다. 개인적인 추정은 체포 당시부터 100%였고 이후 유재성 경찰청장 대행이 대통령실에 이진숙 체포 계획을 보고했다는 것이 사실로 밝혀졌다. 직후 '보고'가 아닌 '통보'라고 표현을 정정했지만, 대통령의 개입 가능성을 부정하기 위한 의미 없는 말장난에 불과하다. 핵심은 민주당이 국회에서 구속수사 등을 종용했고 경찰이 체포영장 집행 계획을 대통령실에 알렸으며 대통령실은 알면서도 묵인했다는 것이다. "대통령실이 알았다면 설마 추석을 앞두고 이진숙을 체포하는 무리수를 두었겠느냐"고 옹호하던 여권 스피커들의 주장도 공허해지고 말았다. 본론으로 돌아와 체포 당시부터 대통령실이 사전에 인지했을 거라 100% 확신한 근거는 이러하다.

첫째, 이재명 대통령실은 지난 7월 22일 이진숙 방통위원장의 여름휴가 신청 반려 소식을 기자단을 통해 알렸다. 방통위에서 직원들의 여름휴가 계획을 통상적으로 파악하면서 본인의 휴가 계획도 함께 대통령실에 알렸다. 앞서 설명했듯 장관급 기관장은 휴가를 일주일 전에 보고해야 한다는 관례 때문에 '재난 상황 발생' 중에 조치한 것이나 대통령실은 마치 이진숙이 재난 상황을 알면서도 휴가를 실행한 것처럼 오도하며 신청 자체를 문제 삼아 반려했다. 결국 나는 방통위 근무 14개월 동안 휴가 0일, 조퇴 오후 3시 1회를 기록으로 남기고 기관 폐지에 의해 자동 면직되었다. 이진숙의 휴가 신청 반려까지 기자단에 공지할 만큼 '관심'이 큰 대통령실이 체포 계획은 보고받지도 못했다? 그것도 현직 장관급 기관장에 대한 체포 계획을!

둘째, 이재명 대통령실의 우상호 정무수석은 강유정 대변인의 직권면직 검토 발표에 이어 공개적으로 이진숙을 향해 '사퇴'를 종용했다.

셋째, 8월 5일 국회 민주당 소속 신정훈 행안위원장은 유재성 경찰청장 직무대행에게 이진숙에 대해 "구속수사를 검토하라"라고 했고 유 직무대행은 "신속하게 수사하도록 국수본에 지시하겠다"라고 답변했다. 그 자체로 국회에 의한 사실상의 수사 지휘로서 대단히 부적절하며 그것이 실제로 실행되었다는 점에서 경악을 금치 못할 장면이다.

대통령실이 사전에 인지했다는 사실은 이미 밝혀졌다. 그렇다면 대통령실은 영등포경찰서가 '엉터리' 출석요구서를 만들어 불출석 횟수를 늘려서라도 이진숙을 체포하려던 것까지 알고 있었던 것인지, 나아가 그것을 지시하고 종용한 것인지 똑바로 답해야 한다. 그러나 이재명 대통령실은 아직까지도 묵묵부답이다.

유성경찰서가 영등포경찰서보다 나았다

유성경찰서는 이진숙의 법인카드 사건과 관련해 기소 의견으로 검찰에 송치했으므로, 굳이 내가 유성경찰서에 호의적일 이유는 없다. 나는 대전MBC 사장으로 근무할 때 업무용으로만 법인카드를 사용했다는 사실을 일관되게 밝혀왔고, 조사에서도 이를 뒤집을 증거가 발견되지 않았다고 생각한다. 게다가 7월 5일 조사 첫날, 작년에 바꾼 핸드폰까지 압수당했으니 이와 관련해서는 상당한 불만도 있다. 10년 전의 사건을 가지고 작년에 바꾼 핸드폰을 압수하다니 이 또한 해괴한 일이다. 그러나 출석 요구와 관련해서 유성경찰서와 영등포경찰서를 비교하면, 두 경찰서의 수준은 하늘과 땅 차이다. 영등포경찰서는 "엉터리"이며 유성경찰서는 관련법에 따라서 절차를 집행했다고 평가한다. 이 자리에서 두 경찰서의 조사 절차를 비교해보려 한다.

내가 유성경찰서에 출석해서 조사받기 시작한 시점은 2025년 7월 5일이며, 출석해서 조사를 끝낸 시점은 9월 6일이다. 꼭 두 달이 되는 기간이다. 이 기간 출석요구서를 받은 것은 세 차례로 기억한다. "기억한다"라는 표현을 쓴 것은, 구두로 상호 합의하에 일정을 조정했고 그 일정에 맞추어 정확하게 조사에 응했기 때문에 출석요구서를 몇 차례 보냈는지는 크게 신경을 쓰지 않았기 때문이다. 유성경찰서에 가려면 우리 집에서 출발해 유성경찰서까지 (도어 투 도어로) 편도 두 시간, 왕복 네 시간을 잡아야 한다. 그런데도 네 차례 조사에 성실하게 응했다는 사실을 이 자리에서 밝혀둔다. 알다시피 내가 올해 1월 23일 탄핵 기각으로 직무 복귀한 다음, 나의 관심사는 방통위 5인 체제를 복구시키는 것이었으며, 국회에 출석해서나 6월 3일 이재명 대통령 당선 이후 국무회의에 참석해서나 방통위 상임위원을 임명, 추천을 지속 건의했다.

잦은 국회 출석에도 불구하고 유성경찰서와는 일정을 조정해서 네 차례 조사에 응했고 심지어 대전경찰청의 핸드폰 포렌식에까지 참여했다. 두 달 기간 동안에 세 차례 출석요구서를 보냈고, 네 차례 조사를 집행한 유성경찰서와 영등포경찰서를 비교해보자. 영등포경찰서는 8월 12일에 첫 번째 출석요구서를 보낸 이후 8월에만 3회의 출석요구서를 보냈다. 그런데, 아래에 첨부한 형사소송법과 "검사와 사법경찰관의 상호협력과 일반적 수사준칙에 관한 규정"에 따르면, 피의자는 일정을 조정할 수 있게 되어 있다. 나의 경우, 8월에는 영등포경찰서 출석이 불가능하다고 분명히 밝혔다. 그 이유로는 다음의 근거를 댔다.

1. 변호사 선임이 되지 않았다(변호사 선임은 9월 10일에 이루어짐).

2. 방송 3법 관련해 불규칙적인 국회 일정이 있었고 8월 18일에서 21일은 을지훈련 일정이 있었다.

3. 본인의 경우 평일은 불가능하며 주말에만 출석 가능한데, 주말에는 유성경찰서 조사 일정이 있어서 9월로 잡았으면 한다(장관급 기관장의 경우, 연차 등 휴가를 내려면 대통령실에 1주일 전에 보고하고 승인을 받아야 하는데, 불가피한 평일 일정이 생길 수 있어 주말에만 가능하다고 밝힘. 유성경찰서 네 차례 조사도 모두 토요일. 만약 평일에 조사를 이유로 휴가를 냈다면 대통령실은 "경찰 조사 등으로 직무에 성실하지 않다"는 이유로 직권면직을 시도했을지도 모른다).

그런데도, 영등포경찰서는 변호인이 선임되지 않은 8월에 무려 세 차례의 출석요구서를 날렸다(이렇게 표현할 수밖에 없다). 8월에 출석 불가능한 이유를 대고 일정 조정을 원한다고 밝혔는데도 일방적으로 출석요구서를 보낸 것은 형사소송법과 "검사와 사법경찰관의 상호협력과 일반적 수사 준칙에 관한 규정"을 위반한 것 아닌가. 9월의 출석요구서 발송은 더 기괴하고 우스꽝스럽다. 9월 6일 유성경찰서 조사를 마무리하고, 주말에 다소 여유(?)를 가지게 된 상태에서 9월 9일 영등포경찰서 수사과장과 전화 통화를 하게 되었다. 핸드폰을 압수당한 상태였기 때문에 방통위 비서실로 전화가 왔다. 수사과장과의 통화에서 나는 9월 27일에 출석이 가능하다고 밝혔다. 이 통화에서 나는 일정 조정이 안 됐는데, 왜 자꾸 출석요구서를 보내냐고 '불평'을 했던 걸로 기억한다. 기억에 따르면, 수사과장은 그건 신경 쓸 것 없으며 27일에는 꼭 출석해 달라고 했었고. 나는 다음날인 9월 10일 임무영 변호사를 선임해서 영등포경찰서와 9월 27일로 일정이 합의되었다고 알렸다. 그 이후부터는 변호인이 영등포경찰서와 업무를 협의했다. 그런데, 이번 강제조사에서 새로 알게 된 것 두 가지가 있다.

1. 체포영장이 두 번 청구되었고 두 번 기각되었다.
2. 9월 9일과 27일 사이에 추가로 두 번의 출석요구서가 발송되었다.

나의 경우, 상당히 정치적인 사건으로, 변호인을 선임하지 않은 상태에서 출석한다는 것은 사실상 불가능하다. 그러니 8월에 체포영장이 청구된 것으로 생각지 않는다. 그런데, 가장 황당한 것은 9월 9일과 27일 사이 두 차례 출석요구서를 내던진(!!!!) 것이다. 도대체 27일 출석하겠다고 했는데, 왜 9일과 12일에 추가로 출석요구서를 보냈냐는 말이다. 27일에 출석을 하라고 해놓고, 12일과 19일에 오라고 한 건 공권력 장난인가. 27일 출석 확정을 해놓고 12일에 나오라, 19일에 나오라고 했다면, 이건 사기이며 '장난'으로 볼 수밖에 없다. 출석요구서라는 공문서가 장난인가. 그리고 이 엉터리 출석요구서 발송을 근거로 세 차례나 체포영장이 청구되었다?

이렇게 해놓고 영등포경찰서는 "여섯 차례 출석요구 불응"이라는 대형 자막을 텔레비전 화면에 띄우도록 했다. 나로서는 영등포경찰서와 출석 요구 일정에 합의한 것은 27일 한번밖에 없다. 경찰 조사에서 임무영 변호사가 이 사실을 문제 삼아 왜 27일로 일정을 확정해놓고 12일과 19일에 오라고 출석요구서를 보냈냐고 따졌는데, 경찰은 그 답을 피했다. 재차 따졌지만, 그에 대한 답변은 끝내 나오지 않았다.

다시 한번 유성경찰서와 영등포경찰서를 비교하면, 7월 5일과 9월 6일 사이, 유성경찰서는 두 달 기간에 3회 출석요구서를 발송했고, 영등포경찰서는 8월 12일과 9월 27일 사이, 한 달 반 기간에 6회 출석요구서 발송했다(출석요구서 발송과 실제 출석 일자와의 차이를 고려하면, 영등포경찰서의 요구서 폭주는 더 가관이다). 또 주말만 가능하고 토요일이 더 좋다는 의견을 분명히 밝혔는데도, 여섯 번의 출석요구서 중 토요일은 1회, 일요일 1회, 나머지는 모두 평일이었다. 엉터리 출석요구서를 마구 날렸으니 이런 결과가 나올 수밖에 없다.

나는 경찰의 출석 요구나 조사를 피할 이유가 없다. 그랬다면 유성경찰서 조사를 네 번이나 받았겠는가. 9월 27일에는 익히 알려진 것처럼 방통위 폐지를 기관장으로서 24시간 국회에서 자리를 지켰다. 그러나 경찰은 국회가 아니라 영등포경찰서로 달려와 조사를 받았어야 한다는 결론을 정해놓고 영장을 청구했다. 선출권력이 임명 권력보다 우위에 있다고 생각하는 이재명 대통령이 들으면 충격받을 일 아닌가.

공소시효는, "나 몰라"

2025년 10월 2일, 산책을 위해 남편과 자동차를 타고 나가다가 집 앞에서 체포되었다. 그런데, 수갑을 채운 것만큼 기가 막힌 것은 '공소시효' 문제였다. 당초 공직선거법 시효가 6개월이라며 잡아들이더니, 막상 검찰에 기소 의견으로 넘길 때는 공소시효 10년을 적용했다. 생사람 잡을 '경찰국가'라고 할 수밖에 없다.

"공소시효가 6개월이다, 조사 시한이 얼마 남지 않은 시급한 사건이다, 그런데 조사에 불응하니 체포하겠다," 이것이 이진숙에 수갑을 채운 경찰의 "변명"이었다. 끝내 실수나 착오가 있었다고 인정하거나 사과는 없었다. "그런데, 알고 보니 공소시효는 10년이었다. 그럴 수도 있지 뭐." 뻔뻔스러운 경찰이다. 무능한 경찰이다. 한심한 경찰이다. 이런 경찰이 1차 수사권을 독점한다고 한다. 제2의 이진숙, 제3의 이진숙이 마구 생산될 상황이다.

마구잡이로, 엉터리로 출석요구서를 보내 출석 불응 횟수를 채우고는 사람을 "잡아가는" 것이 가능한 세상이 된다는 것이다. "검사와 사법경찰관의 상호협력과 일반적 수사준칙에 관한 규정"에 따르면, 피의자가 생업으로 인하여 출석이 어려울 때는 출석 일정을 조정하도록 규정하고 있지만, 이진숙에게 그 규정은 전혀 적용되지 않았다. 8월에는 유성경찰서 수사를 받고 있었고(법인카드로 제과류를 사서 직원들에게 나누어 주었다는 등의 그 사건), 불규칙한 국회 일정으로 출석이 어렵다고 답했는데도, "무려" 세 차례의 출석요구서를 발송했다. 그리고 기다렸다는 듯이 체포영장을 신청한 데는

"그분"의 지시가 있었나, 아니면 "그분"에게 충성 맹세를 하겠다는 서약이었나. "그분"이 애지중지한다는 그 "존엄"의 개입이 있었나도 의심을 해보게 된다.

국무회의 때 대통령의 뜻에 어긋나는 발언을 한다는 비난·비판을 받았고 심지어 형식적인 여름 휴가 신청까지 반려하며 언론에 공지까지 한 대통령실 수석급이 사실상 사퇴를 종용까지 하는 일련의 사태가 벌어졌으니 경찰이 돌격대장으로 나선 것이 아닌가 의심할 수밖에 없는 것이다. 심지어 경찰을 감사 대상으로 두는 국회 행안위원장까지 나서서 구속수사를 촉구했고("혐의가 있다면"이란 단서를 달았지만), 경찰청장 직무대행이란 자는 "신속하게 수사하도록 국수본에 지시하겠습니다"라고 답변하는 코미디 같은 상황이 벌어지기도 했다.

8월부터 시작된 "작전"은 9월 들어 더욱 가속도를 붙였다. 9월 27일에 출석하겠다고 상호 합의까지 했는데, 합의한 날짜부터 출석 예정일인 27일 사이에 세 차례 출석요구서를 보내 "무려" 여섯 차례 출석 요구에 불응한 인물로 만든 것이다. 9월 27일에는 방송통신위원회를 없애기 위한 "방미통위" 설치를 위한 법안과 관련한 필리버스터가 예정돼 있어 출석이 불가능하다는 사유서까지 미리 보내고 변호인이 담낭 수사관과 전화 동화까지 했는데도, 경찰은 체포를 밀어붙였다.

체포영장은 검찰이 청구한 것이고 판사가 발부해주지 않았나고 경찰은 말하지만, 이 모든 절차가 엉망이었다. 출석요구서를 남발한 것도, 합의한 날짜와 9월 27일 사이에 세 차례 출석요구서를 던져버린 것도, 9월 27일은 의무참석이라는 사실도 체포영장 신청서에 제대로 담겨 있었나 여전히 의심스럽다. 다행히 체포영장 적부심에서 담당 판사가 현명한 판단을 해준 것에 감사할 뿐이다. 법대로 한 것인데 감사해야 하는 세상에 우리는 살고 있다.

게다가, 경찰은 공소시효 6개월이라 긴급 조사를 위해 체포해야 한다며 수갑까지 채우고는 막상 기소 의견으로 보낼 때는 공소시효 10년을 적용했다. 민주당이 이진숙을 고발한 고발장만 제대로 봤더라도 공소시효는 10년이란 것을 알았을 텐데, "그분"만 바라보다 보니 판단이 제대로 되지 않았다는 비판이 나온다. "뇌암인 줄 알고 머리를 갈라보았더니 뇌암이 아니더라"라고 말하는 의사와 같다. 물론, 충분한 사전 검사를 하고 그래도 판단이 서지 않을 경우에는 머리를 가르는 수술을 할 수도 있다.

그러나 경찰은 이진숙 건에 대해 "공소시효 6개월"이라고 주장을 하다가 임무영 변호사 등 법률가들이 10년을 주장하자 "6개월이 될 수도 있고 10년이 될 수도 있다"며 횡설수설하다가 막상 기소 의견으로 송치할 때는 10년을 적용하였다. 이렇게 무능한 경찰이 앞으로는 수사권을 모두 가지게 될 수 있다니 섬뜩하고 무섭고, 한심한 생각만 든다. 무능한 경찰이 만들 경찰국가, 그것은 공포의 공화국이다. 경찰이 도구가 되고 권력이 그 도구를 쥐고 마구 휘두를 경찰국가, 비정상이 뉴노멀이 된 21세기 대한민국의 모습이다.

2장

지피지기, 백전백승

민주당과 민노총은 어떻게 대한민국을 집어삼켰나

MBC와 언론노조, 그리고 민주당

소위 '산업화 세대'가 주축이었던 국민의힘은 일찍이 수권 정당으로 자리 잡았다. 그렇게 국민의힘이 제도권 권력에 취해 있는 사이 민주당은 시민사회를 시작으로 하나씩 집권 플랜을 쌓아 올렸다. 민노총, 전교조, 참여연대와 같은 노조-시민단체를 필두로 우리법연구회 등 시험(고시)으로 제도권에 진입한 임명직이 세력화를 시작한 것이다. 팟캐스트를 근거지로 활동을 시작한 김어준과 같은 시민사회 스피커들은 현재 민주당을 비롯한 좌파 진영에서 막대한 영향력을 행사하고 있다. 그 결과 이들의 영향력은 제도권에 속한 공영방송사에까지 이르렀다. 수십 년에 걸친 '운동'의 결과 대한민국을 속속들이 장악해왔고 지금의 수권 세력으로 올라선 것이다. 민주당은 방송 4법까지 통과시켜 민노총 노조를 필두로 제도권 권력을 사실상 완벽하게 장악했다고 평가받는다.

그 역사를 하나씩 짚어보자. 민노총은 어떻게 대한민국을 삼켰나. 혹자는 MBC가 문재인 정권 들어서야 변질되기 시작했다고 생각할지 모른다. 그러나 언론노조의 영향은 그보다 훨씬 장기간에 걸쳐 확장되었고 그만큼 깊은 뿌리를 가지고 있다. 좌파 진영의 숙주가 되었다는 비판을 받는 '공영방송' MBC는 지금 어떤 보도를 하고 있나. 최근 MBC와 TV조선이 같은 사안을 어떻게 다루었는지를 먼저 살펴보자.

> **[MBC]**
>
> **앵커:** 여야를 가릴 것 없이 정치인들에게 로비성 금품을 전달했다고 진술한 걸로 알려진 통일교 윤영호 전 세계본부장이, 오늘 법정에 나와 지금까지 그의 입장이라고 알려진 내용을 뒤집는 듯한 발언을 했습니다.
>
> 최근 여러 오해를 받고 있는데, 만난 적도 없는 분들에게 금품을 전달하는 건 말이 안 된다, 그런 진술을 한 적이 없다고까지 증언한 건데요.
>
> 수사 당시 그의 진술이라고 흘러나와 세상을 떠들썩하게 한 내용과 재판에 나와 직접 증언한 얘기가 왜 달라 보이는 걸까요.
>
> OOO 기자가 보도합니다.
>
> **[TV조선]**
>
> **앵커:** 경찰이 특검으로부터 넘겨받은 통일교와 정치권 유착 의혹사

건 수사에 속도를 내고 있습니다. 전재수 전 해양수산부 장관, 임종성 김규환 전 의원을 피의자로 입건하고 바로 출국 금지했습니다. 윤영호 전 통일교 세계본부장의 진술이 가져온 파장이 만만치 않은데, 특검이 넉 달 동안 뭉갰다는 논란을 의식해서인지 경찰이 발 빠르게 움직이고는 있습니다. 다만, 스무 명 정도 되는 전담팀으로 이 사건을 제대로 수사할 수 있을지 의문이 제기되고 있고, 윤 전 본부장이 오늘 재판에서 기존 진술을 뒤집는 듯한 증언을 하면서 상당한 혼란이 빚어지고 있습니다.

특검이 처음부터 제대로 조치를 취했다면 어땠을까 싶은데, 첫 소식 OOO 기자가 보도합니다.

두 보도는 같은 사실관계를 다루고 있지만, 전혀 다른 논조를 취하고 있다. 핵심은 해당 보도가 이루어질 당시 주요 화두는 '그간 드러나지 않았던 여권 정치인들에 대한 통일교 핵심 관계자의 증언'이 있었다는 것이다. 국민의힘에 대해서는 전 국민이 목도한 것처럼 당사와 원내행정국은 물론 당원 명부가 백업된 민간 업체까지 압수 수색하는 등 강도 높은 수사가 이미 이루어졌다. 언론이 양비론을 펼치며 보도해야 할 새로운 사실관계가 전무하다는 것이다.

그러나 MBC는 첫째, 여야 모두가 연루되었다는 사실을 '헤드'에 배치했고 둘째, 여권 정치인들에 대한 윤영호 본부장의 진술이 재판에서 달라졌다며 신빙성에 의문을 제기했다. 특검이 국민의힘에 대한 수사만 박차를 가하고 여권 정치인들에 대한 수사 필요성이 제기되었음에도 총체적으로 뭉갰다는 핵심적인 사실관계는 전달조차 하지 않았다. 반대로 TV조선은 '정치권 유착 의혹'이라는 가치중립적 표현을 사용했고 의혹이 제기된 여권 정치인들의 이름과 출극 금지 등 관련 조치들을 구체적으로 명시했으며 '특검이 넉 달 동안 뭉갰다'는 사실관계를 전면에 배치했다.

해당 사건에서 언론이 '보도할 가치가 있다'라고 판단할 만한 핵심적인 사실관계는 3가지다. 첫째, 통일교 관련 사건에 여권(민주당 측) 정치인들도 연루되어 있었다. 둘째, 여권 정치인들에 대해 뒤늦게 출국금지 등 조치가 이루어졌다. 셋째, 특검은 해당 사실관계를 인지하고 있으면서도 적극적으로 수사에 임하지 않았다.

MBC의 보도는 어떤가. 여권 정치인들도 연루되었다는 새로운 사실관계는 "여야 모두"라며 양비론으로 넘겼고 출국 금지 등 여권 정치인들에 대한 부정적 사실관계는 제대로 전달하지 않았으며 윤영호 본부장의 달라진 진술만 집중적으로 보도했다. MBC 보도만 접한 시청자들은 통일교의 거짓 진술에 의해 여권 인사들이 부당하게 음해를 당하고 있다고 인식할 수 있는 보도다. '어디에 방점을 찍을 것인가'는 백번 양보해 방송국 재량이라고 주장할 수 있다. 그러나 '핵심적인 사실관계의 누락'은 무책임하고 편파적인 보도라는 비판을 피하기 어렵다.

다음으로 2025년 4월 4일 탄핵 심판 결과 당일 보도를 살펴보자.

윤석열 대통령의 탄핵에 대한 시각은 대한민국을 사분오열시킬 정도로 여전히 논쟁적이다. 박근혜 대통령 탄핵에 대한 시각이 세월이 지나면서 달라진 것처럼 윤 대통령에 대한 평가도 달라질 가능성이 있다. 국민 개개인은 윤 대통령의 행위에 대해 찬성. 반대 등 다양한 시각을 가지고 있다고 하더라도 언론은 가능한 한 객관적 시각, 냉정한 시각을 유지하는 것이 옳다. 그러나 MBC 뉴스를 진행하는 앵커는 "이 시간들을 훗날 우리 아이들과 후손들은, 대한민국 민주주의의 가장 빛나는 날들 중 하나로 기억할" 것이라고 단정했다. "훗날"에 일어날 일을 이 시점에서 짐작하는 일은 전적으로 피해야 하며, 그것이 "대한민국 민주주의의 가장 빛나는 날들 중 하나"라면 더더욱 그러하다. "대한민국 민주주의의 가장 빛나는 날들 중 하나"로 기록될 일이라면, 과거 역사에 대한 평가를 할 때 쓰여져야 하지 않을까. 더구나 그 앵커는 나이가 쉰 살도 되지 않았는데(나이 들먹이면 '꼰대'라고 하는데, 그래도 어쩔 수 없다), "대한민국 민주주의의 가장 빛나는 날들 중 하나"를 본인이, 그것도 미리 선정한다? 이해가 되지 않는다.

"윤 대통령의 주장을 하나도 인정하지 않았지만", "거대 야당의 횡포"를 함께 지적한 TV조선의 보도가 아무리 봐도 더 언론답고 더 공정하다. 어째서 '공영방송'이라는 곳이 역사적(긍정적이든 부정적이든) 사건에 편을 드는 듯한 논평을 하고, '민영방송'은 오히려 중립적인 평가를 하는 것인가. 그 배경에는 민노총이 있다.

MBC가 윤석열 대통령 재임 시절인 2024년 국군의날 기념식과 2020년 북한의 열병식 관련 보도를 한 것을 비교해보면, '공영방송'의 보도 태도에 어떤 이념이 스며들어 있는가를 짐작할 수 있다. 그것은 우선 자막에서부터 뚜렷이 드러난다. 북한 열병식 관련해서 뽑은 자막을 보면, "북한 심야 대규모 열병식, 핵공격 무기 총동원!!!!"이라며 느낌표를 무려 네 개나 달았고(감탄스럽다는 것인지), "밤축제로 꾸민 열병식, 남녘 동포와 손 맞잡길"이란 자막에서는 마치 우방국의 행사처럼 느껴진다. 차라리 "북한 열병식 개최, 김정은 '핵 무력 강화'"라는 자막이 그나마 중립적이다(그날 뉴스 담당자는 누구였을지 궁금하다). 반면, 윤석열 대통령의 국군의날 보도를 보자. "올해 '또' 군사퍼레이드, 군사정권 '방불'"에서는 "또"라는 부사어를 붙여 이런 행사가 잦다는 가치 판단과 함께 난데없이 "군사정권"을 들먹였다. 대한민국의 군사력을 내외에 과시하는 데 자부심을 느끼는 국민도 있을 터인데 말이다. "대규모 국군의날 시가행진, 환호와 불만으로 엇갈린 시민 반응"에서는 굳이 "불만"을 들먹였다. "광화문에 탱크? 무슨 일이야, 육해공 총출동에 시민들 '깜짝'"도 "탱크"와 "깜짝"으로 시민들을 놀라게 했다는 식으로 프레이밍을 했다.

좌파 성향 언론이 "전두환 씨" "박근혜 씨" "윤석열 씨"라고 그들이 적대시하는 전직 대통령들에 대해서는 꼬박꼬박 "씨"라고 칭하지만, 김정은과 그 가족에 대해서는 "김정은 국무위원장" "이설주 여사" 등으로 예우하는 것을 보면 헛웃음이 나올 뿐이다.

기자인가 정당인인가

박OO 기자 (2012. 3. 27. 트윗)

DJ 생존을 가정하고 그의 메시지를 추정하는 상상에 빠지다. "언론 자유 등 민주주의, 한반도 평화와 남북 관계, 서민 생활과 민생경제를 파탄시킨 이명박 정권의 집권당인 새누리당에게 단 한 표도 주지 맙시다."

노 대통령 생존을 가정하고 그의 메시지를 추정하는 상상에 빠지다. "반칙과 부채, 특권과 기만이 판을 치는 잘못된 세상 대신에 정의와

양심, 정직과 옳은 것이 승리하는 진정한 사람 사는 세상을 여러분의
소중한 투표로 만들어갑시다."
"저희가 혹시 취재 현장을 떠나 있더라도 저를 포함한 모든 유권자들
이 반드시 투표에 참여해 지난 4년에 대한 심판을 해야지요. 선거에
나타난 민심은 그 어떤 혁명보다도 위력적일 수 있으니까요."

박OO: 2012년 당시 기자, 2022년 현재 MBC 보도본부장

어떻게 노영방송이 되나? 노조 활동이 훈장이 되는 MBC

앞에서 언급한 것은 2012년 MBC 노조 파업 때 소셜미디어 트
위터(현 X)에 올린 기자의 글이다. 기자인 그가 올린 글을 보면 선
거운동으로 볼 수밖에 없는 문구들이 많다. "DJ 생존을 가정하고"
라는 단서를 붙였지만(그는 스스로 기발하다고 생각했을지 모르겠다), "이
명박 정권의 집권당인 새누리당에게 단 한 표도 주지 맙시다"라며
사실상의 선거운동을 했다. 총선을 불과 2주일가량 남긴 시점이
었다(3월 27일). 그는 또 "노(무현) 대통령 생존을 가정"하고 "진정한
사람 사는 세상"을 투표로 만들어가자고 호소했다. "사람 사는 세
상"은 명백히 좌파 진영의 구호이다. 이와 함께 "모든 유권자들이
반드시 투표에 참여"하라며 투표를 독려하고 "지난 4년에 대한 심
판"을 하라고 촉구했다. 그의 메시지들을 보면 그가 과연 기자인지
정당원인지 헷갈릴 정도이다. '공영방송' MBC가 좌파 진영의 숙
주가 되었다는 비판을 받을 수밖에 없는 이유가 여기에 있다. 그는

2012년 사상 최장 '170일 파업'에 참여한 열성노조원에서 10년 만에 MBC의 보도본부장으로 우뚝 섰다. 기자로서 그의 활약(?)은 10년 만에 보도부문 최고책임자라는 자리로 보상받았다. 좌파들은 그렇게 지나온 '투쟁 경력'에 반드시 보상을 준다. 자리로 주든 돈으로 주든, 좌파 진영은 투쟁과 업적에 보상을 하며, 그렇기 때문에 그 진영에 함께하려고 줄을 선다고 한다.

기자 박성제를 평가하면 그는 리더십이 있는 기자였다고 생각한다. 그러나 어떤 훌륭한 기자라고 하더라도 그 방향성이 한쪽으로 경도되어 있다고 하면 언론인으로서의 "훌륭함"은 사라진다. 그 방향성이 좌쪽으로 편향되면서 그는 '조국 수호집회'에 대해 "느낌"과 "감"으로 백만 명의 시민이 모였다고 추정했다. 실제 좌우 진영이 날카롭게 대치하는 현장에서 '수'는 매우 중요하며 그 '수'

때문에 지지자들이 집결하기도 하고 흩어지기도 한다. 그는 당시 MBC 보도국장이었는데 뉴스를 찍어내는 '뉴스공장'에 출연해 '조국 수호집회'가 많은 시민들의 지지를 받는 것처럼 표현했다. 한 방송사(거대 '공영방송')의 보도국장이 다른 라디오 방송에 출연하는 것도 드문 일이지만 이처럼 편향된 발언을 한다는 것은 있을 수 없는 일이다. 나는 "민주당과 좌파 진영은 우리가 상상할 수 있는 모든 일을 다 한다"고 몇 년 뒤에 이야기했었는데, 이것은 이미 그 당시에 진행되고 있었다. 우리가 상상할 수 있는 일은 모두 다 하고, 우리가 상상하지 못하는 것도 하는 집단이 민주당과 좌파 집단이다. 나는 그 모든 것을 몸으로, 직접 경험했다.

박성제는 '조국수호집회'와 "약간 맛이 간 사람들의" 광화문 집회를 일대일로 보도하는 데도 반대 입장을 분명히 밝혔다. MBC가 좌파 진영의 기관방송이 되겠다는 공식적인 선언이었다고 나는 평가한다. 그 전에는 형식적인 균형이라도 내는 시늉을 했지만, 이 시기를 기준으로 '확신범 기관방송'으로 MBC의 정체성을 확립했다고 생각한다. 이런 '공로'를 인정받은 것인지 2019년 "딱 보면 백만 명"이라고 했던 박성제는 2020년 MBC 사장 자리를 거머쥐었다. 물론, 방송문화진흥회라는 대주주의 선임 절차를 거쳤다.

역사의 아이러니는 이 가정에서도 벌어졌다. 좌파 진영의 지도자 그룹에 있었던 박성제의 아들은 지금 우파 진영의 지도자 그룹에서 활동하고 있다. 박준영은 윤석열 대통령의 탄핵 절차의 부당성을 주장하면서 청년들의 정치조직인 〈자유대학〉의 대표로 대한

민국의 청년 운동을 이끌고 있다. 특히 그는 영하의 날씨에 서울중
앙지법 앞에서 '윤석열 대통령에 대한 공정한 재판'을 주장하며 나
흘간 단식을 해서 주목을 끌기도 했다. 한 집안 내에서 일어나는
극명한 정치적 대치를 우리는 대한민국에서 보고 있다. 양시론, 양
비론이 아니라, 법치의 시각에서 평가할 때 어느 쪽이 옳은지 국민
들은 제대로 판단할 것이라고 생각한다.

　MBC가 이렇게 좌파진영의 '숙주'가 된 데는 '군자산의 맹세'
를 주도했던 세력이 있을 것이라고 나는 생각한다. 그리고 MBC
에서 문제가 되었던 'KAL기 폭파 음모론'이나 '광우병' 관련 프로
그램들은 모두 '군자산의 맹세' 이후인 2000년대 이후에 나온 것
들이다. 2000년 11월 MBC 노조는 산별노조가 되면서 민노총 산
하로 편입, 언론노조 MBC본부로 이름을 바꾼다. 2001년 9월, 주
사파 NL계열 '재야세력'은 '군자산의 맹세'로 조직을 만들게 되니
MBC는 이때부터 서서히 왼쪽으로의 행진을 시작한 것으로 보인
다. 날짜와 관련한 정확한 정보는 없지만, 민노총(1999년 김대중 정
부 시절 합법화) – MBC의 산별노조 가입(2000) – '군자산의 맹세
(2001년)' – 좌파 경향 가속화(KAL기 폭파 음모설, 광우병 프로그램) –
박근혜 탄핵 – 문재인 정권 출범 – 윤석열 탄핵 – 이재명 정권
출범이라는 타임라인은 상호 연관성을 가지는 것으로 추정해본다.

　'광우병' 프로그램에서 그 '실력'을 입증한 MBC는 문재인 정권
때 무려 두 명의 민노총 언론노조 위원장 출신 사장을 배출하면서
'민노총에 줄을 서면 성공한다'는 선례를 남겼다. 그리고 내가 '노

영방송 못 막으면 노영민국 된다'고 경고했듯이 민노총의 대한민국 잠식은 이재명 정권 들어 내각으로까지 번지게 되었다. 이재명은 그의 노동부 장관으로 김영훈 전 민노총 위원장을 임명했다. 민노총 언론노조위원장 두 명이 MBC 사장이 되었을 때 이런 사태는 이미 예고되었다. 철도노동조합위원장과 민노총 위원장, 정의당 노동본부장이라는 '화려한' 이력을 가진 김영훈 장관은 임기 내에 '노란봉투법' 완수를 내세우고 있다. 민노총 위원장 출신 장관답게 그는 정부 부처 공식 준말을 '고용부'에서 '노동부'로 바꾸었다. 노동이 고용보다 더 중요한지는 논쟁의 여지가 있겠지만, '고용부'라는 말을 '노동부'로 만든 데서 이 정부의 가치가 드러난다고 할 수 있겠다.

법을 바꿔 방통위라는 기관을 폐지하고 이진숙을 자동면직(사실상 해임)시키면서 나는 이재명 정권의 최대 피해자/희생자 가운데 한 사람이 되었다. 게다가 유튜브, 페이스북의 발언을 문제 삼아 엉터리 체포영장을 남발한 끝에 백주대낮에 수갑을 채우는 일까지 벌어지자 국민들은 이재명 공포정치의 실상을 목격할 수 있었다.

시민들은 언론 보도를 통해서 정권의 실정을 파악하게 되는데, 실정이 겹쳐도 시민들이 분노하지 않는 듯 보였다. 워낙 기대 수준이 낮아서 그럴까, 아니면 정권 초기 공포의 공화국이 휘두르는 폭력에 대한 두려움 때문이었을까. 그런 와중에 벌어진 '수갑 체포 사건'에 많은 시민들이 함께 분노해주었다. 영등포경찰서 조사실

에서도 "이진숙 힘내라"라고 외치던 시민들의 구호와 외침을 분명
히 들을 수 있었다. 정말 힘이 났다. 장동혁 대표, 김장겸 의원 등
국민의힘 의원들과 많은 시민들이 경찰서까지 와서 경찰의 만행
을 규탄했다. 이를 계기로 미디어연대(회장 황우섭 박우귀)와 자유우
파유튜브초연합회(회장 이영풍)로부터 상을 받았다.

언론이 침묵하면 대한민국이 무너진다

알바트로스상 수상소감(미디어연대)

방송통신위원장 취임 이틀 만에 민주당이 탄핵소추안을 발의
했습니다. 아니 취임하기도 전에 탄핵하겠다고 으름장을 놓
았습니다. 그리고 임기가 다 된 공영방송 이사를 선임했다고
민주당 국회가 탄핵을 했습니다. 소위 2인 체제가 불법이란
것이었습니다.

그런데 그 2인 체제를 만든 것은 민주당이었습니다. 국회에서
방통위원 세 사람을 추천해야 하는데, 민주당 국회는 추천하
지 않았습니다. 돌이켜보면 민주당의 목표는 이진숙이 직무
를 행하는 기간을 축소시키는 것이었습니다. 일을 하지 않게
만드는 것이었습니다. 일을 못하게 만드는 것이었습니다.

방통위를 없애버리고 새로 만든 기관의 기관장이 될 사람 역
시 2인 체제 의결이 위법이라고 했다는데, 그렇다면 제가 위
원장으로 있을 때 의결한 모든 의결사항을 무효로 만들어야

한다는 이야기입니다. 제가 위원장으로 있을 때 최소 56건의 안건을 심의·의결했는데, "재난지역 피해 가구 수신료 면제 건", "방송통신 결합상품 서비스 허위·과장·기만광고 관련 이용자 이익침해 행위에 대한 시정조치에 관한 건", "공익채널 선정 및 장애인복지채널 인정에 관한 건" 등 민생과 관련한 안건이 대부분이라 할 수 있습니다.

그런데, 민주당 인사들은 공영방송 이사 선임과 YTN 민영화 건에 대해서만 위법이라고 목소리를 높이고 있고 기관장이 될 사람도 이에 동조하고 있습니다. 앞뒤가 맞지 않습니다. 방송미디어통신위원회가 특정 진영의 편을 들겠다는 선언이나 마찬가집니다.

새 기관장으로 지명된 인물은 통진당 해산 청구를 반대했던 인물입니다. 자유민주국가에서 정당을 함부로 해산할 수 있다면 북한과 다르지 않다는 취지의 발언을 했다고 합니다. 좋습니다. 그렇다면 그에게 요구합니다. 현재 민주당은 국민의힘을 해산하겠다고 하는데, 그럼 지금의 대한민국도 북한과 다르지 않다고 그는 비판해야 합니다.

국가보안법 관련해서도 표현의 자유를 존중해야 한다고 주장한 인물입니다. 그런 사람이 종편이, 방송인지 편파유튜브인지 의심이 드는 경우가 꽤 있다, 방송심의를 담당하는 기관도 지휘통제를 받아야 한다고 말한 대통령 편을 들고 있습니다. 그런 사람이 이제 방송과 통신 정책을 담당하는 기관의 기관장이 된다고 합니다. 매우, 매우 걱정스럽습니다.

지금 대한민국은 더 이상 우리가 알던 대한민국이 아닙니다. 비정상이 뉴노멀이 되었습니다. 민주당과 좌파는 우리가 상상하는 것은 모두 다 하는 집단이다, 그리고 우리가 상상하지 못하는 것도 하는 집단이다, 민주당의 탄핵소추를 당하고 난 다음 저는 이런 말을 했었습니다. 민주당이 저를 탄핵할 거라는 것은 제가 상상하던 범주 안에 있었습니다. 그러나 취임 이틀 만에 탄핵할 거라고는 상상하지 못했습니다.

이재명 정권 아래, 상상하지 못했던 일이 현실이 된 건 또 있습니다. 방송통신위원장으로서 제 임기는 내년 8월까지입니다. 어쩌면 저는 제 임기를 지킬 수 있었을지도 모릅니다.

처음 대통령과 만났던 자리에서 대통령은 웃으면서 저와 악수를 했습니다. 만약 제가 대통령의 소위 국정철학에 맞춰 그의 편을 들고, 그를 공공연히 지지했다면 저는 임기를 채웠을 겁니다. 어쩌면 연임을 했을지도 모릅니다. 합의문이 필요 없을 정도로 잘된 관세협상이었다, 환단고기 질문은 국가의 올바른 역사관을 수립해야 할 책임을 다해달라는 취지였다, 이렇게 장단을 맞췄다면 이 정권에서 자리를 차지했을 것입니다.

그러나 아닌 것은 아닌 것입니다. 잘못을 잘못이라고 말하지 못한다면 그 나라는 자유민주국가가 아닙니다.

민주당은 계속해서 저에게 사퇴를 압박했지만 저는 사퇴하지 않았습니다. 잘못한 것이 없는데 사퇴할 수는 없습니다. 잘못은 방통위를 마비시킨 민주당 국회에 있습니다. 끝까지 국회 몫 방통위원을 추천하지 않았습니다.

저에 대한 탄핵심판에서 헌법재판관들조차 국회는 왜 방통위원들을 추천하지 않느냐, 방통위원회는 일을 하지 말라는 것이냐고 따졌습니다. 민주당은 들은 척도 하지 않았습니다. 적반하장으로 계속해서 2인 체제는 불법이라는 말만 반복했습니다. 제가 사퇴를 하지 않자 민주당은 또, 상상 못하는 일을 했습니다. 법을 바꿔서 방통위라는 기관을 없애버렸습니다. 미디어라는 세 글자를 더하고 이진숙이라는 세 글자를 뺐습니다.

민주당은 법치의 의미를 바꿔버렸습니다. 법에 의한 지배가 아니라, 법을 지배하는 것이 민주당입니다. 법을 바꾸면 불법도 합법이 됩니다. 국감 기간에 국회 경내에서 딸 결혼을 시키고 상식 밖의 축의금을 받은 인물은 창피한 줄도 모르고 상임위원장 자리에 앉아 방망이를 두드리고 있습니다.

저는 헌법을 지키는 최후의 보루인 헌법재판소에, 임기제 기관장을 해고하는 것은 잘못이라며 헌법소원과 가처분 신청을 냈습니다. 지난 10월 1일에 가처분 신청을 했지만 석달째 헌법재판소는 아직 묵묵부답입니다. 기관장 한 사람을 날리기 위해 법을 바꾸고, 기관을 없애는 것이 대한민국 헌법에 부합한다는 말입니까.

김상환 헌법재판소장께 묻습니다. 이것이 자유민주주의 대한민국 헌법에 부합합니까. 김형두, 정정미, 정형식, 김복형, 조한창, 정계선, 마은혁, 오영준 재판관께 묻습니다. 기관장이 대통령에 밉보이면 법을 바꿔서 기관을 없애고 기관장을 날리는 것이 21세기 대한민국 헌법에 부합합니까. 헌법재판소는 왜 대답을 하지 않습니까. 직무 유기 아닙니까.

이재명 대통령과 민주당 국회는 지금 그렇게, 우리가 상상하지 못했던 대한민국을 만들고 있습니다.

저는 대통령 앞에서 3특검은 정치보복으로 비칠 수 있다고 말했습니다. 소위 내란특검, 김건희특검, 채상병특검이 밝혀낸 것이 무엇입니까. 태산명동서일필이란 말을 떠올립니다. 3특검은 지난 여섯 달 동안 신문·방송을 뒤덮었지만 남는 건 정치보복이란 말밖에 떠오르지 않습니다. 그것도 모자라 내란전담재판부, 법왜곡죄까지 추진하고 있습니다.

민주당 입법부가 민주당 행정부와 함께 사법부를 통제하겠다고 합니다. 대한민국에 삼권분립은 없어지고 삼권은 해체되려고 합니다. 한발 더 나아가 국가보안법을 폐지하겠다고 합니다. 이것이 우리가 알던 그 대한민국입니까.

상상하지 못한 일 또 한 가지를 말씀드릴까요. 이 정권이 얼마나 제가 미웠으면 법을 바꿔 강제로 면직시킨 바로 다음 날 제게 수갑을 채웠겠습니까. 저는 경찰이 정말 걱정됩니다. 경찰이 1차 수사권을 독점한다고 하는데, 행안부라는 정부 부처의 통제 아래 있는 경찰이, 저에게 한 것처럼 수많은 시민들에게 출석요구서를 남발하고, 수갑을 채운다면, 그것이 바로 경찰국가가 아니겠습니까.

탄핵에다가 수갑까지 차고 보니 민주당 집권 국가가 어떤 나라인지 저는 몸으로, 생생하게 이 정권의 정체를 알게 됐습니다. 정권에 밉보이면 잡아넣겠다, 이거 아닙니까.

국민 여러분, 당해보지 않으면 모를 수 있습니다. 내 일이 아니면 무관심할 수 있습니다. 그런데, 저에게 일어났던 일들이, 일어나는 일들이 여러분들한테도 일어날 수 있습니다.

얼마 전에 손현보 목사 면회를 다녀왔습니다. 그분이 현행법을 어겼다면 그분 역시 법 절차를 거쳐야겠지만, 선거법 위반으로 장기간 수감되는 사례는 매우 드문 것으로 알고 있습니다. 오죽하면 트럼프 대통령까지 교회에 대한 압수수색을 언급하면서 대한민국에서 벌어지고 있는 종교 탄압에 대한 우려를 표했겠습니까.

민노총 위원장 출신이 장관이 됐습니다. 10년 전만 해도 상상 못 했던 일입니다. 공영방송 노조는 사실상 정치조직인 민노총을 상급 기관으로 두고 있습니다. 오늘날 대한민국이 이렇게 된 것은 공영방송이 민노총 영향력 아래 있기 때문이라고 저는 생각하고 있습니다.

정치 권력, 상업 권력으로부터 독립해야 한다고 주장하던 기자, 피디들이 언론사 노조가 민노총 아래 있는데도 입을 다물고 있는 것이 기이한 일입니다. 대통령이 비속어를 썼다고 홍분해서 날뛰던 그 공영방송, 대통령이 기관의 업무와 관계없는 일로 기관장에 대해 인신모독성 발언을 하며 질타해도 왜 침묵을 지킵니까. 이러니 언론이 스스로 권력에 항복 선언을 했다는 말을 듣습니다.

작년 12.3 계엄 직후 일부 언론은 내란이라는 말을 검증 없이 쓰고 있습니다. 내란 혐의에 대한 재판은 아직 1심도 끝나지 않았습니다. 그런데도 내란 우두머리니 내란중요임무종사자니 하는 말들이 우리 언론을 뒤덮고 있습니다. 창피한 일입니다. 계엄이 내란은 아닙니다. 무죄추정의 원칙이 지켜지지 않는다면 더 이상 민주국가가 아닙니다.

정치인들이 내란이란 말을 쓰면 언론이 바로잡아줘야 하는데 언론이 나서서 내란 몰이를 합니다. 언론도 공범입니다. 오늘 이 시간 현재, 대한민국에 내란은 없습니다. 윤석열 대통령은 내란범이 아닙니다. 이재명 대통령에게 적용됐던 것처럼 그에게도 무죄추정의 원칙이 적용돼야 합니다.

잘못된 것을 보고 속으로 생각만 하고 있으면 아무것도 달라지지 않습니다. 분노하면서 행동하지 않으면 아무 일도 일어나지 않습니다.

2010년 12월 튀니지에서 시작된 아랍의봄 혁명도 분노가 분출하면서 일어났습니다. 튀니지에서 일어난 혁명은 중동 전역으로 번져나갔고 이집트 리비아 예멘, 그리고 궁극적으로 시리아의 정권을 무너뜨렸습니다. 얼마 전 네팔에서 일어난 시위도 부정과 부패에 대한 청년들의 분노가 도화선이 되었습니다.

저는 대한민국이 주는 혜택을 받고 성장했습니다. 이승만 대통령이 세운 대한민국에서 박정희 대통령이 만들었던 경제적 발판으로 성장한 이 엄청난 나라가 포퓰리즘으로 무너지는 것을 지켜볼 수는 없습니다. 대한민국이 인민민주주의 국가가 되는 것을 두고 볼 수는 없습니다. 청년들과 함께, 애국시민들과 함께, 자유대한민국을 지키는 대열에 함께 서겠습니다.

국민교육헌장의 구절로 제 수상소감을 마무리하고자 합니다. '우리는 민족중흥의 역사적 사명을 띠고 이 땅에 태어났다. (중략) 길이 후손에 물려줄 영광된 통일조국의 앞날을 내다보며 신념과 긍지를 지닌 근면한 국민으로서 민족의 슬기를 모아 줄기찬 노력으로 새 역사를 창조하자.'

감사합니다.

2025년 9월 30일, 방미통위법이 국무회의에서 의결된 다음 날(10월 1일), 나는 임무영 변호사와 함께 헌법재판소를 찾았다. 방미통위법을 만들어 17년 된 기관을 폐지하고 정무직(이진숙)만 승계하지 않도록 하는 법이 합헌인지를 따지는 헌법소원과 평등권과 직업 선택의 자유라는 국민 기본권을 해치는지의 여부를 심판해달라는 가처분을 청구했다. 그러나 헌법재판소는 114일이 지난 지금(2026년 1월 23일 기준)까지도 헌법소원은커녕 가처분 심판을 하지 않고 있다. 통상 가처분은 개인의 이해에 큰 영향을 주는 사안이므로 통상 한 달 안에 결정을 내린다. 그러나 넉 달이 되도록 헌법재판소는 침묵을 지키고 있다.

윤석열 대통령 탄핵심판이 헌재로 넘어간 것이 2024년 12월 14일, 그리고 탄핵 심판을 끝낸 것이 2025년 4월 4일로, 대통령 탄핵심판에 걸린 시간은 112일이었다. 그나마도 민주당은 더 신속하게 끝내라고 종용한 결과였다. 그렇다면 이진숙 가처분 심판건이 대통령 탄핵보다 더 위중한 사건이어서 심판에 더 시간이 걸린다는 말인가. 지나가는 소가 웃을 일이다. 그들이 '뭉개고 있는' 이유를 두 가지로 추정한다. 이재명 정권의 행위가 위헌이라고 하자니 권력이 두렵고 합헌이라고 하자니 직업적 양심이 부끄러운 것이 아닐까 하는 것이다. 그러나 나는 이 위선적인 침묵이 마찬가지로 가증스럽다고 생각한다. 소위 지식인들의 위선, 그것은 범죄자와의 공범임을 스스로 인정하는 것이다. 침묵은 위선이며, 침묵은 공범임을 자백하는 것이다.

헌법재판소는 정권에 순종하는 기관이 될 것인가

헌법재판소는 홈페이지에서 "민주주의와 법치주의를 뿌리내리고 국민의 기본권을 보장"한다고 천명하고 있다. 이와 함께, "누구나 믿고 따르는 헌법재판", "헌법의 뜻을 국민들과 함께 공유하는 헌법재판'"을 하겠다고도 밝히고 있다. 그러나 현재 헌법재판소가 보이는 모습은 그러한 선언과는 괴리가 크다. 헌법재판소는 시급을 요하는 중요한 사안에 대한 심판을 고의적으로 지연함으로써, 사실상 정권의 편을 들고 있다.

이진숙 전 방송통신위원장은 민주당이 방송미디어통신위원회 설치법을 일방적으로 통과시켜 정무직인 이진숙을 자동면직시킨 것이 위헌임을 주장하며 지난 10월 1일 헌법소원을 제기함과 동시에 가처분 신청을 냈다. 방송통신위원장은 합의제 중앙행정기관의 장으로서 임기가 정해져 있음에도 불구하고 민주당은 다수당의 지위를 이용하여 아무런 합법적 근거 없이 단독으로 법안을 통과시킴으로써 이진숙 위원장의 임기를 강제로 단축시키는 표적입법을 자행했기 때문이다.

이진숙 위원장은 그동안 헌법재판소를 상대로 방미통위 위원장이 선임되기 전에 가처분에 대해 가부 간의 결정을 내림으로써 향후의 혼란을 방지해달라는 요청을 지속적으로 해왔다. 이러한 요청은 가처분 제도의 취지에 전적으로 부합하는 합리적 요청이었다.

그러나 헌법재판소는 아무런 대응을 하지 않았다. 헌법재판소가 방미통위 위원장의 청문회 일정이 결정된 오늘까지 가처분에 대해 아무런 결정을 내리지 않은 것은 결국 이진숙이 제기한 헌법소원과 가처분신청에 대해 직접적인 결정을 하지 않고, 내년 8월까지 시간을 끈 후 각하 결정을 함으로써 책임을 회피하겠다는 의미로 해석할 수밖에 없다.

헌법재판소가 보여주는 이러한 참담한 모습을 보면서, 우리는 정권의 노예를 자처한 헌법재판소가 국민의 헌법적 기본권을 보장하기 위해 정상적으로 기능하리라는 기대를 전혀 할 수 없다고 생각한다.

이에 나는 헌법재판소가 스스로 주장해온 것처럼 국민의 기본권을 보호하기 위한 기관으로서의 책임을 다하는 모습을 보이기 위해서라도 나의 가처분 사건을 한시바삐 결정해줄 것을 다시 한번 촉구한다. 헌법재판소가 이러한 촉구에 대해 아무런 반응도 하지 않는다면, 이는 헌법재판소가 국민의 헌법적 기본권을 보장하는 기구로 기능하기를 포기했다고 볼 수밖에 없다.

방미통위 위원장이 선임되기 전에 가처분 심판이 이뤄지지 않는다면 나는 방미통위 위원장으로 복귀할 수 있다는 희망에 대한 기대를 접을 것이다. 헌법재판소의 직무유기적 행동은 대한민국 역사에 수치스럽게 기록될 것이고, 헌법재판소는 영원히 정권의 뜻에 순종하는 기관으로 스스로의 지위를 격하시켰다는 국민적 비판으로부터 자유롭지 못할 것이다.

신(新)청년이 희망이다

정권에 의해 수갑을 찬 모습이 텔레비전 화면에 비치면서 '이진숙 사건'은 많은 국민들의 주목을 끌었다. 임기가 있는 위원장을 사퇴시키려 해도 무산되자 법까지 바꿔서 기관을 없애고 그들의 입맛에 맞는 인물을 새 기관의 위원장으로 세운 것도 다수 국민들이 알게 되었다. 이재명 정권의 무도함을 알린 '수갑 사건'의 부수적 이득이라고나 할까. 이 과정에서 나는 많은 청년들을 만날 수 있었다. 길거리에서, 지하철에서 그들은 내가 겪은 일을 보고 용기를 얻는다고 했다. 무도한 정권에 대항해, 수갑을 차고서도 당당함을 잃지 않는 것을 보고 자신들도 함께 싸우겠다고 했다. 실제 나는 대한민국의 청년들에게서 희망을 본다. 21세기 전 세계에서 가장 우수한 대한민국의 청년들이 정의로운 대한민국을 만들 수 있을 것이라 확신한다. 나는 2026년 대한민국의 청년에 '신청년'이라는 이름을 붙이고 이렇게 외친다. 신청년이 희망이다.

신(新)청년이 희망이다

대한민국 역사의 고비마다 주역으로 등장한 것은 청년들이었다. 1960년 4.19, 그리고 1987년 민주화 운동 시기, 거리로 쏟아져 나왔던 것은 학생과 청년들이었다. 그들이 없었다면 그 혁명은 성공하지 못했을 것이다.

청년은 거짓을 참지 않고, 부정에 분노하고 불의와 타협하지 아니한다. 부패를 탐하지 아니하며 오만하지 않고 자신의 이익을 위해 눈치보지 않으며, 자리를 위해 비굴한 행동을 하지 않는다. 악한 것을 생각하지 아니하고 오직 진실을 위해 몸을 던진다.

21세기, 오늘 현재 전 세계에서 가장 똑똑한 청년들이 대한민국 청년들이다. 실리콘밸리에서 반도체, AI 산업을 이끄는 초일류 기업에서 실력을 발휘하는 이들 가운데는 한국계 인물들이 많다. 수학경시대회 등 세계적인 두뇌 경연장은 물론, 영화, K-pop을 넘어 이제 클래식 분야에서까지 한국인들의 재능이 빛을 발하고 있다.

화장품 등 뷰티 제품과 비빔밥, 김치 등 음식까지도 세계인들이 경험하고 싶은 영역이 되었다. 한국을 경험하겠다고 전 세계에서 외국인들이 몰려든다. 따지고 보면, 오늘날 대한민국을 세계의 중심에 가져다 놓은 것도 청년들이 아니었던가.

2025년 오늘, 정권의 부정과 거짓에 분노하는 것도 청년들이다. 입법부가 사실상 사법부를 휘하에 두게 되는 '내란전담재판부'를 설치하고, 판사의 재판을 입법부가 판단하겠다는 '법왜곡죄'를 신설하겠다는 법안을 발의하는데 울분을 참지 못하는 것도 청년들이다.

기성세대들이 자신의 이익을 챙기려 권력에 고개를 숙일 때, 청년들은 깃발을 들고 광장에 선다. "내란 동조범을 찾겠다"고 70만 공무원들의 핸드폰을 털겠다고 나섰을 때도 분노를 폭발한 것은 청년 세대였다. 절차를 무시한 법적 절차를 진행하는데 격분한 것도 청년들이다.

청년들이 나섰을 때, 세상은 바뀌었다. 청년들이 분노했을 때 대한민국은 한 단계 업그레이드되었다. 나는 그들을 신(新)청년 부른다. 신청년이 새로운 대한민국을 만든다.

21세기 대한민국, 국회는 요지경

나는 무도한 이재명 정권이 휘두른 폭력의 희생자였다. 최민희가 '자백'한 것처럼, 그들은 공영방송 이사 선임 절차를 진행시키지 못하도록 방통위를 마비시키겠다는 목표를 세워두고 있었고, 이동관, 김홍일 등 두 전임 위원장도 그 '계획'에 따라 탄핵 대상이 되었다. 차량에 쓸 가솔린 비용도 0원, 비서실 운영비도 0원, 소송비도 0원으로 만든 것은 한 마디로 나를 방통위원장으로 인정하지 않겠다는 의지의 표현이었다. 좀 더 범위를 넓혀 윤석열 대통령으로 보면, 그들은 윤석열이란 인물을 대통령으로 인정하지 않겠다는 것을 명백히 보여주었다. 기관장이 가지는 권한은 인사권과 예산권 등 크게 두 가지로 볼 수 있다. 대한민국에서 가장 큰 기관의 장은 행정부를 이끄는 대통령이다. 그런데, 민주당은 30건에 가까운 탄핵을 통해 대통령의 인사권을 무력화시켰다. 행안부 장관, 방통위원장, 감사원장, 서울중앙지검장 등 주요기관의 장들을 탄핵시킴으로써 대통령이 임명한 기관장들이 업무를 보지 못하게 만들었다. 한발 더 나아가 업무에 사용되는 각종 특활비도 0원으로 만들었다. 82억 원이었던 대통령실 특활비를 0원으로, 검찰청의 특활비도 0원으로 만들었다. 민주당은 당시 "내역을 소명하지 못한다"는 이유로 이 기관들의 특활비를 모두 없앴지만, 민주당으로 정권이 바뀌면서 이 특활비는 모두 되살아났다. 그들의 위선은 가증스럽기 짝이 없다. 특활비 등 예산을 줄인 것은 대통령의 예산권을 무력화시키는 것이다. 탄핵을 통한 인사권 무력화, 특활비 등 예산 대폭 삭감을 통한 예산권 무력화는 윤석열이란 인물을 대통령으로 인정하지 않겠다는 뜻이다. 헌법재판소는 계엄에 대한 책임을 물어 윤석열 대통령을 탄핵했지만, 국정을 마비시킨 민주당의 횡포에 대해서도 따가운 지적을 했다. 그럼에도 윤석열 대통령에 대해서는 온갖 재판 등으로 엄중한 책임을 물으면서도 무책임한 국정 마비를 초래한 민주당은 아무런 징벌을 받지 않고 있다.

그리고 다수 국민들은 침묵을 지키고 있다. 기이한 일이다.

민주당의 목표는 국정 마비였다

2022년 5월 9일, 윤석열 정부가 들어선 이래 민주당이 발의한 탄핵소추 건은 29건, 윤 정부는 결국 대통령의 탄핵으로 막을 내렸다. 대통령에 앞서 28건에 이르는 탄핵안이 민주당 주도로 발의가 되었지만, 헌법재판소에서 실제 탄핵이 인용된 경우는 윤 대통령 한 명뿐이다.

국회에서 탄핵소추안이 발의. 통과된 대상자는 윤 대통령과 한덕수 국무총리, 박성재·이상민 장관, 최재해 감사원장, 이진숙 방송통신위원장, 조지호 경찰청장, 안동완·손준성·이정섭·이창수·조상원·최재훈 검사 등이다.

내 경우는 2024년 7월 31일 취임한 지 이튿날 탄핵소추안이 발의되어 사흘째 본회의에서 통과되었다. 민주당은 소위 "2인 체제"를 문제 삼았지만, 2인 체제를 만든 것은 이진숙이 아니라 민주당이었다. 방송통신위원회를 구성하는 5명의 상임위원 중 국회가 추천해야 하는 몫이 3명인데, 민주당 주도의 국회가 추천을 하지 않았기 때문이다.

방송통신위원회는 방송과 통신을 관할하는 기관으로, 이용자들의 편익을 위한 정책과 규제를 담당한다. 구글과 애플, 넷플릭스 등 거대 글로벌 테크 기업이나 네이버, 다음, 쿠팡 등에 대한 정책과 규제도 방통위의 소관 업무이다. 삼성, 엘지, 에스케이티 등 국내 주요 통신사들도 물론 방통위의 업무에 들어있다. 그런데, 민주당에게 이보다 더 중요한 것은 소위 "공영방송" 임원에 대한 인사 문제였는지 공영방송 이사 선임 직후 나에 대한 탄핵안을 발의해 직무를 정지시켜버렸다.

돌이켜보면, 2024년 7월 31일 취임해 2025년 10월 1일까지 428일, 14개월 정도가 된다. 그러나 8월 2일부터 직무 정지에 들어가서 헌재 탄핵 심판 결과가 나오기까지 무려 174일을 업무를 보지 못한 채 기다려야 했다. 그리고 직무에 복귀한 2025년 1월 23일부터 5월 말까지 제대로 일한 기간은 고작 4개월이다. 14개월 임기 동안 일을 한 것은 고작 4개월, 최민희의 과방위와 이재명의 민주당은 그 목표를 달성했다. 그들이 목표는 이진숙이 직무를 행하는 기간을 최단시간으로 줄이는 것이라 볼 수밖에 없다.

민주당이 이진숙을 탄핵시킨 기간 동안 방통위는 부위원장이 홀로 남은 소위 "1인 체제"로 중요한 심의. 의결은 아무것도 할 수 없었다. 글로벌테크 기업에 대한 과징금 680억 원도 최종 의결을 하지 못해 여전히 대기 중이다. 대통령은 보이스피싱 대응이 중요하다고 국무회의에서 강조했지만, 이 문제를 담당하는 방송통신심의위원회 인사를 하지 않아 도박. 마약과 음란. 성매매 등 심의 대기 건수가 2025년 10월 기준으로 16만 8천 건에 이른다는 보도가 있다.

현재 MBC의 대주주 방문진의 이사와 EBS 이사의 경우 다수가 문재인 정부 때 임명된 이사들이다. 그러니까 입으로는 민생을 외치지만 실제로는 언론, 특히 공영방송을 그들의 입맛에 맞는 인사들로 구성하기 위해 방통위를 마비시켰다고 생각할 수밖에 없는 것이다. 이제 그들은 한발 더 나아가 이미 민영화된 YTN까지 "원상회복"을 시도하고 있다.

언론, 특히 공영방송에 관한 한 이재명 정권은 문재인 정권의 "매운 맛" 버전이다. 윤석열 정부 때 거부권 행사로 실패한 방송 3법은 "더 매운 맛 편성위원회"를 의무화하는 조항을 만들어 통과시켰고, 사퇴를 거부하는 이진숙을 축출하기 위해 법까지 바꾸어 방통위를 없애버렸다. "미디어"라는 세 글자를 넣는 대신 "이진숙"이라는 세 글자를 뺐다. 21세기 대명천지, 선진국 문 앞에 있는 대한민국에서 "법치국가"의 의미가 바뀌었다. "법에 의한 지배"가 아니라 "법을 지배"하는 나라가 되었다.

이 대목에서 떠오르는 〈아, 대한민국〉의 가사. 몇 대목이 인상적이다. "원하는 것은 무엇이든 얻을 수 있고 뜻하는 것은 무엇이건 될 수가 있어. 이렇게 우린 은혜로운 이 땅을 위해, 이렇게 우린 이 강산을 노래 부르네", "아아, 우리 대한민국, 아아, 우리 조국, 아아, 영원토록 사랑하리라"

지금 민주당과 이재명은 "아~대한민국"을 노래 부르고 싶을 것이다. 원하는 것은 (법을 바꿔서) 무엇이든 얻을 수 있고, 뜻하는 것은 (법을 바꿔서) 무엇이건 될 수 있는 세상, 그들에게 이 땅은 "은혜로운 땅"이며 영원토록 사랑하고 싶은 나라일 것이다. 아~ 대한민국은 어디로 가고 있는가.

거대 여당 민주당이 다수를 무기로 마구잡이로 법을 만들어 국회를 '법 공장'으로 만들고 있는 와중에 제1야당 국민의힘은 내분으로 골머리를 앓고 있다. 당원들이 대표를 뽑았지만 전 대표와 현 대표가 권력 투쟁을 하는 양상으로 분석하는 사람도 있다. 이와 관련해, 내가 경험한 워싱턴에서의 에피소드를 공유한다.

아마 정권 교체기 때였을 것이다. 국가적 행사가 있어서 여러 대통령이 행사장에 함께 나타났고, 전직 대통령 여러 명과 현직 대통령, 그리고 대통령 당선자가 한자리에 있던 보기 드문 자리였다. 미국이나 한국이나 대선이 끝나면 권력의 무게 중심은 당연히 대통령 당선자, 그러니까 새로 취임하게 될 사람에게 옮겨간다.

대통령 당선자가 참석자들에게 소개되자 열광적인 박수가 쏟아졌고 관중의 이목은 그에게 집중되었다. 누군가가 그에게 짧은 인사말을 하라는 권유를 했던가, 정확한 상황은 기억나지 않지만 대통령 당선자가 이렇게 말했다. "미국에 현직 대통령은 한 사람뿐입니다(There is only one standing presdent in the United States)." 그의 말에 다시 한번 열광적인 박수가 쏟아졌다. 퇴임하는 대통령이지만 현직인 그보다 주목을 받지 않겠다는 말이었다. 미국이라는 나라의 권력 구도를 단적으로 보여주는 에피소드일 뿐만 아니라, 현직 대통령의 권위를 얼마나 존중하는지가 드러난다.

내가 말하고자 하는 것은 그러나 다른 데 있다. 어느 조직이나 대표가 있고 그를 보좌하는 지도부가 있다. 그리고 그들을 따르는 지지자가 있다. 그 대표는 선출이 될 수도 있고 추대가 되기도 한다.

그 조직의 지도부는 민주적인 절차에 따라 중요한 현안에 대해 결정하며, 최종 결정권은 조직의 장/대표가 갖고 그 결과에 따르는 책임도 진다. 그래서 조직의 장을 "결정권자(decision maker)"라고 하기도 하고 "책임자(person in charge)"라고 하기도 한다. 조직의 장에 대한 권위를 인정하지 않으면 그 조직은 무너진다. 물론 조직의 장이 불법적인 행위를 하거나 무능한 결정을 하게 되면 지도부와 함께 그 조직을 이끄는 장은 함께 책임을 져야 마땅하다. 그러나 그렇지 않은 경우, 조직을 구성하는 구성원들은 지도부와 조직의 장이 하는 결정에 따라야 한다.

의견을 낼 수 있고, 의견을 내는 과정에서 충돌이 생길 수도 있지만 일단 조직의 장이 결정하면 그 결정에 따라야 한다. 그렇게 하지 않으면 그 조직은 와해되며 그 책임은 구성원 모두가 지게 된다. 고차원적인 수학이 아니라 지극히 단순한 산수다.

미국에서 막강한 미래권력을 가진 대통령 당선자가 "미국에서 현직 대통령은 단 한 사람입니다"라며 현직 대통령에 대한 권위를 실어주었을 때 그는 알고 있었다. 자신이 대통령이 되었을 때, 그 막강한 권한을 가지게 될 것이며, 그것은 퇴임 시까지 유지하게 될 것이란 사실을 말이다. 자리에 대한 권위를 인정하는 조직이 민주적인 조직이며, 그것이 민주주의를 지탱하는 기반이다. 조직의 대표가 결정을 내릴 때, 그 결정은 존중되어야 한다.

국민의힘의 경우, 당 대표는 당이 정한 절차에 따라 당원들이 선출한 대표이며, 그의 임기 동안 그가 최종 결정권자여야 한다. 그래야 그 조직이 제대로 돌아간다.

계속되는 방미통위 논란

이재명의 언론장악은 완성되었다

정권이 바뀌고 새 정권의 언론장악은 계획대로 진행되고 있다. 전임 정부에서 했던 모든 일들이 '무효화'되고 있다. 법까지 바꿔 기관을 없앤 것처럼 그들은 무자비한 권력을 휘두르며 '정보통신망법'을 만들어 언론의 입을 틀어막으려 하고 심지어는 이미 민영화된 YTN까지 '원복'시키려 하고 있다. 서울행정법원 행정3부 최수진 부장판사는 "피고(방통위)는 2인만 재적한 상태에서 의결해 승인했으므로 이 사건 처분은 의결 절차상 하자가 있어 위법하다"며 YTN 최대 주주 변경 승인 취소 판결을 내렸다. 사법부의 판단이지 이재명 정부와는 상관없다고 얘기하면 할 말은 없을지 모른다. 그런데, 다시 한번 강조하지만, 2인 체제를 만든 것은 민주당이지 윤석열 정부나 이진숙, 또는 김태규가 아니라는 것이다. 2인 체제를 만들어놓은 당사자가 그 체제가 '불법'이라고 주장하는 코미디를 '정당'하다고 판시하는 세상이 되었다.

재판부는 ('재적위원 과반수의 찬성으로 의결한다'고 정한 방통위법을 해석할 때) "문언의 형식상 의미에만 얽매일 게 아니라 헌법이 보장하는 방송의 자유, 방통위를 합의제 행정기관으로 설치해 방송의 자유와 공공성, 독립성을 보장하고자 하는 입법 취지를 종합해 고려해야 한다"고 판단했다. 그런데 법이란 것이 형식상 의미를 존중해서 판단해야 하는 것 아닌가. 하기야 최근 판사들을 보면, 판결을 하며 눈물을 흘리기도 하고 그것에 "사이다"라는 반응을 얻기도 하고 "감동적 판결"이라는 칭송을 받기도 하니 21세기 대한민국 사법부는 "냉정한 법리"와는 거리를 두게 된 모양이다.

재판부는 또 "피고는 합의제 행정기관으로 의사결정에서 상호간 토론과 설득, 숙의가 요구된다" "재적위원이 2인뿐이라면 서로 다른 의견의 교환은 가능하다 할지라도 1인이 반대하면 의결이 불가능해 다수결의 원리가 사실상 작동되기 어렵다"고 판단했는데, 이것도 논리적으로 말이 되지 않는다. 2인뿐이라 하더라도 토론과 숙의는 가능하기 때문이다. 물론 1인이 반대하면 그 안건은 의결되지 못할 것이다. 5인이 있다면 토론을 하다가 합의에 이르지 못하면 표결을 하는 방안이 있지만, 2인만 있어도 토론을 거쳐 2인이 합의를 해서 통과시킬 수 있는 안건들은 많다. 만약 재적이 3인인데 한 명을 배제한 채 의결했다면 문제가 있다고 지적할 수 있겠지만, 이 경우에 있어서는 국회의 다수 폭정으로 5인 위원회가 구성되지 않았다. 결국, 이 판결은 2인 체제의 원인이 어디에 있는지 무시한 채 "방송의 자유와 공정성, 독립성" 등을 언급하여 얼핏 설득력 있어 보이지만, 국회의 다수 폭정을 합법화한 판결로 나는 평가한다. 이 판결은 앞으로 국회 다수당은 국회몫 추천 인사를 추천하지 않는 방법으로 기관 마비를 시킬 수 있는 판례를 남겼다고 할 수 있다.

방미통위 위원장으로 김종철 교수 내정

'이진숙 축출법'으로 만들어진 방송미디어통신위원장으로 전

연세대 교수 김종철이 위원장으로 임명되었다. 국힘미디어특위는 김 교수가 대표적 폴리페서로, 참여연대. 민변 등 좌파단체와 행보를 같이 해온 인물이라고 밝혔는데, 우선 그의 이념적 경향성을 드러내는 발언을 보자. 대표적으로 그는 통진당 해산 청구에 대해, "법치주의 유린"이라고 주장했었다. 통진당이라는 정당이 대한민국 법치주의에 맞는 정당인지, 법치주의를 유린하는 정당인지는 독자들이 더 잘 알고 있을 것이다.

그는 또 이재명의 공직선거법 위반 사건 파기환송심 재판 중단 관련, "불소추 특권을 헌법에 둔 것은 대통령직의 안정성과 임기를 보장하기 위한 것이므로 재판을 중단시킨 재판부 판단은 타당하다"고 주장했다. 최민희가 나에게 대통령의 국정철학에 동의하느냐고 물어서 동의하지 않는다고 답했는데, 김종철은 아마도 같은 질문에 "동의한다"고 답할 것 같다. 김종철의 등장으로 공영방송, 특히 KBS의 상황에 빠른 변화가 있을 것으로 예상된다. 이 글을 쓰는 오늘(2026.1.22.), 서울행정법원 행정 12부는 KBS 이사 임명 무효 확인 1심 선고에서 이사 11명 중 7명의 임명이 무효라고 판결했다. 역시 2인 판결을 문제 삼았다.

사람들은 사법부의 판결이니 중립적이고 공정한 판결이라고 생각할 수 있으나, 최근 법원에서 나온 판단들을 보면 다른 의견을 가지는 사람도 많을 것이라 생각된다. 공영방송 이야기가 나온 김에 또 하나 강조하고 싶은 것이 있다. 대한민국은 세계 어느 나라에서도 찾기 힘든 다수 공영방송의 나라이다. 미국의 경우, 공영방송은 PBS 하나, 영국은 BBC, 일본은 NHK 등 대표적 선진국은 공영방송이 하나다. 그러나 대한민국에는 KBS와 함께 EBS, MBC와 연합뉴스TV 등 네 곳이 있다. 그리고 이제는 민영이 된 YTN을 다시 소위 "공영"으로 만들려는 첫발을 내디뎠다.

대한민국에서 공영은 "주인 없는 회사"이다. 주인이 없다고 하지만 사실상 주인은 민노총 언론노조, "국민이 주인"이라는 말로 둘러대지만, 실상 주인은 노조라는 비판을 거부하기 어렵다. 그리고 이재명 정권은 YTN을 다시 "공영"으로 되돌림으로써 든든한 "우군"을 갖게 될 것이다. 이재명의 언론 장악은 이렇게 완성되었다.

방미통위 소송예산 2억4천5백만 원의 비밀

딸 결혼식 축의금 논란이 가라앉은 2025년 11월 17일, 최민희 국회 과방위는 2026년 방미통위 예산을 통과시켰다. 이 가운데 소송비 예산은 2억4천5백만 원. 이 뉴스를 보고 실소를 금할 수 없었다. 2025년 방통위 소송비는 0원, 193석이라는 압도적 다수를 가진 민주당은 방통위에 소송비를 단 한 푼도 주지 않았다. 2025년의 0원에서 2026년의 2억4천5백만 원이 가지는 의미는 한 마디로 "다수의 횡포"이다.

통상 각 부처에는 각종 소송에 대비해 소송비 예산을 적게는 수억 원에서 많게는 수백억 원이 책정되는 것으로 알고 있다. 법무부에서 론스타 소송을 대응하는 데만 5백억 원 이상이 들었다는 언론 보도들이 있다. 방통위의 경우에도 방송통신심의위원회의 심의 결과에 불복해 언론사들이 소송을 제기한 경우가 다수 있었고, 공영방송 임원 선임과 관련한 소송도 여러 건 있었다. 이런 소송이 제기되는 경우, 각 부처는 법무부의 소송 지휘에 따라 대응하도록 되어 있어 소송비 예산을 배정하는 것은 입법부의 의무라고 할 수 있다. 그러나 2015년 방통위원장이 이진숙이었을 때 최민희 과방위는 방통위 예산을 제로(0)로 만들었다. 소송에 대응하지 말라는 얘기였다. 상대편이 소송을 제기할 때 대응하지 않으면 상대편이 승소하게 되는데, 그러니까 최민희 과방위는 방통위가 패소하도록 소송비 예산을 0원으로 만들었다고 볼 수밖에 없다.

국회가 추천해야 할 방통위 상임위원을 추천하지 않아 2인 체제를 만들어놓고, 2인 체제는 위법이라고 주장하며 위원회가 결정한 사안들에 소송이 제기되자 소송비는 제로로 만든 민주당 과방위. 그러고도 모자라 법까지 바꿔서 이진숙 위원장을 자동 면직시켰으니 압도적 다수의 막강한 권력을 얼마나 뿌듯하게 느꼈겠나. 그러니 국감 기간 중에 딸이 국회에서 결혼식을 해도 아무런 문제의식을 가지지 않았을 것이다.

원인 제공자가 누구인지 상관없이 나오는 법원의 판결도 기가 막혔지만 한 나라의 부처에 소송비를 0원으로 만든 자들이 "국민을 대표하는" 국회의원이라는 것도 어이가 없는 일이다. 자신들은 수천만 원을 들여 기관장들을 탄핵하고 탄핵에 드는 비용은 모두 세금으로 쓰면서(내 경우, 탄핵 심판 절차에 쓰인 비용은 내가 부담했다), 기관이 대응해야 하는 소송비는 0원으로 만드는 횡포를 저지르는 것이다. 그리고 그 세금은 특정 진영과 가까운 로펌들이 고스란히 챙기는 것을 목격한다. 이제 정권이 바뀌고 법까지 바꿔 기관장을 날리고 나니 그 부처의 소송비는 0원에서 2억4천5백만 원으로 늘어난다. 그 기관의 장으로는 아마도 친민주당, 친이재명 인사가 오게 될 것이니 소송에 대응할 2억4천5백만 원으로 "꽃길"을 깔아놓아야 하지 않겠는가.

나의 경우에는 비서실 운영비조차 0원으로 만들어서 4~5백만 원의 운영비를 내가 내기도 했다. 그런데 이런 다수의 폭정, 다수의 만행을 국민들은 잘 모르고 있는 것 같다. 그나마 이런 무도한 횡포에 분노하는 청년들이 늘어나고 있으니 그것을 다행으로 생각해야 하나?

이재명의 제국, 공포의 공화국

"민주당과 좌파는 우리가 상상할 수 있는 모든 것을 한다, 우리가 상상하지 못하는 것도 한다"는 말이 현실이 되었다. 장관급 기관장을 취임 이틀 만에 탄핵한다는 것을 누가 상상이나 했겠는가. 탄핵 재판을 진행하던 헌법재판관들조차 "국회는 왜 방송통신위원회 상임위원을 추천하지 않는가", "방송통신위원회는 일을 하지 말라는 것이냐"고 질책했지만, 민주당은 끝내 방송통신위원회 상임위원을 추천하지 않았다.

이진숙 위원장을 취임 이틀 만에 탄핵한 이유 가운데 가장 큰 것은 소위 "2인 체제"였다. 5명이 정원인 방통위의 상임위원회를 두 명으로 개최하여 공영방송 이사들을 선임한 것이 주요한 이유였다. 그러나 모든 사회 현상에는 원인이 있고 그에 따른 결과가 있다. 방송통신위원회 설치법에 따르면 위원회는 두 명의 상임위원이 열 수 있도록 규정하고 있어서 2인 상임위원회는 합법적인 행위라는 것이 권위 있는 헌법학자들의 판단이다.

내가 취임했던 2024년 7월 31일, MBC의 대주주 방송문화진흥회 이사들은 임기를 12일 남겨두고 있었으며, KBS 이사회 이사들은 한 달의 임기를 남겨두고 있었다. 이사 선임을 위한 실무 절차는 이동관, 김홍일 두 전임 위원장 때 마무리되어 방통위에서의 이사 선임만을 앞두고 있었다. 나의 경우, 2023년 21대 국회 때 국민의힘 몫으로 상임위원으로 추천되어 방통위 상황을 계속 지켜보고 있었으며, 공영방송 이사 지원자들에 대한 정보도 언론 보도를 통해 파악하고 있었다.

7월 31일 이진숙 위원장은 상임위원회를 열어 김태규 부위원장과 함께 공영방송 이사들을 선임했다. 임기 만료를 눈앞에 둔 공영방송 이사 선임 절차를 진행한 것은 새로 구성된 상임위원들의 당연한 의무였다. 그런데 민주당은 최민희, 김현 등 과방위 소속 민주당 의원들을 중심으로 이진숙 위원장 탄핵 절차에 돌입하여 취임 이튿날 탄핵소추안을 발의했고, 다음 날 본회의에서 통과시켰다.

탄핵 통과 후 민주당 의원들은 언론을 통해 탄핵의 정당성을 확산했다. 이진숙 위원장은 다수당인 민주당 의원들이 언론 매체를 통해 탄핵의 정당성을 확산하는 것은 자신의 탄핵 심판에 불리한 영향을 줄 수 있다고 우려하게 되었다. 때마침 몇 개 유튜브 매체가 출연을 요청해 탄핵의 부당성을 설명하였으며, "민주당은 우리가 상상하는 모든 것을 하는 집단이다, 우리가 상상하지 못하는 것도 하는 집단이다", "가짜 좌파 집단과 싸우는 전사들이 필요하다"는 등의 발언을 하게 되었다.

이 발언들은 모두 본인의 경험에 기반한 발언들이며, 어떤 정치적인 목적이나 선거를 의식한 발언이 아니었다. 이진숙을 탄핵할 것이라는 것은 (민주당이 취임 전부터 경고했기에) 상상할 수 있는 범주에 속하는 것이며, 취임 이틀 만에 장관급 기관장을 탄핵하는 것은 상상하지 못하는 범주에 속하는 것이다. 또한, 터무니없는 탄핵을 찬성하는 집단을 "가짜 좌파 집단"이라고 표현하였는데, 민주당이 이를 정치적 발언으로 규정하고 심지어 선거법 위반으로까지 엮어서 고발한 것은 실로 "상상할 수 없는 일"이다.

민주당은 올해 3월 이진숙 위원장이 페이스북에 올린 글도 선거법 위반 혐의로 고발했다. "마은혁 헌법재판관을 임명하지 않는 최상목 대행이 직무유기범이라면(if), 방통위 상임위원을 추천하지 않는 이재명 대표와 민주당도 직무유기범이다"는 취지의 글이었는데, 만약 이 글을 유죄로 판단한다면, 가정법(if)에 대해 유죄 판단을 하는 최초의 사례로 기록될 것이다.

이재명 대표는 그보다 며칠 전인 3월 19일에 최상목 대행에게 마은혁 헌법재판관 임명을 종용하면서, 그를 직무유기범으로 규정하고 시민들에게 체포될 수 있다는 식으로 발언했는데, 같은 논리를 빌려 방통위 상임위원을 추천해 달라고 요청·호소했던 것이다.

만약 이진숙의 발언들이 유죄 판단을 받는다면, 이는 "민주당은 성역"이라는 판례를 남길 것이다. 사실에 근거한 발언을 해도, 민주당을 비판하는 내용이라면 (공무원의 경우) 정치중립 위반이 되고 선거법 위반이 된다는 것이다.

이 발언을 했던 2025년 3월은 대통령 선거가 실시될 것이라는 사실은 전혀 알 수 없었던 시점이다. 윤석열 대통령 탄핵은 4월 4일에야 결정되었다. 민주당은 4월의 미니 보궐선거에 영향을 미치려고 했다고 주장하지만 견강부회에 불과하다. 조사를 받으면서 기억을 떠올려봐도 부산 교육감 선거만 겨우 기억날 뿐 어디서 어떤 선거가 실시되었는지 전혀 기억에 없었다. 게다가 교육감 선거는 정당에서 후보를 내는 선거가 아니다.

이번 사건을 겪으면서 내린 결론은 이것이다. 대한민국은 점점 "이재명의 제국"이 되어가고 있다. "이재명의 제국"에서 이재명을 비판하는 것은 용인되지 않는다. 이진숙은 유튜브에 출연한 것 자체를 범죄시했지만, 조원철과 김용범은 떳떳하게(?) 유튜브에 출연해서 이재명의 무죄를 주장하거나 자신의 행위를 정당화하고 있다.

대법관 수를 늘리는 것도 그들에게는 너무나 쉬운 일이다. 7천억 원이 넘는 범죄 수익을 아무 일 없다는 듯이 국가가 포기하도록 하는 것도 그냥 "신중한 판단"일 뿐이다. "이재명의 제국"에서 그들의 말을 듣지 않으면 순식간에 검사장이 평검사가 되고, 그 평검사가 퇴임을 하면 변호사 자격증도 박탈될 수 있다.

선거법 위반 혐의로 목사가 구속되고, 전임 대통령 재판을 담당하던 판사가 압수수색을 당하는 상황에서, 경찰이 이진숙을 기소 의견으로 검찰에 송치한 것은 "지극히 당연한 일"이다. 엉터리 체포영장을 발부해서 끝내 이진숙에게 수갑을 채웠던 것은 '성역'인 이재명에 반기를 들어서였을까. 최고 권력자에게 보내는 충성의 메시지였을까. '이재명의 제국'은 공포의 공화국이다.

경찰의 뻔한 송치

예상했던 대로, 경찰이 기계적인 송치를 했다.

너무나도 터무니없는 고발이었던 과방위 발언을 불송치한 것이 오히려 놀랄 일이지만, 송치한 나머지 사건들 역시 법조문의 명문 규정과 헌법재판소의 결정에 반하는 결론으로서, 영등포경찰서의 법률 지식 부족과 정권에 영합하는 기회주의적 태도를 보여준다.

특히 경찰은 공소시효가 6개월이라는 허위 주장과 이를 통한 불법 체포에 대해 반성하는 모습을 전혀 보이지 않았다. 경찰의 이와 같은 태도를 통해 우리 국민은 이재명 정부와 더불어민주당 정권이 추진하는 검찰 폐지와 경찰의 수사권 독점이 가져오게 될 폐해를 1년 먼저 경험하게 되었다.

다행히 이 사건을 송치받은 검찰은 "보완수사"를 요구하며 경찰에 사건을 되돌려보냈다. 이 사건을 겪으면서 느끼는 것은, 지금

이야 검찰이 있어 보완수사라도 요구할 수 있지만 1차수사권을 경찰이 독점하게 되면 얼마나 많은 억울한 사람들이 무리한 기소 대상이 되겠나 하는 것이다. 검찰은 형식적으로나마 행정부로부터 독립적인 판단을 하지만(그것도 이재명 정권 들어와서 많이 와해되었다), 경찰은 행정부 조직 아래 있는 것 아닌가 말이다. 나에 대해 그렇게 엉터리 출석요구서를 보내 "출석요구 6차례 불응"이라는 파렴치범으로 몰았던 경찰이다. 걱정이다.

이때 떠오르는 글이다.

사람들은 힘을 가진 자의 말을 믿는다. 힘을 가진 자가 서사를 쓴다. 그래서 역사를 공부할 때 언제나 스스로에게 물어야 한다. '누구의 서사를 빠뜨렸나? 누구의 목소리를 억눌러서 이런 목소리가 나오게 됐나?'를 말이다. 이것을 파악하게 되면 그 이야기를 알아내야 한다. 그 지점에서부터, 여전히 불완전하지만 더 명확한 그림을 발견하게 될 것이다.

_야 기야시 〈귀향(Homegoing)〉 중에서

지금 대한민국에서 힘을 가진 자는 누구인가. 힘을 잃으면 역사도 잃는다. 현재 대한민국에서 권력을 가진 자들은 그들만을 위한 '동물농장'을 만들고 있다. 모든 사람은 평등하다고 외치면서, 더 평등한 동물들은 "자녀 문제는 건드리지 말라"고 하며 스스로 선택된 계급임을 선언한다.

안타깝게도, 권력이 가진 힘을 아는 자들이 권력을 잡고, 대한 민국을 뒤흔들고 있다. 권력이 가진 힘을 알지 못하면 권력을 되찾기는 어렵다.

대한민국에 왕은 없다 "No Kings in Korea (NKIK)"

최근 미국에서 진행되고 있는 "왕 거부 No Kings" 운동은 흥미롭다. 트럼프의 79세 생일이었던 지난 6월 14일 "노 킹즈" 시위는 필라델피아 등 미국 내 2,100여 개 도시와 마을에서 벌어졌다고 한다. 세계 최대 민주주의 국가라는 미국에서 "왕 king"이라는 단어는 사뭇 어색하게 들린다.

한국에서도 지난 2019년 조국 자녀의 입시 비리에 반대하는 시위가 벌어졌을 때 "가붕개(가재, 붕어, 개구리)"라는 표현이 등장했지만, 미국의 반트럼프 시위 때도 저항의 상징으로 개구리와 닭, 아기상어 같은 동물 복장을 한 시위대들이 등장했다고 한다. "가붕개"가 한국에서 힘없는 시민을 상징한다면, 미국에서는 개구리, 닭, 아기상어들이 서민을 상징하는 동물들인 모양이다.

왕정과 종교 박해를 피해 탈출한 이민자들은 "모든 사람은 평등하게 태어났다(all men are created equal)"는 만인 평등사상을 선언하며 미국이라는 민주국가를 건설했다. 이런 역사를 자랑스럽게 생각하는 미국인들에게 2기 도널드 트럼프의 정책들은 낯설고 어색하게 보일지도 모른다. 시위에 참가한 시민들은 그들의 조상이 목숨을 걸고 탈출한 왕정이 미국에서 재현되고 있다고 생각했던 것 같다.

그런데 내 눈에는 미국보다 한국의 권력자가 더 절대권력에 가까운 권력을 행사하고 있는 것으로 보인다. 트럼프 대통령보다 이재명 대통령이 훨씬 강한 권력을 행사하고 있다는 생각이 든다는 것이다. 대표적인 증거가 재판이다.

이재명은 현재 그와 관련된 모든 재판이 중단되었지만, 트럼프 대통령은 그렇지 않다. 대장동 사건은 이제 대장(boss)을 구하기 위한 프로젝트가 되어 저수지의 수천억 원을 고스란히 보장받게 되었고 그 돈은 "그분", "대장"을 위해 쓰여질 것이라는 말이 나온다.

이진숙은 페이스북에 "헌법재판관을 임명하지 못한 최상목이 직무유기범이라면(if) 방송통신위원을 추천하지 않는 이재명 대표와 민주당도 직무유기범"이란 취지의 글을 올렸다고 선거법 위반 혐의로 고발되었다. 이것이 유죄가 된다면 "가정법 if"에 대한 최초의 유죄 판결이 될 것이다. 엉터리 출석요구서를 보내놓고 수갑까지 채운 경찰은 "이재명 무죄"를 선언한 조원철 법제처장에 대한 수사는 하고 있는지 의문이다.

지금 대한민국은 "이재명을 칭송하면 무죄"이고 "이재명을 비판하면 유죄"인 세상이 되었다는 말이 나온다. 이진숙은 취임 이틀째 탄핵의 부당함을 주장하기 위해 유튜브에 나갔다고 국회 상임위원회에서 비난. 비판하던 그들이 조원철, 김용범, 강훈식의 유튜브 출연은 오히려 홍보를 해주고 있다. 비정상이 뉴노멀이 되었다.

그런데, "세계의 대통령"이라는 트럼프는 그가 세계를 상대로 부과한 관세가 부당하다며 수입업자 등이 제기한 소송 절차에 대응하고 있다. 현재 대법원이 심리 중인 관세 소송에 대해 트럼프는 승리를 장담하고 있지만, 그의 패배를 예상하는 관측도 적지 않다.

트럼프의 강경한 이민정책 등에 반대하는 미국인들은 그를 왕 (King)으로 비꼬아 부르는데, 적어도 법적 대우만 보자면 이재명이 한 단계 위가 아닌가 한다. 왕보다 한 단계 위는 황제(Emperor)밖에 없지 않나. 대한민국이 미국보다 한 수 위인 것을 자랑으로 여겨야 하나. No Kings, No Emperors!

한가하지 않은 이재명 정부의 '의견'들

항소 포기 지시는 없었다는 정성호 장관의 '의견'

정성호 법무부 장관: "검찰 사무에 관한 감독권자이기 때문에 (대장동 사건도) 보고를 받았지만 지침을 준 바는 없다 …… 사건의 맥락들을 보며 '이런 걸 참조했으면 좋겠다'는 정도의 '의견'을 제시했다."

항소 포기에 관심 둘만큼 "한가하지 않은" 대통령실

대통령실 관계자: "(국민의힘이) 대통령실을 걸고넘어지고 코를 꿰려 한다. …… 항소 여부 관심 둘 만큼 한가하지 않다."

이진숙 방통위원장에게 "방송 3법 관련해 방통위 안을 만들라"고 한 것은 지시가 아니고 "의견"이었다는 이재명 대통령

강유정 대통령실 대변인: "입법권 존중하지만 국회 법안에 개별적인 의견을 내는 것은 적합하지 않다. 기억하기로 업무 지시라는 표현보다는 '의견'을 물었던 쪽에 가깝다"

이진숙 위원장 체포를 사전에 몰랐다는 대통령실

강훈식 대통령 비서실장: "저희 대통령실이 방통위원장을 어떻게 해야 되겠다, 또는 어떻게 공격해야겠다, 이런 의지를 갖고 있지 않다. 그런 정도로. 죄송한 이야기입니다만, 한가하지 않다. 솔직히 말씀드리면……"

그러면, 한가하지 않은 대통령과 장관들이 하는 일들은?

'반중시위금지법(형법 일부 개정안)' 추진

이재명: "(명동 집회 참가자들이) 특정 국가 관광객을 모욕하는 집회를 하고 있던데요? 욕하고 모욕 주고, 혹시 아세요? …… 이게 무슨 표현의 자유냐. 깽판이지."

대북전단금지법(항공안전법) 추진

이재명의 의지에 따라 추진

민주당은 조원철을 고발하라

나는 2024년 9월 유튜브에 출연해 "민주당과 가짜 좌파 집단은 우리가 상상하는 모든 것을 한다, 우리가 상상하지 못하는 것도 한다"는 취지의 발언을 했다. 취임 이틀째 나에 대해 탄핵소추안을 발의한 민주당에 대해 발언한 것이다.

취임 이틀 만에 탄핵을 한 것, 이것은 상상하지 못한 일의 범주에 속한 것으로, 이 발언은 탄핵의 부당성을 강조하기 위한 것이었다. 유튜브에서 말한 것을 두고 민주당은 정치중립 위반이라며 감사원에 감사를 청구했고, 감사원은 징계에 해당하지 않은, 가장 낮은 수위의 "주의" 처분을 내렸다. 그러나 민주당이 여기서 멈출 집단이 아니다.

올해 7월 감사원의 "주의" 처분을 근거로 공무원의 "정치중립 위반"과 "선거법 위반" 혐의로 민주당은 경찰에 고발했다. 이 시점에서 민주당에게 요청한다. 이진숙보다 더한 공무원의 정치중립 위반 혐의 사례가 있다고 말이다.

조원철 법제처장. 그는 국감에 출석해서 이재명 대통령의 모든 혐의에 대해 무죄라고 주장했다. 이재명 대통령의 대장동 관련 변호인이었던 조원철 처장은 대법원에서 유죄 취지로 파기 환송한 선거법 위반 혐의에 대해서도 무죄라고 주장한 것이다. 그는 여기서 한발 더 나갔다. 2025년 11월 3일, 조원철 처장은 한 유튜브에 출연해서 "(이 대통령은) 대장동 일당과 한번 만난 적도 없고 돈 한 푼을, 뇌물을 받은 적도 없다"며 "수백억 원의 뇌물을 받기로 했다든가 지분을 받기로 했다든가 하는 주장 자체가 저희가 보기에는 너무 황당한 부분"이라고 말했다.

그는 아직도 자신을 이재명의 변호인으로 생각하는지 "저희"라는 표현을 사용했는데, 이것이야말로 공무원의 정치적 중립 위반 아닌가. 민주당은 조원철 법제처장에 대해 당장 감사원 감사 청구하고, 그 결과에 따라 경찰에 고발하기 바란다. 또 경찰은 조 처장에 대해 신속하게 출석요구서 보내고 응하지 않으면 체포하기 바란다.

최민희 의원, 그 댁 남편은 안녕하십니까

강제로 잘린 이후로 방통위 업무나 과방위 관련한 이슈에는 언급을 자제하려고 했다. 그러나 최근 최민희 의원의 발언 등을 보고 사실 관계는 바로 잡을 필요가 있을 것 같아 이 글을 쓴다.

10월 21일 김장겸 의원에게 전화를 했다. 최민희 의원이 MBC 업무보고에서 보도본부장을 퇴장시켰다기에 이게 도대체 무슨 일인가, 어떻게 이런 일이 가능한가 해서 현장 이야기를 들어보기 위함이었다.

내가 아무리 MBC를 "민주당방송", "민노총방송"이라고 비판한 적이 있다고 해도, '감히' 국회의원이라는 자가 언론사 보도본부장에게 퇴장을 명령한다는 것은 있을 수 없는 일이다. 언론은 제4부(Fourth Estate)라고 불리며, 어떤 면에서 입법, 행정, 사법보다도 더 중요한 역할을 담당한다. 입법, 행정, 사법부는 상호 견제의 역할을 하지만, 언론은 이 3부를 모두 감시하는 역할을 하기 때문이다.

그런데 과방위원장이라는 "완장"을 차고 언론사 보도본부장을 퇴장하라고 명령한 상상할 수 없는 일이 일어난 것이다. 나는 일찌 감치, 민주당과 좌파집단은 "우리가 상상할 수 있는 모든 것을 한다,

우리가 상상하지 못하는 일도 하는 집단"이라고 밝힌 적이 있는데, 최민희의 이번 폭거는 상상하지 못한 영역에 속한다고 할 수 있다.

언론에 이 사건이 보도가 되었기에 김장겸 의원에게 현장 상황을 들어보려고 했지만, 그 자리에 없었다고 했다. 전직 사장으로서 그 자리에 가기는 애매한 입장이었으리라 생각한다.

통화를 하는 김에, 김 의원에게 사실을 밝혔다. 최 의원은 (이상스럽게, 보좌관 이름으로) 페이스북에 관련한 입장을 밝혔는데, 그 입장에는 이런 글이 포함되어 있었다.

"첫째, 기업이나 피감기관에 청첩장을 전달한 사실이 전혀 없습니다. 최민희 의원을 비롯해 의원실 누구도 기업, 기관, 단체를 상대로 청첩장을 전하거나 연락을 취한 적이 없습니다."

이 글을 읽는 순간 가증스러웠고 분노가 솟구쳤다. 이렇게 거짓말을 할 수가 있나. 사실은 이렇다.

9월 초중순 무렵, 방통위원장으로 재직하던 시기, 어느 직원이 말했다. "최민희 의원 딸 혼사가 있어서 화환을 보내야겠습니다."

좀 어이가 없었다. 나와 최민희 의원의 관계는 대한민국에서 정치에 관심이 있는 사람이라면 다 아는 일, 그래서 물었다.

"아니, 우리 두 사람 관계를 다 아는데, 화환을 보내야 돼요?"

"의례적인 거니까요. 의원실 보좌관이 연락이 왔습니다."

통상 방통위 직원은 사무관, 과장, 국장 등 호칭으로 부른다. 의원실 '보좌관'이라면 거기는 분명히 특정 사무실 소속 직원이다.

"그렇게 하세요." 나는 그렇게 보내라고 했다. 방통위에서 위원장 '이진숙' 이름으로 화환을 보내려면, 반드시 나에게 물어보고 재가를 받은 다음 보내게 된다. 그 비용을 방통위 비용으로 했는지, 비서실 운영비로 했는지는 모르겠다. 비서실 운영비는 어차피 내가 4백~5백만 원 내가 부담했었다. 최민희 과방위는 이진숙이라는 사람이 얼마나 싫고 미웠으면 비서실 운영비를 제로(0)로 만들어서 운영비는 내가 지불했었다.

내 이름으로 화환을 보내라고 한 것은 혹여 보내지 않게 되면 방통위라는 기관이 '보복'을 당할까 해서였다. 운영비도 제로로 만드는 판에 무슨 일인들 못하겠는가.

그런데 9월 25일 방통위를 없애는 방미통위법이 상정되고, 내가 자동 면직되는 것이 기정사실화되면서 나는 직원에게 이렇게 말했다. "내 이름으로 최민희 딸 혼사에 화환 보내지 마세요."

나중에 혼사에서 찍힌 사진을 보니 "방송미디어통신위원회"라는 이름으로 축하 화환이 배달되어 있었다.

이런데도 최민희 의원실은 "최민희 의원을 비롯해 의원실 누구도 기업, 기관, 단체를 상대로 청첩장을 전하거나 연락을 취한 적이 없다"고 입장문을 내니 가증스럽지 않겠는가. 그 직원이 거짓으로 보좌관실에서 연락받았다고 할 이유는 전혀 없다.

최민희 의원실은 이름도 요상한 '방미통위'에 사실 확인을 해서 ˝누구도 화환 요구를 받은 적이 없다˝는 확인서를 받아냈다니, 어처구니 없는 일이다. 참고로 2024년 청문회 기간에 방통위 직원이 과방위에 출석해 쓰러지는 바람에 119에 실려가기도 했고, 또 한 간부는 힘들다는 탄원서를 국힘 의원에게 제출했다가 최 의원에게 호되게 ˝야단˝을 맞기도 했다. 그런데 피감기관에서 확인서를 받아냈다고? 삶은 소대가리가 웃을 일이다.

현재 내가 이런 폭로를 한다고 해도 방미통위라는 기관에는 피해가 가지 않을 것이다. 친민주당 성향의 위원장이 오면 예산은 야무지게 딸 것이니 말이다.

자, 그럼, 최민희의 말이 설득력 있나, 이진숙의 말이 설득력 있나.

최민희의 진술

1. 딸 결혼식 날짜를 유튜브를 통해서 알았다.

2. 양자역학 공부하느라 매우 바빠서 결혼식과 집안일에 신경 쓸 여유가 없었다. 머리 감을 시간도 없었다.

3. 모든 것을 딸이 알아서 했다.

4. 화환을 돌려보내지 못한 것을 후회한다.

이진숙의 반박

1. 유튜브와 관련 기사(카드 결제 이슈)는 최소 결혼식 2주 전에 나왔음. 충분히 "화환은 정중히 사양합니다" 등의 조치를 할 시간이 있었음.

2. 과방위 때 최 의원 모습을 보면, 당일 미용실 다녀온 듯 머리 정리가 잘

되어 있었음. 결혼식 당일 사진을 보면, 새로 맞춘 듯한 고운 한복도 입고 있었는데…….

3. 사랑재 예약은 최민희 의원 ID로 된 것으로 확인. 관계가 소원하다는데 딸이 해킹했나 등의 비아냥 속출.

4. 화환은 돌려보내도 주문한 사람들에게 환불이 되지 않음.

그리고 마지막으로, 관련 자료를 찾아본 결과, 최민희 의원은 남편과 동거 중인 걸로 나오는데 "댁의 남편은 안녕하십니까?"

양자역학 공부하느라고 바빠서 결혼 날짜도 모르고, 집안에 신경 못 썼다고 하는데, 남편은 중성자역학(neutron physics) 공부하셨나요. 통상 부부 가운데 한 사람이 바쁘면 다른 한 명이 챙기는데, 이 댁은 부부가 모두 딸과 소원해서 결혼을 챙기지 못했나요. 내가 그 댁 딸 입장이라면 매우 섭섭하겠어요.

경찰의 거짓말, 경찰의 수사권 독점이 이래서 안 된다는 거다

신용주 전 영등포서 수사과장, 현 중부서 형사과장이 2025년 10월 23일 행안위 국감에서, 이진숙이 9월 27일 출석하겠다고 합의했는데 왜 9월 9일과 27일 사이에 세 차례나 출석요구서를 보냈느냐는 국민의힘 의원들의 질문에, 9월 27일은 합의된 출석 날짜가 아니었다고 답했다고 한다. 출석일자를 앞당기려고 했기 때문에 "완전한 합의"는 아니었다는 것이 언론에 인용된 발언이다.

거짓말이다. 합의면 합의지, "완전한 합의"는 무슨 귀신 씨나락

까먹는 소리란 말인가. "완전한 합의"가 아니라면 절반의 합의란 말인가, 3분의 1 합의란 말인가, 10퍼센트 합의란 말인가. 제정신을 가지고 있는 사람이라면 이 말이 무슨 뜻인지 모를 것이다.

9월 27일 출석 날짜는 분명 합의된 것이었고, 그 근거는 다음과 같다. 신용주 과장의 말을 빌면, "완전한 합의"의 근거들이다.

1. 9월 9일 수사과장이 방통위로 전화가 와서 통화를 한 다음, 9월 27일 출석하겠다고 말했다. 9월 27일에 꼭 출석해주세요,라고 했고 나는 그러겠다고 했다(이게 합의 아닌가?).

2. 9월 10일 임무영 변호사를 선임하고, 수사과장과 통화해줄 것을 요청했다.

3. 임무영 변호사는 수사과장과 통화하고 27일 출석을 확인했다. 변호사가 이 부분에서 등장하는 것이 "매우 중요한" 요소이다. 왜냐하면, 변호사도 일정이 있기 때문에 이진숙과의 일정을 미리 조율해둘 필요가 있기 때문이다. 재판에 출석해야 하고, 개인 일정도 있기 때문에 사전에 변호사에게 일정을 알려두어야 한다.

나의 경우에는 평일에 연차를 내기가 어려워서 토요일에만 출석 가능하다는 것을 미리 알려두었다. 평일 연차는 대통령실에 일주일 전에 보고하고 허락을 득해야만 하기 때문에 주말만 가능하다고 했다. 대전 유성경찰서 4회 출석도 모두 토요일에 했다. 만약 평일에 경찰 조사 받는다고 연차를 냈다면 대통령실에서는 이를 빌미로 직권면직을 시도하지 않았을까. 경찰 조사 받는다고 직무에 소홀 어쩌고 하면서. 그러니 이 대목에서 변호사에게 9월 27일 일정을 미리 말해두고 다른 일정을 잡지 않도록 조치한 것이 "완전한 합의"의 증거라는 것이다.

임무영 변호사라는 제3자가 없었다면, 경찰 조직에 일방적으로 당할 뻔했다는 생각에 가슴을 쓸어내린다. 영등포경찰서 인원만 1천 명가량, 전국 경찰 인원은 13만여 명이라고 하는데, 조직과 수로 밀어붙이면 생사람 잡기는 너무나 쉽겠다.

아니, 다시 한번 물어보겠어요. 신용주 과장, 완전한 합의는 뭐고 합의는 뭔가요? 합의와 완전한 합의의 차이는 뭔가요? 경찰만 아는 그 차이에 생사람 잡겠어요. 경찰의 수사권 독점, 절대 반대합니다.

경찰뿐만이 아니었다. '이재명 주권국가'에 '봉사'하는 기관은 또 있었다. 나는 2025년 10월 1일 자동면직(사실상 해임)된 당일, 헌법재판소에 자동면직에 대한 가처분과 자동면직을 가능하게 만든 법에 대한 헌법소원을 청구했었다. 그러나 헌법재판소는 이 글을 쓰는 오늘 현재 115일이 되도록 심판을 하지 않고 있다. 윤석열 대통령 탄핵심판에 걸린 시간이 112일이란 것을 고려하면 터무니없는 침묵이다. 그들의 침묵은 두 가지로 풀이할 수 있다. 첫째, 나의 청구를 인용하면, 즉, '이재명이 틀렸다'라고 하면, 그들의 '자리'가 위험할 수 있다는 것이다. 그러니 감히 나의 청구를 인용할 수 있겠는가. 최고 권력에 '노'라고 말할 수 없는 것이다. 그래서 나는 그들을 경멸한다.

그렇다면 두 번째 방법으로 나의 청구를 기각하면 될 것이다. 그러나 그들은 이 방법도 기피한다. 대한민국 최고의 법률가라고 하는 사람들이 아무리 머리를 짜내고 법전을 뒤져도 이 사건에 대해 '이재명이 맞다'라고 하며 내 사건을 기각할 수는 없을 것이다. 시쳇말로 "쪽팔리는" 판결문을 적어야 할 터이니 기각 결정을 할 수 있겠는가. 그러니 그들의 선택지는 침묵이다. 침묵은 비겁함이며, 범죄와의 야합이다. 나는 헌법재판소 앞에서 2026년 1월 12일에서 16일까지 1인 시위를 했다. 아침 8시 30분에서 9시 30분 사이 헌법재판관들의 출근시간 동안 가처분 심판을 빨리 해달라고 시위를 했다. 많은 시민분들이 뜻을 함께하며 동참해주셨다. 그런데 윤기 나는 관용차를 타고 출근하는 그들은 침묵으로 일관한 채 여전히 입을 닫고 있다. 아마도 그들은 내 임기인 2026년 8월을 기다리고 있을지 모르겠다. 답을 해야 할 시간이 넘어가기를 말이다. 침묵은 공범이다.

헌재 기자회견문

이재명 대통령은 통합의 대통령이 되겠다고 했습니다. 선거 운동 기간에도 그랬고 당선된 다음에도 국민 모두의 대통령이 되겠다고 했습니다. 국민들은 그 말을 믿었습니다. 그런데, 당선되자마자 정치보복성격이 다분한 3특검을 밀어붙였습니다. 그리고는 민주당 국회 핑계를 댔습니다. 본인은 안 하고 싶은데 민주당 국회가 특검을 강행했다는 것입니다.

자신은 언론장악. 방송장악을 하고 싶지 않다는 말도 했습니다. 그리고는 17년 된 방송통신위원회를 없애버렸습니다. 이유는 단 하나, 이진숙 때문이라고 볼 수밖에 없습니다. 경찰, 공수처, 감사원, 인사혁신처까지 동원해서 저를 몰아내려고 했습니다. 그래도 저를 잘라낼 빌미를 찾을 수 없었습니다. 기관장이 휴가를 가야 직원들이 편하게 휴가를 간다고 해서 행정절차상 휴가 신청한 것을 두고 신청을 반려하는가 하면, 대통령실 대변인이 브리핑까지 하는 코미디를 벌였습니다.

국감 기간에 국회에서 딸을 결혼시킨 과방위 상임위원장은 저에게 이재명 대통령 국정철학에 동의하느냐고 물었습니다. 동의하지 않는다고 했습니다. 방통위원회라는 기관이 대통령을 위해 존재하는 건 아니기 때문입니다.

민주당 국회는 저를 몰아내려고 갖은 방법으로 괴롭히더니 결국 법을 바꿔서 방송통신위원회를 없애버렸습니다.

21세기 법치국가 대한민국에서 민주당은 모든 것을 이렇게 소위

헌법재판소에 방통위 폐지에 대한 헌법소원과 가처분을 신청했으나 헌재는 심판을 미루고 있다. 헌재의 위선을 알리고 가처분을 조기에 심판하도록 촉구하는 1인 시위 중인 모습.

합법적으로 처리합니다. 현행법으로 되지 않으면 법을 바꿔버립니다. 법 위에 이재명이 있습니다.

법을 바꿔서 민주당과 이재명은 방송미디어통신위원회라는 이상한 기관을 만들었습니다. 방송통신위원회와 거의 다른 것이 없는데 법을 바꾼 이유는 단 하나, 이진숙을 제거하기 위한 것입니다. 미디어라는 세 글자를 넣는 대신 이진숙이라는 세 글자를 뺐습니다. 이진숙 축출법, 이진숙을 제거하기 위한 표적입법이라고 볼 수밖에 없습니다. 왜 그랬을까요. 이진숙이 이재명 정권의 방송장악·언론장악에 걸림돌이 되기 때문이었습니다. 대통령에게 3특검은 정치보복으로 비칠 수 있다고 바른말을 하고, 방통위원회를 5인 완전체로 만들어달라고 요청했다는 이유로 17년 된 기관을 없애버린 겁니까.

대통령 말을 잘 들었다면 저도 제 자리를 유지했을지 모릅니다. 그들의 말대로 통합·포용의 정부를 만들겠다고 기획예산처 장관에 상대당 출신 인사를 지명하지 않았습니까. 통합·포용은 모두 다 쇼, 보여주기 위한 것임이 저를 잘라낸 데서 드러납니다. 방송장악·언론장악을 위해 멀쩡한 기관을 없애버린 것이 통합·포용의 대통령입니까.

그런데, 대통령만큼 심각한 것이 헌법재판소입니다. 헌법재판소가 왜 존재합니까. 김상환 헌법재판소장은 헌재 소개말에서 "민주주의와 법치주의를 뿌리내리고 국민의 기본권을 보장하기 위해 끊임없이 노력해왔다"고 말하고 있습니다. 멀쩡한 기관을 이유도 없이, 법을 바꿔서 없애버리고 기관장 한 사람만 뽑아내는 것이 민주주의와 법치주의 정신에 합당한 것입니까. 다른 공무원들은 모두 승계하고 이진숙 한 사람만 제거하도록 법을 만든 것이 제 기본권을 보장하는 것입니까. 김상환 소장, 김형두 재판관, 정정미 재판관, 정형식 재판관, 김복형 재판관, 조한창 재판관, 정계선 재판관, 마은혁 재판관, 오영준 재판관, 답변해보십시오.

법을 바꿔서 17년 된 기관을 없애고 기관장 한 사람만 잘라내는 것이 대한민국 헌법에 부합한다면, 답을 하란 말입니다. 헌법재판소는 마은혁 재판관이 낸 권한쟁의심판은, 심판이 청구된 지 한 달만에 신속하게 특별기일을 지정해 처리하지 않았습니까. 헌재 재판관 자신들의 이익이 걸린 문제는 이렇게 신속하게 처리하면서 왜 저 이진숙이 낸 가처분은 100일이 넘도록 처리하지 않습니까. 이재명이 무섭습니까. 개딸 때문입니까. 민주당 압박 때문입니까. 만약 그렇다면 헌법재판소는 국민을 위한 헌법재판소가 아니라 이재명을 위한 헌법재판소가 됩니다. 여러분은 자라나는 초등학생들에게, 헌법재판소는 국민이 아니라 권력에, 대통령에, 이재명에 충성하는 기관이라고 말해야 할 것입니다.

제가 낸 가처분 신청에 대해 인용하기가 두렵다면 기각하십시오. 저는 그 결정문을 정말 보고 싶습니다. 17년 된 기관을 없애는 이유가 왜 헌법에 부합하는 것인지, 왜 이진숙이라는 기관장 한 사람만 자동면직시키는 것이 헌법상으로 아무 문제가 없는지, 대한민국 최고의 법률가들이 내리는 결정문을 읽어보고 싶습니다. 가처분 신청을 한 것이 작년 10월 1일입니다. 가처분은 통상 길어도 한 달 안에 끝내주는 것이 관례 아닙니까. 마은혁 재판관이 낸 권한쟁의심판은 그렇게 빨리 처리하더니, 저 이진숙 가처분 건은 왜 100일이 지나도록 뭉개고 있는 것입니까. 헌법재판소에도 기관 이기주의가 있는 것입니까.

저는 헌법재판소에 대한 신뢰를 완전히 잃어버렸습니다. 시쳇말로 헌법재판소, 믿을 수가 없습니다. 헌법재판소가 존재해야 되는 이유를 모르겠습니다. 이렇게 정치에 휘둘리고 정치적 행보를 한다면, 어떻게 국민들이 당신들을 믿을 수 있겠습니까. 제가 직접 탄핵심판을 받아보고, 가처분·헌법소원을 경험하면서 지금 대한민국에 헌법재판소는 필요 없다고 감히 말하겠습니다. 검찰청도 없애고 방송통신위원회도 없애는데, 헌법재판소도 사라져야 하는 것 아니겠습니까. 오늘 현재, 헌법재판소는 이재명 주권국가에서 이재명의, 이재명에 의한, 이재명을 위한 헌법재판소로 존재한다고 저는 생각할 수밖에 없습니다. 그런 기관은 대한민국에 존재할 이유가 없습니다. 이미 백일이 넘은 사건, 기각이든 인용이든, 빨리 결론을 내주세요. 그것이 이재명 주권국가에 봉사하는 헌법재판소라는 오명을 떨쳐버리는 길입니다.

―2026년 1월 13일 이진숙

뉴미디어 시대의 개막

국민을 설득하는 정치는 언제나 시대의 변화를 먼저 감지하는 데서 출발해야 한다고 나는 믿어왔다. 정치가 자기 확신만으로 굴러간다고 생각하는 순간, 이미 현실과의 거리는 벌어지기 시작한다. 스스로를 모든 분야의 전문가라고 착각하는 대신, 당사자들의 목소리를 있는 그대로 듣고, 때로는 거칠고 불편한 이야기까지 받아들일 때 비로소 배움과 통찰이 시작된다고 생각한다.

이번 장에서 다루는 뉴미디어, 그리고 청년과 여성의 문제 역시 같은 문제의식에서 출발했다. 나는 이 주제들을 일방적인 해설이나 결론으로 정리하고 싶지 않았다. 대신, 현장에서 직접 뛰고 있는 사람들, 그 변화를 몸으로 겪고 있는 당사자들과 마주 앉아 질문하고, 답을 듣고, 그 과정에서 나 스스로 다시 생각해보고 싶었다. 정치인이자 정무직 공무원으로서의 이진숙이 아니라, 기자였던 시절의 이진숙으로 돌아가 묻고, 기록하고, 판단하고 싶었다.

뉴미디어 분야에서는 고성국 박사, 이영풍 대표, 장예찬 여의도연구원 부원장, 이동재 매일신문 기자를 만났다. 모두 각자의 채널을 통해 치열하게 발언하고, 뉴미디어를 통해 새로운 언어와 형식을 만들어가고 있는 사람들이다. 나는 이들이 지금의 미디어 환경을 어떻게 보고 있는지, 그리고 정치가 이 변화 앞에서 무엇을 놓치고 있는지를 묻고 싶었다.

청년 분야에서는 국민의힘 김효은 대변인, 박민영 대변인, '자유대학' 1대 대표 김준희 대표, 조평세 '1776' 연구소장, 손정은 '한국청년지도자아카데미' 운영국장을 만났다. 당 안팎에서 각자의 자리에서 문제를 제기하고, 해법을 모색하며, 실제로 사람들을 움직이고 있는 이들이다. 나는 이들이 어떤 좌절을 겪었고, 무엇을 가능성으로 보고 있는지, 그리고 왜 여전히 이 사회에 기대를 걸고 있는지를 듣고 싶었다.

이들의 이야기가 정답을 대신해주지는 않을 것이다. 그러나 나는 이 대화들이, 질문을 던지는 사람에게도, 그리고 이 책을 읽는 독자에게도 쉽게 끝나지 않는 생각의 출발점이 되어줄 것이라고 믿는다. 정치는 결국 답을 강요하는 일이 아니라, 함께 생각할 질문을 만들어가는 일이어야 하기 때문이다.

뉴미디어의 힘

이진숙　귀한 분들 모실 수 있게 되어 영광이다. 지금부터 여러 가지 질문들을 던질 텐데, 가감 없이 답변 주시면 감사하겠다. 첫째로, 여기 계신 분들 모두 오랜 시간 뉴미디어를 통해 공론장 형성을 주도하셨다. 기성 언론의 견제에도 불구하고 뉴미디어의 영향력은 점점 커졌고 앞으로도 그럴 거라는 생각이 드는데, 근래 그와 같은 변화를 가장 크게 체감했던 사건이 있다면 각자 소개해달라.

고성국　최근 뉴미디어가 기성 미디어를 확실히 주도하고 있다고 느낀다. 그러나 박근혜 전 대통령 탄핵 당시만 해도 그렇지 않았다. 종북좌파들과 어떻게 투쟁해야 할지 방향을 제시하는 유튜버가 없었다. 변화를 느낀 건 윤석열 전 대통령 비상계엄 직후 탄핵 국면에서다. 자유우파 유튜버들이 대통령의 결단이 어떻게 이루어지게 됐는지 이야기했고 원인을 제공한 종북좌파들의 문제점들을 부각했다. 윤석열 전 대통령 반탄, 탄핵 저지 투쟁이야말로 뉴미디어가 규합하게 된 계기가 아니었나 싶다. 두 번째는 장동혁 대표가 당선된 전당대회다. 족벌 언론, 좌편향 올드미디어가 지지하거나 예측했던 김문수 후보를 꺾고 그야말로 드라마틱한 역전승을 일구었다. 이 과정에서 유튜브 뉴미디어는 단순히 예측만 한 것이 아니라 공개적으로 장동혁 후보에 대한 지지를 선언하고 여론을 주도함으로써 전당대회 역전승을 만드는 데 역할을 했다고 생각한다. 이 두 가지 사건이 뉴미디어의 힘을 보여준 대표적 사건이 아닐까 한다.

이영풍 최근 장동혁 국민의힘 대표와 나경원 의원, 그리고 여기 이진숙 방통위원장 대담 인터뷰를 여의도 스튜디오에서 진행했다. 그 이후 놀라운 광경을 목격했다. 기존의 올드미디어들이 〈이영풍TV〉 여의도 스튜디오에서 진행된 대담의 말을 토씨 하나 빠뜨리지 않고 보도한 거다. 물론 특정한 부분을 발췌해서 의미를 부여하는 방식이었지만, 주요 스피커의 정치 뉴스로 기사화되는 걸 보면서 많은 걸 느꼈다. 뉴미디어가 그동안 해왔던 정보 전달의 매개자에 그치지 않고 유력한 정보의 생산자이자 공급자 역할을 하는 시대가 왔음을 직감했다. 요즘 일과를 마치고 마지막 하는 일상이 검색엔진에서 〈이영풍TV〉를 검색하고 며칠 새 벌어진 뉴스를 확인하는 일이 됐다.

장예찬 국민의힘 전당대회에서 모두의 예상을 깨고 장동혁 대표가 당선된 게 가장 큰 사건이었다. 올드미디어를 비롯해 정치공학적 판단을 하는 모든 이들이 직전 대선후보인 김문수 후보의 당선을 예상했다. 그러나 장동혁 대표는 뉴미디어의 강력한 지지를 바탕으로 이변을 만들어냈다. 그때를 계기로 보수 진영에서도 뉴미디어가 변방의 외인부대가 아닌, 실제 당권에 영향을 끼치는 주요한 수단으로 인식되기 시작했다. 진보 진영은 과거부터 팟캐스트와 유튜브를 적극 활용하고, 심지어 지금도 대통령 비서실장과 국무총리가 좌파 유튜브에 출연하는 것을 꺼리지 않는다. 유튜브라는 플랫폼을 먼저 이용한 보수 진영이 오히려 올드미디어의 유튜브 폄하 프레임에 휩쓸려 몇 발짝 뒤처지게 된 셈이다. 이제라도 뉴미디어의 영향력을 직시하고 이를 통해 새로운 세대와 유권자 그리고 기존 정치 관여층이 적극적으로 정치에 참여하게 만드는 문화를 주도해야 한다. 미국의 트럼피즘, 그리고 트럼피즘에 영향을 받는 유럽 주요국 다수가 올드미디어의 몰락과 뉴미디어의 급부상을 배경으로 삼고 있다. 대한민국도 시차가 있을 뿐, 같은 길을 걸을 수밖에 없는 운명이다.

이동재　저는 올드미디어와 뉴미디어를 모두 경험했다. 그렇기에 누구보다 몸으로 체감하고 있다. 과거 올드미디어인 종편에서 방송기자로 근무했으며 현재는 시사 유튜브 방송을 하며 방송 내용을 토대로 올드미디어 플랫폼인 신문을 통해 기사를 작성한다. 두 플랫폼을 적절히 조화하여 시너지를 극대화하는 전략을 취하고 있는 셈이다. 유튜브라는 뉴미디어를 통해 올드미디어 기사의 파장과 언론사의 영향력을 극대화할 수 있다는 장점을 직접 체감하고 있고, 유튜브에서 방송한 내용이 재인용되고 재생산되면서 여론을 이끄는 경우도 다수 접하고 있다.

이진숙　사실 여기 계신 분들, 저를 포함해 모두가 과거, 혹은 현재까지도 올드미디어에 종사했거나 관여해온 분들이다. 그래서 더 생생하게 직접 경험한 바를 풀어줄 수 있는 게 아닌가 싶다. 그런 의미에서 두 번째로는 이 질문을 던져보고 싶다. 올드미디어와 뉴미디어의 가장 큰 차이는 무어라고 생각 하나. 나아가 올드미디어가 뉴미디어에 상당 부분 헤게모니를 빼앗기게 된 이유가 무엇이라고 보시나.

고성국　가장 두드러진 차이점은 동시성과 쌍방향성이다. 동시성이라는 것은 유튜브가 현장을 있는 그대로 전달할 수 있는 매체라는 뜻이다. 시사, 정치 분야의 경우 특히 기성 언론, 족벌 언론들은 동시성을 구현하지 못한다. 뉴미디어는 그곳이 어디건 현장을 동시에 구현하고 리얼리티를 가감 없이 그대로 보여주는 것이 강점이다. 쌍방향성이란 앞으로도 올드미디어가 뉴미디어를 절대로 따라올 수 없는 부분이라고 생각한다. 올드미디어는 자신들이 컨텐츠를 만들어 제공한다. 시청자, 청취자, 신문 독자들은 제공하는 컨텐츠를 수용하는 소비하는 소비자에 불과하다는 등식이다. 여론을 자신들이 만들고 대중은 쫓아오는 수동적 존재라고 상정한다. 그러나 유튜브의 출현으로 그와 같은 등식이 완전히 깨졌다. 시청자들은 댓글창을 통해 자유롭게 의견을 개진하고 진행자와 상호작용한다. 주장, 의견, 때로는 비판까지 소화해 내야 하는 것이다. 과거 TV조선에서 진행자로 일할 때도 쌍방향성 구현을 조건으로 걸었다. 그러나 문자를 통해 의견을 전달받고 제한적으로 보여주는 방식에 그쳤다. 간접적인 쌍방향 방식이라고 해야 할까. 두어 달 진행하다 프로그램이 없어지면서 하차하게 되었는데 그 후로는 간접적인 쌍방향 방식조차 시도하는 방송국이 없다. 소화할 수 있는 진행자도 마땅치 않을 것이다. 유튜브가 훨씬 실전적으로 쌍방향 소통이 가능한 진행자들을 많이 배출하고 있다는 점이 장래에도 기대되는 부분이다.

이영풍 　올드미디어가 헤게모니를 빼앗긴 가장 근본적 원인은 시청자와 독자의 외면이다. 신뢰성이 추락했다. 믿을 수 없는 매체로 전락했다는 거다. 30여 년 전만 해도 "어제 봤어? 뉴스에 나왔잖아"가 모든 대화의 시작이었는데 이제는 안 먹힌다. 사주가 있는 언론은 사주의 눈치를 보느라 언론인들이 제 목소리를 못 낸다는 지적이 있고 왜곡과 편파성 보도가 나오기도 한다. 사주가 없는 경우에는 더 심각하다. 대부분 공영성을 띠는 언론사들이 그러한데, 민노총 언론노조의 영향력 아래에서 불편부당한 방송 및 보도하기 힘든 내적 시스템이 신뢰성을 파괴한다. 그게 올드미디어가 외면받게 된 이유다. 그럼에도 올드미디어는 '가르치려 드는 자세'를 유지하고 있다. 반대로 뉴미디어는 '들어보려는 자세'를 유지해야만 하는 구조다. 올드미디어는 일방향 불통 소통이고 뉴미디어는 쌍방향 소통 커뮤니케이션이라는 게 그 결과를 만들어낸 가장 큰 차이가 아닐까 싶다. 종국에 누가 살아남을지는 자명하다.

장예찬　저도 비슷한 생각이다. 인터랙티브(Interactive), 즉 시청자와의 상호작용 여부가 가장 큰 차이다. 올드미디어는 기자와 논설위원이 독자와 시청자를 일방적으로 가르치는 역할이라면 뉴미디어에서는 유튜브든 누구든 시청자와 실시간 댓글로 소통하며 정보를 주고받게 된다. 소수의 데스크가 설정한 방향으로 콘텐츠를 만드는 게 아니라 즉시 시청자 반응을 살피며 콘텐츠 방향을 정할 수 있는 게 뉴미디어만의 강점이다. 시청자들은 더 이상 일방적인 정보 주입이나 소위 꼰대질 같은 가르침을 원하지 않는다. 정보의 홍수 속에서 시청자들의 니즈를 적절히 반영하며 소통하는 전달자를 원하고 있다. 그게 올드미디어가 헤게모니를 뺏기게 된 이유기도 하다.

이동재　감각의 차이를 들 수 있을 것 같다. 다수의 인력이 투입돼 정해진 틀 안에서 움직이는 올드미디어의 경우 속도 면에서 뉴미디어를 따라올 수 없다. 또, 시청자의 '참여' 측면도 그렇다. 저도 유튜브 방송을 하며 시청자가 실시간으로 남긴 정보를 통해 최신화된 방송을 하고는 한다. 아울러 대부분의 국민이 스마트폰으로 뉴스를 접하면서 TV나 종이에 의존하는 기존의 올드미디어는 도태될 수밖에 없는 것이 현실이다. 다른 한 가지를 꼽자면 신뢰의 문제라고 생각한다. 공론장을 설계하는 역할을 하다 '플레이어'가 되어버린 올드미디어에 실망감을 느낀 국민이 상당하다. 올드미디어가 디자인하는 세상 대신 스스로의 뜻을 반영시키고 즉답적으로 체감할 수 있는 뉴미디어에 신뢰와 관심을 갖는 국민이 늘어나고 있다고 본다.

이진숙　그간 올드미디어가 정보 전달자의 역할에 함몰되어 시청자들과의 상호작용을 도외시한 것이 주된 원인이 아니었나 싶다. 아울러 시청자들을, 정보를 주입하면 그대로 따라오는 수동적 존재로 상정하고 가르치려는 태도를 견지한 것도 주도권을 잃게 된 이유라는 생각이 든다. 그런데 뉴미디어, 특히 자유우파 유튜브도 밝은 면만 있는 건 아니었다. 갈등과 반목이 많다는 지적들이 있었는데, 최근 자유우파 유튜브 총연합회가 출범했다는 소식을 들었다. 탄생하게 된 배경은 무엇인가?

고성국　좌파 유튜버들도 끊임없이 분란과 다툼이 있다. 단, 대놓고 하지 않아 잘 드러나지 않는 차이라고 생각한다. 족벌 언론들이 부각하고 취재하는 경우가 적은 이유도 있고 결정적인 순간 하나로 모이는 습성이 있는 것도 분명하다. 더불어민주당과 좌파 언론, 좌파 유튜브가 한 몸처럼 움직이고 역할 분담을 하면서 서로가 서로를 어떻게 이용하면 좋은지에 대한 노하우를 공유하는 것은 눈여겨봐야 할 지점이다. 자유우파 진영의

경우 구심점 역할을 해야 할 국민의힘이 두 차례 탄핵을 거치
면서도 광장의 자유우파 국민들을 백안시해왔다. 자유우파 유
튜버들을 껄끄러운 존재로 생각했다. 장동혁 지도부 이전 국민
의힘 지도부가 대체로 그러했다. 장동혁 지도부는 광장에서 종
북 주사파와 투쟁하는 자유우파 국민을 매우 소중하게 존중하
고 있고 함께 해야 한다고 생각하고 있다고 본다. 당연히 뉴미디
어 시대를 열고 있는 자유우파 유튜버들에 대해서도 함께 해야
할 동지적 관계라고 생각하는 것으로 보인다. 그래서인지 최근
에는 자유우파 진영 유튜버들이 갈등, 반목하는 일이 거의 없다.
최근 결성된 '대자유총' 역시 자유우파 유튜버를 억지로 끌어모
은 게 아니라 장동혁 지도부 출범을 전후해 형성된 '하나가 되어
야 한다'는 흐름을 타고 결성된 것이다. 그게 선후관계가 맞다고
본다. 핵심은 지휘부 역할을 맡는 국민의힘 지도부에 있다.

이영풍　알아서 각자도생하기에는 대내외 상황이 호락호락하
지 않다는 점을 인식했기 때문이다. 문재인 정권 말 민주당 세
력이 밀어붙이려다 실패한 언론중재법 개정안 사태만 보더라
도 당시 좌우 진영을 떠나 언론자유의 근본적 틀을 깨서는 안
된다는 공감대가 있었다. 그런데 윤석열 정권 탄생 이후 들어
선 이재명 정권하에서는 아주 위험한 수위까지 악화되었다. 정
보통신망법을 통과시키고 올해 7월 시행으로 못 박더니 이제는
언론중재법 개정안까지 밀어붙이려고 한다. 각자도생은 한가한

소리다. "뭉치면 살고 흩어지면 죽는다" 이게 현실로 다가온 거다. 특히 징벌적 손해배상 소송으로 최대 10억 원 규모의 과징금을 부과받고 살아남을 유튜버 1인 제작자가 누가 있겠나. 그 간절함이 대자유총 탄생으로 이어진 게 아닌가 싶다.

장예찬 문재인 정부 때 보수 유튜버들에게 무차별적 노란 딱지가 붙었다. 이재명 정부 들어 유튜브를 향한 탄압은 더욱 심해질 것이다. 이런 정치 공세에 개별 유튜버가 따로 대응하는 것은 불가능하다. 역설적으로 독재적 성격의 좌파 정부가 우파 유튜버 연대를 강제시킨 측면이 있다는 거다. 법률 대응부터 정무적 대응까지 여러 유튜버들이 긴밀하게 연대할 때 훨씬 더 큰 힘을 지니게 된다고 생각한다.

이동재 현역 언론인으로서 이에 대해 구체적으로 알지는 못한다. 다만, 좌파 성향 시사 유튜브의 경우 '지령을 받는다'라는 말이 어울릴 정도로 일치단결된 모습을 보이는 경우가 많다. 반대로 우파 성향 시사 유튜브의 경우 반목과 갈등이 일상적으로 일어난다. 이런 현실적인 부분을 감안한 결정이 아니었을까 싶다.

이진숙 뉴미디어의 영향력이 강화되면서 올드미디어의 소비층과 뉴미디어 소비층의 인식 격차가 커지고 있다는 생각도 든다. 이 간극을 좁힐 대안이 뭐라고 보나.

고성국　간단한 문제다. 같은 팩트를 가지고 해석이 다른 부분은 얼마든 존중되어야 한다. 그러나 팩트 자체가 달라버리면 함께할 수 없다. 이를테면 올드미디어 족벌 언론은 끊임없이 장동혁 지도부를 '20% 박스권'에 갇힌 지도부로 규정하고 그 원인을 '중도층 외면'에서 찾는다. 마치 한동훈과 이준석을 껴안지 못해서 그런 것처럼 몰아간다. 그러나 국민의힘이 20% 박스권에 갇혔다고 하는 출발점, 팩트부터 잘못됐다. 팩트가 잘못됐다면 이후 나오는 모든 해석들은 다 불필요하고 소모적인 논란이 된다. 팩트는 무엇이냐. 저희가 실제로 12월 한 달간 여심위에 등록된 40개 여론조사를 전수조사했다. 국민의힘 지지율이 20%대로 나온 조사는 19개로 과반이 안 된다. 다른 19개 조사에선 30%대 지지율이 나왔고 2개 조사에선 40%대를 기록했다. '20%대 박스권'이라는 전제 자체가 명백히 팩트가 아닌 것이다. 그러니 기성 언론과 뉴미디어가 보는 세상이 점점 달라지게 되는 것 아니겠나. 기성 언론들이 팩트를 먼저 인정하고 논리를 전개하면 그게 중도층 논의건, 배신자 논의건 얼마든 토의가 가능하다.

이영풍　올드미디어가 자구적으로 불편부당성을 회복하려는 노력을 해야 한다. 가치중립적이고 편파성을 극복하는 내부 자정 시스템을 복구해야 한다. 공영언론의 경우 편집권과 보도 책임자들에 대한 자율적 인사권을 확보하지 못한다면 아마도 더

악순환의 고리로 빠져들 것이다. 결국 시청자들이나 독자들로부터 더 외면당하고 공영언론 생태계는 파괴될 것이다. 뉴미디어 업계도 마찬가지로 변해야 한다. 2016년 박근혜 대통령 탄핵 사태 이후 1세대 유튜브 산업시대를 지나 지금은 3세대까지 발전한 것으로 보인다. 1세대가 '충격, 난리 났다'로 상징되는 콘텐츠 생산 시대였다면 지금은 '왜? 그 배경은?'으로 대변되는 심층 콘텐츠가 살아남는다. 특히 1인 미디어가 이제는 혼자만 콘텐츠를 전달하는 것이 아니라 전문가를 초빙해서 같이 들어보고 소통하는 콘텐츠를 생산하는 시대가 됐다. 이 과정에서 인공지능 AI의 도움도 받는 시대가 된 거다. 급변하는 시대에 적응하는 것이 간극을 좁히기 위한 대안이라고 본다.

장예찬　뉴미디어도 노력해야 할 지점들이 분명히 있다. 팩트에 대한 정확한 체크, 그리고 지나치게 돈벌이에 집착한다는 인식에서 벗어나기 위해 정도를 지키는 행보 등 자정작용도 필요하다. 당장의 조회수에 눈이 멀어 자극적인 가짜뉴스를 방송하고 책임지지 못할 주제를 다루는 것은 뉴미디어에서도 지양해야 할 일이라고 본다. 우리의 경쟁자가 동료 유튜버가 아니라 올드미디어의 저녁 뉴스나 시사프로그램이라는 생각으로 콘텐츠 제작에 임해야 더욱 인정을 받을 수 있다.

이동재　올드미디어를 소비하는 시청층은 갈수록 감소하는 추세다. 간극을 좁히는 해법은 뉴미디어의 문법을 제도권 공론장으로 끌어들이는 데에 있다고 생각한다. 뉴미디어의 만듦새를 보강하고 거부감을 느끼는 올드미디어 시청층을 포섭하는 것이 중요하다고 생각한다. 뉴미디어와 올드미디어를 모두 다루고 있는 제 입장에서 살펴보면, 퀄리티 있는 콘텐츠를 꾸준하게 공급하는 것이 그 방법이 될 수 있다고 보여진다.

이진숙　올드미디어와 뉴미디어 각자의 장단점을 설명하면서 각기 극복해야 할 지점들을 균형적으로 설명해주신 것 같다. 한편 최근에는 소위 '보수 언론'으로 평가받던 올드미디어까지 지나치게 좌편향되었다는 평가가 많다. 그 이유는 무엇이며 어떻게 개선될 수 있다고 보시나.

고성국　보수 언론으로 평가받는 조선일보까지 좌편향 된 것은 분명한 사실이다. 한겨레, MBC, YTN, KBS같이 언론 노조가 실질적으로 회사를 장악하고 이른바 편성권, 편집권까지 독단으로 행사하는 경우 좌편향이 나타난다. 그렇지 않은 조선일보 같은 언론은 왜 좌편향으로 보이는 기사를 쓰고 장동혁 체제를 공격하면서 한동훈 배신자들 또는 이준석 같은 일탈자들에게 방점을 찍는 보도를 할까. 조선일보마저도 종북 주사파들의 눈치를 본 결과라고 생각한다. 대놓고 '우리 좌파예요' 할 수 없으니 장동혁 체제를 자꾸 흔드는 것이다. 결국 보수로 위장한 족벌 언론들의 자기 생존을 위한 기회주의적 태도에 기인한다고 본다. 나아가 이 족벌 언론들이 민주당이나 종북 주사파한테는 영향력을 행사 못 해도 자유우파 보수 세력에서는 영향력을 행사해왔는데, 그 영향력을 뉴미디어에 뺏긴 상황에서 주도권 싸움을 하는 거라고도 볼 수 있겠다. 자체적인 개선은 어렵고 압력을 가하는 수밖에 없다. TV 조선과 같은 방송에 대해서는 시청을 안 함으로써 시청률을 떨어 뜨리는 압력, 조선일보 같은 종이신문은 구독을 끊음으로써 압력을 행사하는 방법이 있다. 시청자의 외면, 그것이 가장 빠르고 직접적인 방법이다. 족벌언론들이 종래 논조를 버리고 자유우파 목소리를 제대로 대변하는 언론으로 나아간다면 조선일보, TV조선 등과도 함께 가지 못하리란 법도 없다.

이영풍　사주가 없는 공영언론의 경우 일전에도 이야기한 것처럼 언론노조의 영향이 가장 큰 이유다. 민노총 규약 4조에 '노동자의 정치세력화'를 적시하고 있기 때문에 노조 권력에서 벗어날 수가 없다. 자본과 권력으로부터의 자유를 말하기 전에 노조 권력으로부터의 개입과 간섭에서 해방되어야 한다. 사주가 있는 언론의 경우에는 사주의 눈치를 보지 않는 편집권의 자유가 달성되어야 할 것이다. 그런데 최근 광고시장의 위축으로 사주의 권한이 더 막강해지고 언론인들은 단순 월급쟁이로 전락하고 있는 시점이라 매우 불투명한 전망을 보이고 있는 것도 사실이다.

장예찬　세대의 문제라고 생각한다. 지금의 4050은 확고한 민주당 지지층이고 반대로 2030은 보수 성향이 어느 때보다 강하다. 4050이 기득권을 차지하고 있는 언론사 구조에서 공정한 목소리가 전달되기란 불가능에 가깝다고 본다. 현재의 20대들이 언론사의 간부가 되어 지형을 바꿀 때까지 뉴미디어가 올드미디어를 견제하는 역할을 든든히 해내야 한다. 그래야 반짝이는 지성과 창의력을 지닌 인재들이 정치나 언론에 대한 관심을 잃지 않고 암흑기를 버텨낼 수 있을 것이다.

이동재　단순한 이념 문제를 넘어 제작과 편집 과정의 구조적 동질화에서 비롯됐다고 본다. 특히 민노총 언론노조가 강한 영향력을 행사하면서 특정 가치와 문제의식이 마치 '표준'처럼 작동해온 측면이 있다. 그 결과 다양한 정치적 스펙트럼이 충분히 반영되지 못했고, 저울의 추가 기울어 있다는 비판을 받았다. 이에 반하는 생각의 경우 매도되기 일쑤다. 맞설 수 있는 힘을 구축하는 것이 필요하다. 짧은 시간 동안 이루어질 일은 아니라고 본다. 꾸준한 관심과 노력이 필요하다.

이진숙　언론노조의 문제점에 대해선 나 역시 꾸준히 문제를 지적하고 대안을 모색해왔다. 어렵지만 꾸준히 관심을 갖고 개선해나가야 할 문제가 아닌가 싶다. 벌써 마지막 질문이다. 이재명 정권 들어 이른바 '유튜브 입틀막 정책'이 무더기로 생산되고 있다. 뉴미디어 당사자로서 어떻게 바라보고 있으며 어떻게 대응할 생각인가.

고성국   시행하면 가장 먼저 김어준이 당할 것 같은데 (웃음) 왜 그러는지 모르겠다. 우리 자유 유튜버들은 박근혜 대통령 당시부터 10년 가까이 엄청난 탄압을 받아왔다. 광고는 물론 툭하면 채널이 폐쇄되고 계정 탈취까지 당했다. 당장 '고성국TV'만 해도 몇 번씩 생방송이 중단되거나 계정이 탈취당했다. 5년 넘게 광고 탄압을 받았다. 그럼에도 살아남았다. 우리는 가진 게 별로 없다. '잃을 거라고는 쇠사슬밖에 없다', 마르크스가 그렇게 이야기하면서 노동자들에게 단결하라고 했는데 지금 자유우파 유튜버들의 처지가 그렇다. 우리가 뭘 가지고 있나. 어떤 기득권이 있나. 우리는 잃을 게 없고 10년 가까운 종북 주사파들과의 투쟁 속에서 충분한 방어력과 내구성을 키웠다. 오히려 좌파들은 그런 방어력과 내구성이 없다. 마치 예전 자유우파 때려잡겠다고 드루킹 사건 터뜨렸다 김경수, 문재인까지 연루되게 만든 것과 똑같다. 징벌적 손해배상? 해보라. 당하는 건 김어준이다. 오히려 좌파 유튜버들의 자중지란으로 이어질 것이다.

이영풍   크게 2가지가 떠오른다. 첫째는 내부적으로 가짜뉴스성, 낚시성, 카더라성 콘텐츠 생산을 지양하는 것이다. 그동안 유튜브 산업 전반은 그야말로 블루오션으로 다양한 의견들이 1인

미디어 크리에이터 목소리로 허용되어 왔다. 하지만 유튜브 산업이 성장하고 이제 많은 시청자들이 몰려드는 시대로 접어들었기 때문에 자율과 함께 책임성이 중요해졌다. 두 번째로 법률대응단이 조직되어야 한다. 기본적으로 유튜브는 1인 미디어 크리에이터다. 콘텐츠 제작에 집중하다보면 그 외에 것들을 챙기기 어려울 수 있다. 법률 대응은 외부나 내재화된 시스템에서 막아줄 수 있는 대응책이 필요하다. '대자유총'을 결성하게 된 결정적 계기도 그 같은 문제의식 때문이었다.

장예찬　그만큼 뉴미디어의 영향력이 부담스럽다는 증거 아니겠나. 위축될 이유가 전혀 없다. 권력이 입틀막을 시도할수록 매체의 힘은 더욱 커질 수밖에 없다. 다만, 정부의 탄압에 명분을 주지 않도록 콘텐츠 생산에 있어 팩트체크에 더 심혈을 기울일 필요는 있다. 그럼에도 불구하고 정부가 억지 탄압을 계속한다면 개별 유튜버 차원이 아니라 공동의 대응책을 모색하고 국제사회에 호소하는 등 언론과 표현의 자유 문제를 더 크게 부각시키는 전략적 접근도 필요할 듯하다.

이동재　허위정보 대응이라는 명분과 달리 비판적 표현 전반을 위축시킬 위험이 매우 큰 정책들이다. 이에 미국에서도 강력한 우려를 나타내고 있다. 권력이 판단 주체가 될 경우 규제기준이 자의적으로 흐를 수 있다. 힘의 균형이 무너진 상황에서 극복의

해법은 민주주의를 향한 끝없는 관심에 있다고 밖에 볼 수 없다.

이진숙 긴 이야기 함께해주셨다. 정말 감사하다는 말씀을 전한다. 오늘 논의가 기록이 되고 기억이 되어 많은 분들께 새로운 영감과 지식을 전해 주리라 믿는다. 다시 한번 감사드린다.

민주주의의 빈자리

대표되지 않는 사람들

정치는 흔히 청년과 여성을 '미래'라는 말로 부른다. 그러나 그 말 속에는 묘한 책임 회피가 숨어 있다. 미래라는 이름으로 호명되는 순간, 그들은 언제나 지금의 결정 구조에서는 한 발 비켜난 존재가 된다. 중요하다고 말하면서도, 정작 중요한 자리에는 앉히지 않는 방식이다.

그러나 오늘의 청년과 여성은 더 이상 '언젠가의 주역'이 아니다. 이미 지금 이 사회의 비용을 치르고 있고, 지금의 정책 결과를 몸으로 감당하고 있으며, 지금의 정치가 만든 구조 속에서 살아가고 있다. 취업, 주거, 병역, 연금, 교육, 표현의 자유. 이 모든 문제는 미래의 과제가 아니라, 이미 현재진행형의 현실이다.

그럼에도 정치의 언어는 여전히 이들을 구호 속의 존재로 다루는 데 익숙하다. '청년을 위하여', '여성을 위하여'라는 말은 넘쳐나지만, 정작 그 결정의 테이블에는 청년과 여성이 거의 보이지 않는다. 그 결과, 선의로 포장된 정책들이 반복해서 현실과 어긋나고, 당사자들은 매번 "우리를 대신해 결정하지 말라"고 외치는 상황이 되풀이되고 있다.

그래서 나는 이번에는 '대상'이 아니라 '당사자'의 목소리를 먼저 듣고 싶었다. 정치가 청년과 여성을 어떻게 바라보는지가 아니라, 청년과 여성이 정치를 어떻게 바라보고 있는지를 묻고 싶었다. 평가하기 위해서가 아니라, 이해하기 위해서였다.

이번에 만난 이들은 각자의 자리에서 이미 행동하고 있는 사람들이었다. 제도권 안에서, 혹은 제도권 바깥에서, 각자의 방식으로 문제를 정의하고 해법을 찾으려 애쓰고 있었다. 이들은 정치에 대해 막연히 분노하는 관객이 아니라, 불완전하더라도 직접 뛰어들어 구조를 바꾸려는 참여자들이었다.

흥미로운 점은, 이들의 문제의식이 결코 가볍지 않았다는 것이다. 이념보다 결과를 말했고, 구호보다 구조를 이야기했으며, 분노보다 책임을 먼저 꺼냈다. 무엇보다 "왜 이 정치는 늘 우리를 빼고 결정되는가"라는 질문이 대화 곳곳에서 반복되었다.

여성에 대한 이야기도 마찬가지였다. 보호의 대상, 배려의 대상이라는 오래된 언어 대신, 경쟁과 책임의 주체로 평가받고 싶다는 요구가 분명하게 드러났다. 특혜가 아니라 공정한 룰, 상징이 아니라 실질적인 기회. 그 요구는 생각보다 훨씬 냉정했고, 동시에 훨씬 현실적이었다.

이 대화들은 어떤 결론을 대신 말해주지는 않는다. 그러나 적어도, 지금의 정치가 어떤 질문들 앞에서 더 이상 피해 갈 수 없는지를 또렷하게 보여준다. 청년과 여성은 더 이상 정치의 장식물이 아니다. 이미 정치의 결과를 가장 오래, 가장 깊게 감당해야 하는 세대이자 집단이다.

앞으로 이어질 대화는, 그 당사자들이 직접 말하는 현재의 기록이다. 해석은 그 다음의 몫이고, 판단은 독자의 몫이다. 다만 이 목소리들만큼은 더 이상 "나중에"로 미뤄서는 안 된다는 생각이 들었다.

이진숙　이번에는 정치권 안팎에서 각자의 재능을 십분 활용해 여러 사회적 족적과 메시지를 던지고 있는, 대한민국 미래 지도자가 될 청년 재원들과 함께 대담을 나눠보려 한다. 첫 번째 질문은 아이스 브레이킹이다. 정치에 관심을 갖게 된 계기, 혹은 직접 정치인으로 활동하게 된 계기가 있다면 무엇인가.

김효은　많은 분들께서 저를 EBS 영어 강사 '레이나쌤'으로 기억하신다. 강단에서 수많은 제자들을 가르치며 뼈저리게 느꼈던 게 있다. '교육 현장의 문제는 교실 안에서만 해결할 수 없다'라는 절박한 한계였다. 대한민국의 수능 영어 전문가로서 냉정하게 진단하자면 현재 수능시험은 원어민조차 '이게 도대체 무슨 상황인가' 고개를 갸웃거릴 정도의 기계적이고 부자연스러운 듣기 평가, 언어가 아니라 '해독해야 할 암호문' 수준의 독해 지문으로 점철되었다. 글이란 필자가 독자를 이해시키고 설득하기 위해 정보를 전달하는 수단 아닌가. 수능 영어의 본래 목적도 학생들이 대학에 진학해 영문 전공 서적을 읽고 지식을 습득할 수 있는지를 평가하는 것이다. 그러나 우리 수능은 지난 30년간 이 상식을 철저히 배반해왔다. '변별력'이라는 미명 하에 멀쩡한 문장을 비틀고 인위적으로 조작해 어떻게든 오답을 유도한다. 이것은 독자의 이해를 돕는 글이 아닌 이해를 방해하기 위해 정교하게 설계된 '덫'에 불과하다. 영어는 대학과 사회에서 더 넓은 세상을 마주하고 지식을 확장하기 위한 도구여야 한다. 지금 우리 교육은 그러고 있나? 스스로 묻는다면 회의적이다.

이진숙　흥미롭고 공감되는 이야기다. 추가로 질문하자면, 윤석열 정권 당시 교육부 정책보좌관으로도 일했던 것으로 안다. 정치권에서 그와 같은 문제를 풀어낼 단서를 발견했나.

김효은　이명박 정부 시절 이 같은 폐단을 끊어내고자 '국가공인 영어인증시험' 도입을 야심차게 준비했었다. 그러나 정권이 바뀌면서 정치 논리에 휩쓸려 허무하게 휴지 조각이 되고 말았다. 그때 느낀 절망감은 이루 말로 표현하기 어렵다. 이후로도 강단에 서며 마음 한구석이 늘 무거웠다. 그래서 '어쩔 수 없다', '흐린 눈으로 현실을 외면하지 않겠다'고 정치를 시작했고 짧은 시간이었지만, 정책 집행의 당사자로서 교육부에서 일하며 많은 가능성을 목도했다. 정치 문법에 좋은 정책이 사장되는 일이 다시는 발생하지 않도록 가교 역할을 하자는 게 앞으로의 포부다.

박민영 사실 정치가 하고 싶어서 정당에 들어온 건 아니다. 토론대회 상금으로 대학 학비를 충당했고 정책을 공부하고 그것을 말로 풀어내며 자연스럽게 지식이 축적됐고 흥미가 생겼다. 처음 오디션으로 바른정당 청년대변인이 되었을 때도 유의미한 정책보다는 정치적 설전에 함몰된 여의도 정치에 환멸을 느꼈다. 군대를 전역하고 다시 정치권에 돌아와 20대 대선 청년보좌역으로, 대통령실 행정관으로 일하면서도 말싸움보다는 정책, 실무에서 큰 보람을 느꼈다. 결국 정치는 과정이고 본질은 정책, 국정에 있다고 생각한다. 물론 보수 정당 특유의 꼰대 문화, 나이, 경력, 학력 따지는 풍토 때문에 피로감도 느꼈고 대통령실을 나와서는 당이 아닌 학계로 가 더 공부해서 돌아올 작정이었다. 그러나 계엄 사태가 터졌고 일련의 사건들을 겪으며 결국 정당의 질서를 바로잡지 못하면 집권해도 제대로 된 정책을 실현시킬 수 없다는 사실을 깨달았다. 보수 진영의 정당정치를 바로 세우고 그것을 원동력으로 집권해 국민이 체감할 수 있는 정책적 변화를 가져오는 것이 현재 목표이자 동기이다.

김준희 자유대학 1기 대표를 지낸 김준희다. 박준영 현 자유대학 대표, 심재홍 대변인과 함께 다양한 플랫폼에서 활동을 이어가고 있다. 아직 대학생 신분이고 정치인으로서 정치를 해야겠다는 생각으로 이곳에 뛰어든 것은 아니기 때문에 설명하기 어려운 부분들이 아직 많지만, 본격적으로 정치에 관심을 갖기 시작한 계기는 단연 윤석열 대통령의 비상계엄이다. 비상계엄에 대해 다양한 평가가 있다는 사실도 잘 알고 있다. 하지만 윤석열 대통령만큼 치열하게 반국가세력과 맞선 지도자가 없었다고 생각하고 이 부분은 분명히 평가받아야 한다고 생각한다. 윤석열 대통령이 재판 과정에서 부당한 대우를 받지 않고 명예를 회복할 수 있도록 하는 것이 당면한 과제이고, 자유대학이 지향하는 목표이다.

손정은 '한국청년지도자아카데미', 이른바 '한청아'라는 청년 조직에서 활동하고 있는 손정은이다. 저는 지혜로우신 부모님 덕에 비교적 우파적 가치관이 자연스럽게 자리 잡힌 가정환경에서 자랐다. 다만, 성장 과정에서 정치 자체에 큰 관심을 두고 살아가지는 않았다. 그러다 문재인 정권 시기, 임대차 3법으로 인한 부동산 시장 왜곡, 원전 정책의 급격한 전환, 멀쩡한 산림을 훼손하며 진행된 태양광 패널 설치 등을 보면서 점차 정치에 대한 관심과 문제의식을 갖게 되었다. 특히 북한 김정은에게 원자력 관련 국가기밀 문서가 USB 형태로 전달되었다는 의혹을 접했을 때, 이는 단순한 정책 실패를 넘어 국가의 근간이 흔들릴 수도 있는 사안이라고 생각했다. 결정적인 전환점은 윤석열 대통령의 파면 이후였다. 법치가 무너지는 장면을 목도했고 더 이상 침묵해서는 안 된다는 생각이 들었다. 행동하지 않으면 아무것도 바뀌지 않는다는 절박함을 느꼈다. 이후 뜻을 같이하는 사람들과 조직을 만들고 행동하는 길을 택했다. 그렇게 시작한 활동이 지금까지 이어지고 있고, 단순한 정치 참여를 넘어 대한민국의 법치와 자유를 지키는 것이 삶의 방향이 되었다.

조평세 '1776연구소' 대표 조평세다. 전국 청년연합 '바로서다' 이사이자 기독교 세계관 월간지 《월드뷰》 부편집장으로 활동하며 영미식 보수주의 가치관을 한국에 알리는 일을 해왔다. 1776연구소 역시 보수주의 근간을 연구하고 세상에 알리기 위해 설립했다. 꼭 정치인이라는 정체성을 가지고 활동하기보단 청년들에게 보수주의 가치를 알리고 그것을 기치로 거룩한 대한민국을 구축하기 위한 다방면의 노력을 하고 있다. 현재도 '1776 아카데미'를 운영하며 다양한 청년들과 교류, 소통하고 있다.

이진숙 한 분씩 소개를 듣다 보니 정말 귀하고 소중한 자리라는 생각이 든다. 각자 배경과 생각은 다를 수 있어도 더 나은 대한민국을 만들겠다는 일념으로 각자의 신념과 방향을 각자의 방식으로 사회에 반영하려 노력하는 것이 특히 인상적으로 자유대한민국의 미래가 밝다는 생각이 든다. 더 고무적인 것은 여기 있는 청년들뿐 아니라, 2030세대가 전반적으로 자유 우파적 가치에 공감하게 되었고 그 사실이 다양한 지표로 나타나고 있다는 점이다. 그러나 한편으로는 자유우파 가치를 지지해도 보수 정당은 지지하지 않는다는 평가도 있다. 왜 그런 현상이 벌어지고 있다고 보시나?

김효은 제 생각에는 2030세대가 '이념'이 아닌 '생존'과 '공정'을 최우선 가치로 삼는 실용주의자들이기 때문 아닐까 싶다. 운동권 이념에 갇혀 무조건적인 평등을 외치는 4050세대와 달리 청년들은 문재인 정부 5년간 부동산 폭등과 조국 사태 등을 겪으며 좌파의 위선과 시장 파괴적 포퓰리즘의 폐해를 뼈저리게 목격했다. 그들이 원하는 것은 단순한 결과의 평등이 아니라 노력한 만큼 보상받는 자유시장경제의 투명한 룰이다. 그럼에도 2030세대가 우리 당을 적극적으로 지지하지 않는 이유는 우리가 여전히 기득권에 안주하는 '웰빙 정당'처럼 보이기 때문이다. 민주당의 청년 정치가 당 지도부를 맹목적으로 보위하는 홍위병 역할에 그치는 현실을 반면교사 삼아 우리는 청년들을 동원의 대상이 아닌 당당한 파트너로 대우해야 한다. 이제 보수 정당은 낡은 권위주의를 벗어던지고 청년들이 마음껏 뛰어놀며 능력을 증명할 수 있는 '기회의 플랫폼'으로 완전히 탈바꿈해야 한다는 생각이다.

박민영　당장 우리 당을 사랑하고 우리 당에 당직자로 몸담고 있는 저부터도 당에 정 떨어지는 순간들이 많다. 정당정치에 대해 제대로 이해하지 못하고 우리의 자산과 역사를 부끄러워하며 좌파 이념에 콤플렉스를 느끼는 위장 우파들이 당내 즐비해 있다. 더 큰 문제는 그들 스스로가 자신을 정통 보수라고 착각하고 있다는 점이다. 당원들을 두려워하고 당심을 폄훼하면서 자신의 생각이 주류고 옳다고 생각하는 자기모순적 착각, 그것이 순수하게 이념과 가치로 정당을 평가하는 2030세대에게는 위선과 비겁함으로 읽힐 수밖에 없다. 최근까지도 국민의힘은 조선 시대 예송논쟁 벌이듯 이미 대중적 평가가 끝난 계엄이라는 사태에 대해 사과를 하니 마니 실랑이를 벌였다. 쌍팔년대 신파극 찍듯 특정 인물과의 '절연'을 요구하고 급기야는 특정 지지층 자체와 아예 결별해야 한다는 황당한 주장까지 펼쳤다. 정치인이 좋은 표 나쁜 표 가려 받나. 당장 배지를 달고 현역 국회의원으로 정치 활동을 하고 있다는 사람들이 저런 어처구니없는 주장을 당당하게 펼치는 모습에 나부터 낯 뜨거워지더라. 그러나 싫다고 외면하면 아무것도 바뀌지 않는다. 같은 문제의식을 느끼는 젊은 세대가 더 적극적으로 당에서 활동하고 힘을 모아 당을 바꿔나가는 것이 가장 중요하다.

김준희　2030세대가 보수화된 이유는 특정 인물 때문, 혹은 일시적 정치 선동의 결과가 아니다. 현실 경험의 축적을 통해 형성된 가치의 이동이며 특히 진보적 성향을 표방해온 기득권 세대, 이른바 586세대의 이념적 모순을 목격한 데서 비롯된 측면이 크다고 본다. 과거 청년 정치가 마르크스, 레닌주의 등 이상과 담론 중심으로 전개되었다면 오늘날 2030세대는 취업, 주거, 병역, 세금, 교육 등 삶 전반에서 국가 정책의 직접적 결과를 몸으로 경험한 세대다. 정책의 의도보다 결과가 얼마나 중요한지, 이념보다 현실이 얼마나 냉정한지를 배운 것이다. 문재인 정부 시기 부동산 정책 실패, 공정 담론의 붕괴, 조국 사태 등을 거치며 청년들은 '말과 행동이 다른 정치'에 깊은 실망을 느꼈다. 민주당이 내세워온 진보 담론이 실제로는 기득권 중심의 위선적 구조였다는 것을 인식한 게 중요한 요인이었다는 것이다. 청년을 대변한다면서 정작 청년의 경쟁과 노력, 책임을 존중하지 않는 정책이 반복되었고 그 결과마저 청년 세대에게 고스란히 전가시키는 정치가 계속되고 있다. 그렇다면 보수적 가치와 이념에 공감하는 청년들이 왜 보수 정당에는 쉽게 마음을 주지 못하는가. 이유는 국민의힘을 비롯한 보수 정당이 여전히 기성 정치 문법과 권력 구조에 머물러 있기 때문이다. 청년을 말하지만 청년이 의사결정 과정에 없고 변화를 이야기하지만 책임지는 모습은 부족하다. 반면 민주당은 25만 원 민생지원금, 노란 봉투법 등 비현실적이거나 위험하지만, 아무튼 선명한 비전과 방향을 제시한다. 또한, 독립적인 청년 조직을 기반으로 정책 연구, 정치 교육, 인재 육성을 구조화해 왔다. 국민의힘은 어떤가. 청년 조직은 여전히 '당내 당' 형태에 머물러 있고 자율성과 독립성은 극히 제한된다. 대안은 분명하다. 보수 정당이 이념과 비전을 분명히 말하고 실천하는 정당이 되는 것이다. 진보 진영의 급진적 정책에 반대만 할 게 아니라 불법 이민에 대한 강력한 제재, 성중립 정책 반대, 북한 제재 강화 등 자유우파 가치에 기반한 명확한 정책과 방향성을 두려움 없이 역설해야 한다. 아울러 청년이 직접 기획하고 책임지는 정치 구조를 만들어야 한다. 공천, 정책 결정, 메시지 생산 과정에 실질적 권한을 부여하지 않는다면 보수 정당은 계속해서 청년들의 '반대를 위한 지지'만 받을 것이다.

손정은　앞서 공감 가는 이야기들이 많았다. 나 역시 비슷한 생각이다. 정치 지형의 변화에도 보수 정당이 지지를 받지 못하는 이유는 스스로 쌓아온 업보의 결과다. 가장 근본적인 원인은 외부의 공격이 아닌 오랜 시간 이어온 내부 분열, 이른바 '내부 총질' 문제라고 생각한다. 당이 하나로 화합하지 못하고 공동의 비전보다 계파 간 이해관계와 개인의 정치적 유불리를 우선시하면서 국민을 위한 정치가 아닌 정파 싸움만을 반복했다. 그럼에도 많은 국민이 다른 선택지가 없다는 현실 속에서 국민의 힘을 선택했기 때문에 그나마 명맥을 유지할 수 있었다는 것이다. 지금까지의 결과는 당의 성과가 아니라 보수의 가치를 완전히 포기할 수 없었던 국민의 인내에 가까웠다. 비단 2030세대뿐 아니라 자유우파 국민이라면 누구라도 그렇게 생각할 것이다. 이제는 더 이상 과거의 방식을 버틸 수 없는 지경까지 왔다. 내부를 향한 소모적인 싸움을 멈추고 국민과 나라를 지키는 정치의 본질로 돌아가야만 신뢰를 회복할 수 있다. 그 대안은 국민의힘 지도부에서 자유우파 보수주의 정의를 다시 내리는 것에서 시작한다고 본다. 흔히 보수주의자는 개인주의자라고 얘기하지만, 내가 생각하는 보수주의자는 '독립주의자'이다. 독립은 단순 외세로부터의 분리라는 뜻을 넘어 개인, 자주, 자립, 자유, 책임이라는 핵심 가치를 모두 포괄하는 단어다. 독립은 혼자 서 있는 상태가 아니라 스스로 선택하고 그 선택의 결과를 감당할 수 있는 존재가 되는 걸 의미한다. 좌파 정치가 보여주는 모습은 정반대다. 끊임없이 국가와 타인에 의존하고 문제의 원인을 외부나 남에게 돌리며 책임과 의무보다는 권리만을 강조한다. 이러한 의존주의적 사고는 개인의 성장과 공동체의 건강성을 동시에 약화시킨다. 핵심은 '보수주의자는 독립주의자'라는 개념을 한국 보수 정당에서 새롭게 정의 내릴 필요가 있다.

조평세　고등학생이나 청년들에게 강의를 하다 보면 교사들보다 학생들이 훨씬 더 보수주의 사상에 열려 있다는 걸 경험한다. 한편 긍정적인 신호이지만, 다른 한편으로는 이들이 갈급해는 사상적 배움과 필요를 기성 정치 세력이나 정당이 해소해줄 수 있을까 하는 다급함도 생긴다. 대한민국에는 아직 보수주의 사상이나 이념적 가치로 뭉친 '보수 정당'이 안 보인다. 더 직설적으로 말하면 사전적 의미의 '보수' 중에서도 가장 꼴불견인 '보신주의'만 도드라진다. 물론 그런 이미지를 부추기는 기울어진 언론과 여론의 탓도 크다. 그럼에도 보다 더 사상적인 무장과 어필이 필요해 보인다. 아울러 청년들의 보수화는 아직까지 사상적 기반보다 운동권 정치에 대한 환멸, 반항심에서 비롯된 측면이 크다. 대학 캠퍼스와 교단에서 운동권 세대의 영향력이 감소하고 있는 것도 중요한 요인이다. 그러나 그 공백을 자유민주주의 사상, 보수주의 가치로 채우는 것은 저절로 이루어지지 않는다. 대한민국 보수 세력은 102030세대의 보수화를 지켜보며 안도할 게 아니라 자유민주주의의 올바른 가치관과 사상을 이들에게 제대로 보여주고 전수해야 한다. 나아가 그 방법은 민주당 등 현재 정치권이 남발하는 시혜적 '청년정치'와는 달라야 한다. 작금의 청년정치는 '우쭈쭈' 어장 관리 수준에 불과한 속된 말로 '꼼수정치'다. 청년, 여성, 장애인, 성소수자 등 국민을 특정 정체성으로 나누어 갈라치고 특별 대우하겠다는 선심성 생색내기 발상 자체가 구태적이다. 청년들의 사상 무장에는 왕도가 없다. 깊이 공부하고 글과 말과 토론으로 설득하는 방법뿐

이다. 그리고 그게 정치의 본질이다. 묘수를 찾을 게 아닌 정도
를 걸어야 한다.

이진숙　나도 들으면서 많은 걸 느낀다. 스스로 청년이 중요하
다 되뇌면서 구체적으로 어떻게 그들과 함께하고 보수 진영에
정착시킬지에 대한 고민이 부족했다는 걸 느낀다. 청년 당사자
들로부터 많은 혜안과 지식을 얻는다. 많은 어려움에도 불구하
고 청년정치는 분명 필요하고, 청년들의 정치 참여가 중요하다
는 생각이 든다. 현재 정치 일선에서 활동하고 있는 분들인 만
큼, 청년들의 정치 참여가 중요한 이유가 무엇인지. 또, 정치에
참여하고 싶은 청년들에게 추천하고 싶은 입문 경로나 노하우
가 있다면 무엇인지 설명해주었으면 한다.

김효은　정치를 외면한 가장 큰 대가는 가장 저질스러운 인간
들에게 지배당하는 것이라는 플라톤의 말처럼 청년들이 침묵하
면 그 빈자리는 청년들의 세금을 약탈하는 포퓰리스트들의 차
지가 된다. 자유는 거저 주어지는 것이 아니라 싸워서 지키는 것
이다. 청년 여러분의 일자리, 내 집 마련의 꿈, 표현의 자유를 지
키기 위해 직접 목소리를 내고 입법 과정에 참여해야 한다고 말
하고 싶다. 입문을 원한다면 지방선거 출마도 하나의 방법이다.
다만, 당의 대학생위원회나 정책자문그룹에 들어와 정당정치의
메커니즘을 체득해보길 권한다. 우리 당의 '국민인재 발굴' 프로

그램이나 토론 배틀에 참여해 자신의 논리를 날카롭게 다듬는 것도 추천하는 방법이다. 팩트와 논리로 무장해 좌파의 선동을 무너뜨리는 '지적 전사(Intellectual Warrior)'가 되어주시라.

박민영 기성 정치인들은 청년들이 생각하는 것보다 훨씬 둔하고 게으르다. 우리나라 민주주의가 정통 정당정치에 근간하지 않고 양당제 계파정치, 공천만 받으면 당선되는 이분화된 구조이기 때문에 그렇다. 심지어 국민의힘 정치인들은 당원들의 선택을 받기 위한 경선조차 기피한다. 당원들의 평가도 거부하고 국민의 평가도 회피하면서 자리는 지키겠다는 앙큼한 생각을 당연시하는 게 기성정치의 폐해다. 이는 곧 청년들이 직접 목소리를 내지 않으면 청년들의 문제인식을 정치에 반영할 수 없다는 것을 뜻한다. 직접 참여하더라도 절대적 소수라면, 그 목소리는 극단적 소수의 것으로 치부되며 무시당한다. 20대 대선부터 직접 선거와 국정을 겪으며 내린 결론이다. 핵심은 유능성이다. 청년 그 자체를 스펙으로 삼아선 안 된다. 어른들이 무시할 수 없을 정도의 내공과 자기 콘텐츠를 가지고 있어야 한다. 생각보다 어려운 일이 아니다. '둔하고 게으른 어른들'보다 보통의 청년들이 할 수 있는 일이 훨씬 많다. 특히 대중 설득의 측면에서 날것 그대로의 민심을 다양한 경로로 청취하는 청년들의 정무적 감각, 세련된 메시지는 그 자체로 경쟁력이 된다. 정치 입문의 가장 좋은 경로는 정당에서 주관하는 오디션 프로그램이 아닌가 한다. 다만, 그런 기회는 아무 때나 오지 않기에 어떤 식으로든 선거 캠프에 찾아가 실전 경험을 익혀보는 것을 권한다.

김준희　청년의 정치 참여는 명분이 아닌 필연이라고 본다. 오늘 만든 정책에 가장 오랜 시간 영향을 받는 세대가 다름 아닌 청년이다. 그럼에도 대한민국 정치는 오랫동안 청년을 '미래 세대'로만 호명하며 현재의 의사결정 과정에서 배제해왔다. 그 결과 청년의 현실과 괴리된 정책이 반복적으로 생산됐다. 청년들은 단순한 이해당사자가 아니라 현장을 가장 정확히 아는 당사자다. 취업 시장, 대학 교육, 병역 문제, 주거 현실은 통계나 보고서가 아니라 실전 경험을 통해서만 이해할 수 있다. 그러나 기성 정치는 이러한 목소리를 정책의 출발점이 아닌 참고 의견 정도로만 취급해왔다. 물론 모든 청년 정치 참여가 바람직한 건 아니다. 겉으로는 청년이지만 사고방식과 행태는 기성 정치, 이른바 '여의도 문법'에 종속된 또래들도 많이 봤다. 자리와 직책을 중심으로 움직이며 정치에 입문하는 것은 청년 정치가 아닌 기성 정치의 조기 재현에 불과하다. 청년 정치는 기성 정치인이 듣기 불편한 이야기, 외면하고 싶은 질문을 던질 수 있어야 하며 창의적으로 독창적인 정책을 만들어낼 수 있어야 한다. 그런 의미에서 청년의 정치 참여는 정치의 질을 높이고 국가의 장기 전략을 가능하게 만든다. 오직 참여하는 청년만이 구조를 바꿀 수 있다. 청년 정치 참여가 선택이 아닌 책임이자 권리라고 생각하는 이유다.

  기존 정치권에는 애국정신과 애민정신이 아닌 개인의 이익과 계산에 따른 갈등적 행태만 만연했다. 개인적으로 윤석열 대통령의 계엄 이후 정치권의 현실을 깨닫게 된 청년들은 다르다고 본다. 이들은 권력의 언어가 아니라 자유를 지키기 위한 행동과 대통령 개인의 희생정신에 반응했다. 이들이 기존 정치인들과는 다른 결의 에너지와 진정성을 보여주는 이유다. 실제로 집회 방식만 봐도 그렇다. 단순히 한 장소에 머무르는 것이 아니라 행진을 통해 일반 시민들에게 직접 다가가고 자신의 메시지를 알리려고 노력한다. 이는 정치가 다시 국민 곁으로 가까워질 수 있다는 가능성을 보여주는 단면이다. 나는 현재 '자유의날개'라는 청년단체를 운영하고 있다. 올해부터는 좌우를 가리지 않고 모든 집회 현장을 직접 찾으며 시민 인터뷰를 진행하고 있다. 특정 진영을 대변하기보다는 시민 개개인이 대한민국이 현재 처한 현실을 제대로 알고 스스로 판단할 수 있도록 돕기 위함이다. 지금의 대한민국은 이전 세대의 희생과 노력 위에 세워졌고 그 역사적 성과는 존중받아야 한다. 다만, 이제는 개인의 욕심과 진영 논리를 내려놓고 위기에 처한 대한민국을 위해 하나로 뭉쳐 움직여야 한다. 그러기 위해 국민의힘에 바라는 것은 두 가지다. 첫째, 행정과 정치 실무를 직접 배울 수 있는 체계적인 프로그램을 만들어주어야 한다. 둘째, 청년들을 대상으로 하는 만큼 현실적으로 참여 가능한 시간대에 운영하고 현직 의원들이 직접 나서 시연할 수 있는 투어형 프로그램을 구성해야 한다. 청년 정치가 구호에 그치지 않고 실제 역량 강화로 이어지기 위한 필수적인 조건이라고 생각한다.

조평세 정치 참여는 미래, 즉 나의 삶뿐 아니라 내 자녀들의 삶 너머를 보장하는 길이다. 청년들이 제아무리 정치에 관심을 꺼도 정치는 청년들의 미래를 180도 좌우한다. 정치 참여는 누구에게만 주어진 특별한 사명이거나 특권이 아니라 모두에게 주어진 역할이자 책무다. 어쩌면 가장 영향력 있는 '이웃사랑'의 방법 중 하나이기도 하다. 청년에게 정치 참여는 다른 무엇보다 미래에 대한 관심이자 넓은 안목이다. 당장 오늘의 과제와 알바, 놀거리와 먹을거리, 볼거리를 뒤로 하고 먼 앞날까지 생각하며 나라의 정책을 판단해 보는 성숙함이라고도 할 수 있겠다. 청년들은 오히려 이미 제도권에 자리 잡고 누릴 기득권이 있는 기성세대보다 더 유리한 관점을 가질 수 있다. 먼 미래를 보는 힘은 보다 먼 과거를 보는 데서 나온다. 그래서 더 진지하게 공부하고 연구해야 한다. 무엇보다 대한민국의 뿌리와 자유민주주의의 줄기를 알려면 가장 먼저 이승만의 《독립정신》과 토크빌의 《미국의 민주주의》 미국 국부들이 남긴 《연방주의자 논고》 등을 깊이 읽어보기를 권한다.

이진숙 당사자로서 직접 경험담과 노하우, 추천하는 책까지 다른 어떤 곳에서도 들어볼 수 없는 값진 이야기를 들은 것 같다. 듣다 보니 질문을 살짝 비틀어보고 싶다는 생각이 들었다. 그렇다면 청년들의 정치 참여를 활성화하기 위해 기성세대는 어떤 노력을 해야 할까. 특히 정당에서 활동하는 제도권 정치인들에게 기대하는 바가 있다면 무엇이고 특히 오는 지방선거에서 기대하는 바는 무엇인가.

김효은　기성 정치인들이 청년을 선거철 병풍이나 이미지를 세탁하기 위한 액세서리로 소비하던 구태 정치를 이제는 끊어내야 하지 않을까. 청년들에게 필요한 것은 사진 한 장, 게시물 한 건 속 따뜻한 위로가 아니라 실력을 겨룰 수 있는 공정한 사다리와 그들이 넘어졌을 때 일어날 수 있도록 돕는 멘토링 시스템이다. 선배 정치인들은 자신의 기득권을 내려놓고 청년들이 성장할 수 있는 토양을 제공하는 거름이 되어야 한다. 다가오는 지방선거에서 청년들의 출마 장벽을 낮추고 당선 가능한 우세 지역에도 공정한 경선을 통해 실력으로 공천받을 기회를 대폭 확장해야 한다. 청년들이 기초의원부터 차근차근 행정 경험을 쌓아 풀뿌리 민주주의 주역으로 성장하도록 기성세대가 과감하게 길을 터주고 후원하는 킹메이커 역할을 자처해주길 강력히 촉구한다. 그리고 '우리 청년들이'를 반복하며 감상으로 소비하는 정치는 우리 당에 더 이상 없기를 바란다. 청년을 불쌍한 존재로 인식하고 시혜적으로 접근하는 순간, 정치는 청년을 키우는 것이 아닌 이용하는 것으로 전락한다.

박민영　김효은 대변인과 99% 같은 생각이다. 청년들이 성장할 수 있는 생태계를 만들어주는 것이 가장 중요하다. 실제로 민주당은 정권을 잡거나 광역단체장 선거에서 승리하면 처절하리만큼 자신의 사람들을 챙긴다. 자리가 됐건 이권이 됐건 논공행상을 넘어 다음 선거, 그 다음 선거를 위한 씨앗을 뿌린다. 반대로 내가 겪은 기성 보수 정치인들은 정당을 공천장 찍어주는 자판기쯤으로 여기는 듯하다. 당선되고 나면 함께 선거판 전쟁터에서 싸운 동지들은 온데간데없고 관료, 교수들 틈에 둘러싸여 개인 치적 쌓기에만 골몰한다. 그러다 선거가 가까워지면 당이 나한테 해준 게 없다고 하소연하니 나이 먹고도 해달라고 떼쓰는 철부지 어린아이를 보는 것 같을 때가 있다. 당의 지원을 받아 공직에 당선됐으면 그 녹을 헌신한 동지들과 나누어야 한다. 특히 청년들에게 일할 수 있는 기회를 주고 우리 당의 미래 재원으로 양성하는 데 앞장서야 한다. 그런 선순환이 이루어지지 못한다면 인재 양성의 고리가 무너지고 당세가 약화되어 기회를 줄 수 있는 기회조차 잃게 될 수 있다. 내가 잘나서 당선된 것이 아닌 당의 지원과 동지들의 헌신으로 일구어낸 공동의 승리라는 인식을 갖는 것이 시작이다. 더 빠르게는 그와 같은 동지애와 후학 양성에 대한 관념이 명확한 사람을 우리가 선택하고 공천해야 한다. 민주당이 현재 집권 세력이 되기까지 얼마나 치열하게 시민사회 조직과 스피커를 갈고 닦았는지 국민의힘이 보고 배워야 한다.

김준희 짧게 제언만 드리고 싶다. 청년 의제를 다룰 때 가장 중요한 것은 관념적인 '공감의 언어'가 아닌 결정 구조에의 '실질적 참여'다. 청년위원회나 자문 기구에 머무르는 방식만으로는 한계가 분명하다. 실패하더라도 책임지게 하고 성과가 있다면 인정하는 구조 속에서만 청년 정치가 자라날 수 있다. 결국 청년들이 성장할 수 있는 생태계를 구축하고 든든한 버팀목으로 서주어야 한다는 박민영 대변인의 말과도 일맥상통하는 이야기다. 또, 하나의 에피소드를 이야기하고 싶다. 한 국민의힘 의원에게 "국민의힘은 보수정당입니까"라고 질문한 적이 있다. 돌아온 답은 "보수뿐만이 아닌, 국민을 위한 정당"이라는 것이었다. 이는 엄연히 '표 계산'에서 비롯된 대답이었다. 보수 정당은 단순히 선거 승리를 위한 조직이 아니라 보수 국민의 가치를 대변하는 정치 결사체여야 한다. 물론 선거 승리도 중요하다. 그러나 이재명 정권 출범 이후 헌정 질서가 총체적으로 무너진 상황 속에서 필요한 것은 단기적 승리가 아닌 보수 가치의 재건과 정치적 기초를 다시 세우는 일이라고 생각한다. 보수 정치인의 의무이자 사명은 보수 가치의 매력을 국민께 설득하고 필요할 때는 강하게 싸우는 것이다. 베리 골드워터의 '위대한 패배'를 기억해야 한다. "죽고자 하면 살 것이고 살고자 하면 죽을 것이다." 이 정신이 오늘의 보수 정치에 필요하다고 생각한다.

이진숙 결국 청년들이 일 경험을 쌓을 수 있는 토대를 과감하게 만들어줄 수 있는 리더가 필요하다는 말로 요약되는 것 같다. 인재 양성의 선순환을 만들어야 한다는 이야기도 정말 공감이 된다. 저부터 마음에 새기고 실천하겠다. 지금부터는 조금 다른 화두를 던져보려 한다. 먼저 '여성'에 대한 이야기다. 물론 시대가 바뀌고 많은 것들이 개선되었지만, 여전히 유의미한 화두라는 생각이다. 여기 두 명의 청년이자 여성 정치인을 모신 만큼 어떤 경험들이 있고 어떤 개선점이 필요하다고 느끼는지 들어봤으면 한다. 물론 남성 정치인들도 얼마든 이야기해주어도 좋다. (웃음)

김효은 개인적으로 정치권에서 여성이라는 꼬리표가 오히려 불필요한 장벽이자 동시에 역차별의 소재가 된다는 생각이다. 가장 큰 애로사항은 여전히 정치가 비공식 대면 네트워크 중심으로 돌아가는 경향이 강하고 이 구조가 쉽게 바뀌기 어렵다는 점이다. 특히 나처럼 아이를 키우는 여성 정치인은 만찬과 늦은 밤 술자리, 조찬 회동 등에서 주요 의사결정이 이루어질 때마다 배제당하기 쉽다. 하지만 여성 할당제와 같은 기계적인 지원은 반대한다. 이는 여성 정치인의 경쟁력을 오히려 깎아내리는 독이다. 우리에게 필요한 것은 특혜가 아닌 공정한 룰이다. 육아와 정치를 병행할 수 있는 시스템적 보완은 필수적이지만, 본질적으로는 실력으로 평가받는 공천 시스템이 정착되어야 한다.

나는 ‘여성 정치인’ 김효은이 아니라 ‘유능한 정치인’이자 ‘교육 전문가’ 김효은으로 기억되길 원한다. 우리가 이진숙을 떠올릴 때도 ‘여성’이라는 키워드보다는 ‘보수의 아이콘’ 혹은 ‘의로운 투쟁가’ 같은 성중립적 표현을 먼저 떠올리는 것처럼 말이다. 실제로 이진숙 위원장을 직접 만나본 사람들은 섬세하고 여린 모습에 대해 반전 매력을 느꼈다고들 한다. 그처럼 다양한 이력 과 매력을 가진 이진숙이라는 정치인이 ‘여성 할당’으로 할인된 평가를 받는 것을 그 누구도 원치 않을 것이다.

손정은　기본적으로 남성과 여성은 태생적으로 다른 역할과 특 성을 가지고 태어났다고 생각한다. 이것은 누가 우월하다의 문 제가 아닌 각자의 강점이 발휘되기 적합한 영역이 다르다는 사 실을 의미한다. 남성성이 더욱 잘 발휘되는 영역이 있다면 반대 로 여성성이 강조되어야 하는 영역도 있다. 물론 이것은 경향성 에 불과하다. 여성인 리더들은 평균적인 여성보다 조금 더 대범 하고 용기 있으며 모험심이 있는 성향을 가질 수 있다. 절대적 인 수치로 비교하면 남성이 더 높을 수 있겠지만, 여성 리더는 한편 남성 리더가 갖기 어려운 섬세함과 디테일에 대한 감각 직관적인 촉을 통해 잠재적인 위험을 사전에 감지하고 피할 수 있는 강점도 갖는다. 중요한 것은 균형과 조화라고 생각한다. 나 역시 조직을 운영할 때 남성과 여성의 성비를 매우 중요하 게 생각한다. 여성에게서 나오는 아이디어와 남성에게서 나오는 아이디어가 다르고 그 차이에서 발생하는 화학작용이 조직의 분위기를 더 유연하고 건강하게 만든다고 느낀다. 또한, 결과적으로 더 좋은 의사결정이 만들어질 수 있다. 그것이 다양성의 가치이자 성별 차이를 가장 지혜롭게 활용하는 방법이라고 믿는다.

김효은　박근혜 전 대통령을 비롯해 나경원 의원 등 척박한 보수 정당의 토양에서 유리천장을 깨고 올라선 선배들의 헌신에 깊은 경의를 표한다. 그들이 있었기에 저도 이 자리에 있을 수 있다고 생각한다. 후배들에게는 '여성성'을 무기 삼지 말고 좌파의 선동에 맞설 수 있는 강력한 '논리'와 '투쟁력'을 갖추기를 부탁하고 싶다. 우리 우파 진영의 여성 정치인들은 여성성으로 특혜나 관심을 받기보다는 실력으로 검증받고 인정받아야 하는 마인드가 기본적으로 자리 잡아, 그 점은 크게 걱정하지 않는다. (웃음)

이진숙　두 사람 모두 여성성에 얽매일 필요가 없다는 당차고 멋진 주장을 펼쳐주셨다. 그럼에도 불구하고 '여성 정치인 이진숙'에게 바라는 게 있다면 이야기해달라.

김효은　이진숙 위원장께 거는 기대가 매우 크다. 종군기자 출신으로 사선을 넘나들며 진실을 보도했던 '전사'의 모습이 지금도 눈앞에 훤하다. 지금 대한민국 언론 지형은 민노총 산하 언론노조 등에 의해 심각하게 기울어져 있다. 같은 여성으로서, 그리고 보수의 동지로서 비정상적인 방송 생태계를 정상화하는 '언론 자유의 수호자'가 되어 주기를 기대한다. 앞으로도 힘을 내주길 간절히 기도하고 응원한다.

손정은　이진숙 위원장이 보여준 모습이야말로 지금의 청년들이 반드시 배워야 하는 리더십의 좋은 사례라고 생각한다. 자신의 신념을 지키기 위해 물러서지 않았던 대담함, 끝까지 자리를 지키며 책임을 다하려 했던 태도, 각종 위협과 압박 속에서도 담대하게 앞으로 나아갔던 모습이 인상적이었다. 특히 방통위원장직을 둘러싼 탄압 국면에서 보여준 파급력은, 솔직히 국민의힘 수십 명의 발언보다도 훨씬 더 큰 중압감을 느낀 순간이었다. 가장 중요한 것은 명확한 신념과 책임 있는 행동이라는 사실을 분명히 보여주었다. 그때처럼 지금도 흔들리지 않고 싸워주는 모습을 보며 앞으로도 같은 자세로 대한민국의 자유와 공정, 상식, 법치를 지켜줄 거라 기대하고 확신한다. 꿋꿋하고 당찬 리더의 존재 그 자체가 청년들에게는 어떠한 말보다 강한 메시지가 된다고 생각한다.

이진숙　덕담을 기대하고 던진 질문은 아니었는데, 더할 나위 없는 용기를 얻었다. 더 당당한 이진숙으로 앞으로도 좌파들의 폭거와 정치적 탄압에 결연히 맞서겠다.

이진숙 　귀한 청년 정치인들과 함께하는 만큼 청년 당사자의 입으로 주요 정책 현안에 대한 목소리를 들어보고 싶다. 정말 중요한 의제들이 있지만, 역시 청년들이 느낄 가장 민감한 화두는 국민연금 아닐까 싶다. 여야 합의로 모수개혁이 완료되었지만, 반쪽짜리에 불과하다는 평가가 많고 구조개혁은 아직도 오리무중이다.

김효은 　민주당의 연금 정책은 한마디로 미래 세대의 지갑을 털어 당장 매표를 하겠다는 악성 포퓰리즘이라고 생각한다. 소득대체율만 무턱대고 올리면 당장 노인 빈곤율이 낮아지는 것처럼 보이겠지만, 그 막대한 부담은 고스란히 우리 청년과 아이들이 짊어져야 할 몫이다. 이것은 사실상 '세대 간' 절도라고 생각한다. 모수개혁은 땜질 처방에 불과하다. 수급개시연령, 재정 안정장치, 다중 노후소득을 포함한 정직한 지속가능성 패키지를 만들지 않으면 국민연금은 시한부 선고를 피할 수 없다. 민주당이 계속 퍼주기식 논리로 개혁을 발목 잡는다면 역사는 그들을 국가 부도의 주범으로 기록할 것이다.

박민영 　대통령실에서 일하면서 느낀 연금개혁의 한계는 결정권을 가진 주요 당사자가 아이러니하게도 현행 연금 시스템의 가장 큰 수혜를 받는 4050세대라는 점이었다. 현행 연금 시스템이 그대로 유지될 경우 지속가능성 이슈로 보장이 위태로운 2030세대는 제대로 목소리를 낼 창구조차 없다. 다수 의석에 이제는 정권까지 가진 민주당의 코어 지지층이 4050세대라는 점도 위기 요인이다. 정치적으로 세대 간 분절이 또렷한 상황에서 연금의 지속가능성보다 당장 매표에 집중하는 여야 정치권이 미래세대를 위한 합리적 판단을 내릴 리 만무하다. 이게 바로 청년들의 정치 참여가 무엇보다 중요한 이유다. 내가 목소리를 내지 않는다고 해서 내가 영향을 받는 정치적 의사결정이 이루어지지 않는 것이 아니다. 제도권에서 힘의 균형을 갖추거나 기성 정치 집단에 실질적인 압력을 행사할 수 있는 규모의 여론을 규합하는 것이 시급한 이유다.

이진숙 최근 정부가 환율 폭등에 대한 대응책으로 국민연금 환 헤지 조건을 바꾸어 보건복지부 등 정부의 결정권이 강화되었다. 그것으로 환율 진화에 개입하고 있고 국민 노후 자금을 쌈짓돈처럼 쓰고 있는 게 아니냐는 지적에 대해선 어떻게 보나.

손정은 1월 초 현재 국방부 미지급 사태가 발생했다는 보도를 접하며 국가 재정의 기초 체력이 상당히 흔들리고 있다는 위기감을 느낀다. 여기에 더해 환율이 1,500원까지 오를 수 있다는 우려 속에서 정부가 국민연금 자금을 활용해 환율을 단기적으로 방어했다는 점은 과연 국민연금이 미래세대를 위한 제도로서 계속 의미를 가질 수 있는지에 대한 근본적인 질문을 던지게 만든다. 모수개혁도 우려스럽다. 보험료율은 매년 인상되어 13%까지 올라갔고, 소득대체율도 4.3% 상향된다고 하지만, 현재 구조가 유지된다면 청년 세대는 더 많은 돈을 내고도 실제로 연금을 받지 못할 우려가 매우 크다. 이는 단순 연금 제도의 문제가 아닌 세대 간 신뢰와 국가 재정 지속 가능성의 문제가 아닐까 한다. 지금 필요한 것은 눈앞의 위험을 잠시 가리는 임시 처방이 아니라 국가가 감당할 수 있는 범위 안에서 책임 있는 구조개혁을 단행하고 청년세대에게 솔직하게 진실을 설명하는 진정성이라고 생각한다. 연금은 약속인 만큼 지킬 수 없는 약속을 계속 늘리는 것은 국가 부도의 위험으로 이어질 수 있다.

김효은　국민연금은 국민의 노후 자금이지 정부의 환율 방어용 쌈짓돈이 아니다. 이것은 '연금 사회주의'의 위험한 징조다. 기금 운용의 제1원칙은 '수익성'과 '안정성'이어야 하는 게 당연하다. 정부가 환율 정책 실패를 덮기 위해 연금 기금을 동원해 시장에 개입하는 것은 기금의 독립성을 침해하고 수익률을 갉아먹는 배임 소지가 크다. 시장경제 원칙을 중시하는 보수정당으로서 우리는 관치 금융의 부활을 단호히 배격하며 연금 기금 운용의 철저한 독립성 보장을 촉구해야 한다.

박민영 이런 상황에도 정부 여당이 코스피 부흥회나 벌이고 있는 상황이 매우 한심스럽다. 하이퍼인플레이션으로 경제가 그야말로 '폭망'한 베네수엘라도 증시는 폭등했다. 증시는 기업의 펀더멘탈을 평가할 수 있는 객관적 지표도, 국가 경제의 지속가능성을 가늠할 수 있는 척도도 될 수 없다는 것이다. 원 달러 환율 폭등의 원인은 분명하다. 관세 협상 실패로 외화를 벌어들일 수 있는 사실상 유일한 수단인 수출은 줄어드는데 포퓰리즘 정책으로 흥청망청 돈을 뿌려대니 원화 가치가 폭락했기 때문이다. 미국의 추가 금리 인하로 달러화 가치가 낮아진 상황에도 환율은 상향 곡선을 그렸다. 현재 거시경제 정책으로는 원화 가치 하락을 막을 수 없는 지경에 이르렀다는 뜻이다. 그런데 정부는 환율 상승을 유발할 수밖에 없는 확장 재정 정책을 그대로 유지하면서 환율을 잡겠다고 국민연금을 동원했다. 정부는 '구두 개입'이라고 주장하지만 누가 그 말을 곧이곧대로 믿겠나. 일시적으로 1,500원 터치만 막아보겠다는 땜질식 처방을 위해 국민의 노후 자금을 저당 잡힌 꼴이니 그야말로 망국적 정책이라고밖에 표현할 길이 없다. 야당이 보다 철저히 감시하고 책임을 물어야 할 지점이다.

이진숙 윤석열 대통령은 집권 초부터 이른바 '4+α 개혁'으로 호평을 받았다. 이익집단을 적으로 돌리고 정치적으로 고립되는 한이 있더라도 '언젠가 누군가 해야 하는 일이라면 지금 내가 하겠다'는 의지와 추진력이 지금까지도 청년 세대의 지지를 받는 이유가 아니었나 싶다. 하지만 정권이 바뀌게 되면서 민노총을 위시한 좌파 진영 내 이익집단의 기득권이 어느 때보다 견고해진 게 현재 대한민국이다. 현재 가장 시급한 개혁 과제는 무엇이고 어떻게 관철시킬 수 있겠나.

김효은 가장 시급한 것은 단연 노조 개혁이라고 생각한다. 민노총은 이미 노동자의 권익을 대변하는 단체가 아닌 대한민국 경제를 발목 잡고 법 위에 군림하는 '귀족 노조 카르텔'이자 '정치 집단'으로 변질됐다. 고용 세습, 불법 파업, 회계 부정 등 그들의 기득권 지키기가 청년들의 일자리를 빼앗고 있다. 이를 관철할 유일한 방법은 '법과 원칙'의 무관용 적용이다. 떼법이나 정치적 타협은 없어야 한다. 불법 행위에 대해서는 끝까지 민형사상 책임을 물어야 하며 노조 회계의 투명성을 제도화해 노조가 국민적 신뢰 속에서 활동하도록 해야 한다. 레이건 대통령이 불법 파업에 맞서 관제사들을 해고하며 원칙을 세웠듯, 우리도 물러서지 않는 결기로 노동시장의 유연성과 공정성을 회복해야 한다.

손정은 윤석열 대통령이 제시했던 4+a 개혁, 즉 연금, 교육, 노동, 의료, 저출산 개혁은 모두 대한민국의 지속 가능성을 위해 반드시 필요한 과제였다고 생각한다. 다만, 현시점에서 가장 시급한 개혁 과제를 하나 뽑으라면 저는 언론 개혁이라고 이야기하고 싶다. 그 이유는 일반 시민이 보고, 듣고, 배우며 세상을 인식하는 거의 모든 정보의 출처가 여전히 기성 언론이기 때문이다. 문제는 많은 시민들이 기성 언론의 구조와 성향, 그리고 그 배경에 대해 충분히 알지 못한 채 정보를 받아들이고 있다는 점이다. 특히 공영방송 3사가 모두 민노총 산하 언론노조의 영향력 아래 놓여 있다는 문제의식조차 공유되지 못하고 있는 현실이 매우 심각하게 느껴진다. 그렇다고 당장 기성 언론을 없애거나 바꾸기는 어렵다. 현실적인 대안은 지금까지 많은 우파 시민단체들이 해왔던 모든 활동을 더 많이, 집요하게, 다양한 방식으로 확장하는 것이다. 행진 집회, 유튜브 활동, 인스타그램과 스레드, 페이스북 등 소셜 미디어, 시민 인터뷰까지 우리가 활용할 수 있는 모든 매체와 수단을 동원해 시민들에게 직접 다가가야 한다. 언론개혁은 제도 하나로 끝나는 문제가 아니라, 시민의 인식 지형을 바꾸는 장기적인 싸움이라고 생각한다. 결국, 정보의 주도권을 시민에게 되돌려주는 것이 진정한 개혁의 출발점이라고 본다.

박민영　정당 개혁이 가장 중요하다. 윤석열 대통령의 개혁 과제들은 모두 보통 국민의 지지를 받았다. 그러나 집권 여당은 늘 불편감을 표출했고 심지어는 노골적으로 반대 의견을 밝혔다. 결과적으로 윤석열 정권이 임기를 다하지 못한 이유는 정책 방향이 잘못되어서가 아니라 여당의 비협조와 총선 전후로 시작된 극심한 당정갈등 때문이었다. 윤석열 대통령은 '청년은 기득권의 포로가 되지 않는다'며 특히 정책 의사결정에 있어 젊은 참모들의 의견을 전적으로 존중했다. 단통법 폐지, 대형마트 의무휴업일 폐지처럼 이익집단의 반발이 엄청난 정책들도 국민이 원한다면 기꺼이 추진했다. 문제는 그와 같은 파격적 변화를 받아들이지 못하는 후진적이고 천박한 정당정치다. 특히 국민의힘은 대중을 설득하려 하지 않고 만들어진 여론을 기계적으로 추종하는 경향이 강하다. 정치의 본질은 자신만의 세계관과 그것을 관철시키기 위한 구호의 개발, 대중 설득의 미학인데 그저 4년마다 공천장 받아 자리 지키기만 급급하다. 그뿐인가. 자신의 이권이 위협받거나 상대 진영에 공격받을 수 있는 전선에는 코빼기도 보이지 않는다. 방해나 안 하면 다행일 정도다. 실제로 국민의힘은 민노총 화물연대와의 투쟁, 한일관계 복원, 52시간 유연화, 의료개혁 등 국정과제 추진에 미온적 입장을 보이거나 반대했다. 그런 체질을 바꾸지 못한다면 제아무리 개혁 의지가 강한 대통령이 취임한들 어떤 결과를 만들어 낼 수 있겠나. 정당의 조직 문화가 달라지고 국회를 구성하는 사람들이 달라져야 개혁 과제도 과감히 추진하고 관철할 수 있다.

이진숙 정말 오랜 시간 달려왔다. 이제 마지막 질문이다. 좌파 정권이 들어서면서 또 국민의 자유권이 심각하게 위협받고 있다. 특히 청소년 소셜 미디어를 비롯해 표현의 자유를 직접적으로 규제하려는 움직임이 큰데, 어떻게들 보고 있나.

김효은　최근 논의 중인 소셜 미디어 검열과 규제는 '청소년 보호'라는 언뜻 보기에 정당한 명분을 내세우고 있지만, 그 실체는 국가가 국민의 눈과 귀를 통제하려는 '디지털 전체주의'의 서막이다. 무엇이 유해하고 무해한지를 왜 정부가 독점적으로 판단하나. 이는 자유민주주의 근간인 사상의 자유시장을 파괴하는 행위다. 그리고 양육자인 부모의 권한을 침탈하는 행위기도 하다. 한 사람의 부모로서 이 규제를 접했을 때 가장 먼저 든 의문은 '내 자식의 소셜 미디어를 왜 국가가 통제하느냐'였다. 또, 소위 'PC주의'는 관용을 가장한 또 다른 폭력이라고 본다. 차별 금지라는 미명 하에 동성애나 특정 이념에 대한 건전한 비판조차 '혐오 발언'으로 낙인찍고 입을 막으려 한다. 자유 우파의 지향점은 명확하다. 개인의 자유와 책임을 우선하고 헌법적 가치, 보편적 상식, 윤리에 기반해 '말할 자유'와 '동의하지 않을 자유'를 끝까지 사수하는 것이다.

박민영　우리나라가 정말 베네수엘라를 넘어 네팔의 전철을 밟고 있다는 생각이 든다. 문재인 정권 당시 정말 많은 분노의 지점들이 있었지만, 그중에서도 정말 형언할 수 없는 극한의 분노를 느낀 순간은 무차별적인 코로나 방역 정책이 내 일상을 통제하고 침탈한다는 걸 직접 경험한 순간이었다. 내 건강에 어떤

형태로든 치명적 영향을 미칠 수 있는 백신을 맞으라고 강요했
다. 거부하니 몇 년을 다니던 헬스장조차 이용할 수 없었다. 정
작 버스나 지하철과 같은 극한의 밀집도를 보이는 대중교통은
현실적 이유로 규제하지도 못했다. 감염자 수도 줄이지 못했다.
명분도 없고 실효적이지도 않은 통제가 일상을 잠식하는 최악
의 하루하루를 보냈다. 청소년 보호라는 명분으로 가해지는 자
유권 박탈도 일맥상통한다. 독재와 최악의 경제 위기에도 버티
던 네팔 정권은 소셜 미디어라는 정서적 일탈 수단까지 박탈했
을 때 비로소 무너졌다. 이재명 정권은 과연 다를까. 국민의 사
상과 일상까지 통제할 수 있다는 오만한 생각이 문재인 정권을
무너뜨렸다는 사실을 잊지 않길 바란다.

3부

자유의 책임 앞에 서다

1   '옳음'을 위한 투쟁
— 약자는 늘 옳은가, 시스템은 늘 악(惡)인가

우리는 언제부터 '분노하는 쪽'은 자동으로 옳고, '시스템에 속한 쪽'은 자동으로 의심받는 정치에 익숙해졌는가. 약자라는 위치는 언제나 도덕적 면죄부가 되는가. 그리고 '옳다'는 말은 누가 어떤 책임으로 사용할 수 있는가. 대한민국에서 '피해자'가, '약자'가 상당 부분 억울할 때가 있었다. '강자'가 폭력을 행사하고 '약자'가 폭력의 대상이 되는 때도 있었다.

이 질문은 남의 이야기가 아니다. 나 자신의 이야기이기도 하다. 나는 언제나 노조와 각을 세우는 위치에 있었던 사람도 아니었고, 언제나 제도 편에만 서 있었던 사람도 아니다. 언론사 노조가, 특히 공영방송사 노조가 민노총을 상급기관으로 두어서는 안 된다고 주장해왔지만, 노조의 필요성을 부인한 적은 단 한번도 없다. 나 역시 한때는 '조직 안의 사람'이었고, '싸우는 쪽의 논리'를 믿었던 사람이었다.

그래서 나는, 이 문제를 남 비판하듯 말할 수 없다고 생각한다. '옳음'이라는 말이 어떻게 사람을 설득하고, 어떻게 권력이 되고, 어떻게 스스로를 정당화하는지를, 나는 안쪽에서 본 적이 있기 때문이다. 이제 그 이야기를 해야 할 차례다.

1991년의 어느 날

사람들은 지금의 나를 떠올릴 때 '사측'이라는 두 글자를 먼저 붙인다. 그 단어가 주는 감정도, 그 단어가 불러오는 기억도, 나는 안다. 하지만 내 인생에서 그 단어가 전부였던 적은 단 한번도 없었다. 오히려 나는 한때, 거리로 나가 노보를 나눠주며 "공정방송"을 외치던 사람이었다. 그것도 가장 뜨거운 자리에서, 가장 쉽게 물러설 수 없는 자리에서.

1991년 5월 18일. 강경대 군의 장례식 날이었다. 연세대 정문 맞은편 고가 철둑길. 그곳에서 누군가 자신의 몸에 불을 붙이고 투신했다. 나는 그 현장 부근에 있었다. 불길은 생각보다 빨랐고, 연기는 생각보다 무거웠다. 몸이 불타는 사람 앞에서 '기자'라는 단어는 아무 의미도 없었다. 그런데 얼마 뒤 외신 기사 하나가 들어왔다. 브루스 체스만이라는 영국인 스트링어가 쓴 글이었다. 그 기사에는 이런 취지의 문장이 있었다. "몸이 불타고 있는데도 아무도 불을 끄지 않았다. 오히려 불을 끄려는 자신을 누군가 잡아당겨 방해했다."

처음에는 분노보다도 당혹감이 먼저 왔다. 내가 본 것과 너무 달랐기 때문이다. 내가 본 현장에서는 사람들이 당황했고, 우왕좌왕했고, 혼란스러워했다. 하지만 "아무도"는 아니었다. 불을 끄려는 손이 있었고, 옷을 벗어 던지는 청년들이 있었고, 여인을 병원으로 옮기려는 움직임도 있었다.

문제는 그 다음이었다. 이 외신 기사는 '선정적'이라는 이름으로 순식간에 인용되고 확산됐다. 사실 확인도 없이, 한국의 내로라하는 신문들이 그 문장을 자기 문장처럼 가져다 썼다. 그 과정에서 현장은 단순화되었고, 복잡한 진실은 잘려나갔다. 누군가의 죽음은 정치적 도구가 되었고, 그 정치적 도구는 다시 보도의 도구가 되었다. 나는 그때 처음으로 깨달았다. 전쟁터에서 폭탄이 사람을 찢듯이, 한국 사회에서는 문장이 사람을 찢을 수도 있다는 것을. 만약 내가 그 자리에 있지 않았다면, 나 역시 "믿기지 않는다"는 말만 했을 것이다. 그날 이후 나는 "보지 않고서는 말하지 않는다"는 말을 훨씬 더 엄격하게 받아들이게 되었다.

더 참담했던 것은 이것이 단 한번의 실수가 아니라는 사실이었다. 그리고 더 아팠던 것은 외신 기자들이 한국 언론을 바라보는 시선이었다. 그들은 노골적으로 비웃지 않았다. 대신 고개를 저었다. "왜 한국 언론은 자국의 일에서도 외신을 인용하느냐"는 말이 돌았다. 자기 눈으로 본 것은 없고, 남의 문장만 베껴 쓴다는 뜻이었다. 그것은 비난이 아니라 평가였고, 그 평가가 더 아팠다.

나는 그 자리에 있었고, 그 현장을 보았고, 그 문장이 왜 틀렸는지를 설명할 수 있었다. 그런데도 선뜻 반박하지 못했다. 그들이 틀렸다고 말하려면, 우리 언론이 먼저 사실을 확인하고 바로잡는 구조를 갖추고 있어야 했기 때문이다. 그러나 그때의 한국 언론은 그렇지 못했다. 외신의 문장이 들어오면, 확인보다 인용이 먼저였고, 팩트보다 파급력이 우선이었다.

편집회의가 열리고, 기사가 결정되고, 방송이 나가고, 여론이 움직이는 그 과정 속에서 사실은 뒤로 밀렸다. 나는 선배들과 함께 "이 기사는 내지 말아 달라"고 요청했지만 받아들여지지 않았다. 그날 밤 그 보도는 다른 기사와 나란히 붙어 '상승작용'을 일으켰고, 결국 누군가를 도덕적으로 매장하는 도구가 되어버렸다. 그때 나는 더 이상 속으로만 분개할 수 없었다. 기자는 현장에서만 싸우는 사람이 아니다. 현장을 왜곡하는 문장과도 싸워야 한다. 그 문장이 내 회사에서, 내 동료들의 손으로 생산되고 있다면 더더욱 그렇다.

그래서 문화방송 노조는 특보를 발행했고, 사내의 관심을 환기시키기 시작했다. 이어서 《한겨레신문》과 《언론노보》가 이 문제를 기사화했다. 나는 그 흐름 속에서, 내 목격담을 《언론노보》에 실었다. "내가 본 것은 이것이다"라고, 아주 단순하게. 내가 언론에 바랐던 것은 거창한 정의가 아니었다. 사실을 사실대로 쓰는 것. 그 최소한이었다. 그런데 그 최소한이 무너지는 순간, 기자는 현장에 있어도 현장을 잃는다. 그리고 현장을 잃은 기자는, 그 다음부터 무엇을 붙잡고 서야 하는지조차 잃어버린다.

대한민국은 체제 전쟁 중

싸움의 방식이 바뀌었다 — 거리에서 제도로

언젠가 이문열 선생이 그런 말을 했다. "…… 사회 분위기상 우리나라의 절반 이상 왼쪽으로 기울어져 있다. 자기가 좌익 활동하는 줄 모르면서 좌익 노릇하는 사람들이 제법 많다. '좌파·진보가 곧 정의'고 자동 입력돼 있다는 느낌까지 든다." (2023. 10. 10 조선일보 인터뷰)

나 역시 더 젊었을 때는 "약자와의 동행"이 절대선이라고 믿었던 때가 있었다. 재벌은 왠지 부도덕하다는 생각을 가졌던 때도 있었다. 상당수 재벌과 그 후손들이 약자 위에 군림했다는 에피소드나 '맷값 백만 원' 등의 이야기는 그런 생각에 더 가속도를 붙인 것도 사실이다. '송파 3모녀 사건'으로 대표되는 빈곤 사각지대는 국가가 책임져야 하는 문제이지만, 현재 대한민국은 우리도 모르는 사이 사회주의로 방향을 트는 것이 아닌가 하는 느낌을 지울 수 없다.

대한민국의 사회주의화를 말해주는 대표적인 정책은 쿠폰 발급이다. 이재명 정부가 들어서고 발급한 '민생 회복 소비쿠폰'은 12~13조 원(참고로, 대구시의 2025년도 예산안이 11조 원가량 된다고 한다)에 이른다. 전 국민에게 1인당 15만 원이 지급되었고 소득 수준·지역에 따라 중·저소득층에게는 약 30만 원, 기초생활수급자 등 취약계층에게는 약 40만 원, 그리고 농어촌 등 인구감소 지역에 대한 추가 혜택을 포함하면 최대 52만 원이 지급된 것으로 알려지고 있다. 13조 원이나 되는 돈을 '뿌려서' 경제 상황이 얼마나 나아졌는지는 모르겠지만, 물가나 환율 등을 고려하면 어마어마한 금액의 돈을 뿌린 만큼의 효과가 있는지는 의문이다.

물론 빈곤의 사각지대에서 최소한의 인권을 보장받지 못하는 사람들은 구석구석 살펴야 하겠지만, 좌파 정부는 포퓰리즘 성격이 강한 '쿠폰'들을 남발하고 있다. '공짜'는 한번 길들여지면 빠져나오기 어렵다는 것은 경험적으로 알고 있다. "아들이 주지 않는 용돈, 우리 이니가 주네"라는 말이 문재인 정권 때 농담처럼 오고 갔는데, 실제 그 "용돈"을 환영한 사람들이 많았다고 한다. 이재명 정권은 문재인 정권을 능가할 정도로 각종 쿠폰을 발급하려고 계획하고 있는 것으로 듣고 있다.

기본적으로 대한민국은 자유민주주의와 자본주의라는 토대 위에 서 있는데, 사회주의 성격의 '배급'형 지원은 점점 늘어나고 있는 것이 두드러지는 현상이다. 대통령의 결정으로(법을 통과시켜야 한다고 하더라도 정부와 다수당이 결정하면 실행되는 것이 현재 민주당 다수당의 결정 형태다) 이루어진 '소비쿠폰' 외에도 배급형 지원금은 많다. 특정 시·군·구 안에서 사용하는 지역사랑상품권, 대형 재난이 발생했을 때 지급되는 재난지원금, 농식품 바우처, 에너지 바우처, 아동급식카드 등이 대표적인 배급형 지원금이다. 직업과 관련되는 지원금도 있다. 국민취업지원제도 구직촉진수당, 청년구직활동지원금, 공공근로, 노인일자리 수당 등이 그것이다.

1980년대 미국의 레이건 행정부 때 푸드스탬프 지원 대상을 크게 줄였던 적이 있는데, 당시 미국도 고물가, 경기침체, 늘어나는 재정적자 등 현재 한국이 겪고 있는 문제와 비슷한 어려움을 겪고 있었다. 그런데 레이건 정부는 "복지가 빈곤을 고착화시킨다"고 보면서 푸드스탬프와 같은 지원을 "선의에서 나온 정책이지만 결과는 나쁜 정책"이라고 판단하고 푸드스탬프에 대한 수급 기준을 강화하는 한편, 참여자 수를 크게 줄였다. 물론 미국과 대한민국을 같은 기준으로 비교하는 것은 무리가 있을 수 있겠지만, 이미 실패로 끝난 사회주의적 정책의 실험을 40~50년이 지난 한국에서 되풀이하는 것이 어떤 의미가 있는지 모를 일이다.

MBC에 있을 때 연말이면 쌀을 한 가마니씩 주었는데, 사원들에게 크게 환영받았다. 2011~2012년 무렵 사상 최고의 영업이익을 냈을 때 아이패드를 사원들에게 지급하기도 하고 해외연수를 대규모로 보내기도 했는데, 역시 사원들로부터 좋은 반응을 얻었다. "나눠주는 것은 아름다운 것이고 공짜는 좋은 것"이라는 말이다. 그러나 돌이켜보면, '공영방송' 즉 주인이 없는 회사였기 때문에 민영방송처럼 미래에 대한 투자를 효과적으로 할 수 없었고, 결과적으로 보면 KBS나 MBC는 고만고만한 방송사들로 고만고만한 위치를 누리고 있을 뿐이다.

나눠주는 것은 좋아 보이고 공짜는 환영할 일처럼 보이지만, 과연 그런가. 나는 때로 MBC라는 방송사와 현대자동차라는 회사를 비교하곤 한다. 두 회사 모두 1960년을 전후로 회사 문을 열었다. MBC는 역대 정권을 거치면서 정권의 '보호'를 받았고, 사원들은 소위 억대 연봉자로서 남부럽지 않은 지위를 누렸다. 그러나 산업구조가 변화를 겪으면서 지상파 광고시장은 축소되었고 광고시장의 무게 중심은 온라인, 특히 모바일로 옮아갔다. 비디오스트리밍이라는 플랫폼이 발전하면서 지상파는 드라마를 제작하지 않는 것이 적자 규모를 줄이는 방안이 되었다. 거대 글로벌 비디오스트리밍 회사가 한국의 배우와 제작팀을 이용해 드라마를 제작하면 요소시장은 한국이 제공하지만 이익금은 외국의 글로벌기업이 차지한다. 정권과 '협력'하면서 크게 애쓰지 않아도 이익이 남는 시대를 대한민국의 공영방송 MBC는 살았다.

반면 민영기업 현대자동차는 일찌감치 세계 시장에서 경쟁을 통해 살아남아야 했다. 미국 시장에서 살아남으면 전 세계 시장에서 자동차를 팔 수 있으므로 1980년대 미국 진출을 시도했지만 크게 실패했다. '싸구려'에다 부품 조달도 제대로 되지 않고 따라서 애프터서비스가 되지 않는 시시한 물건 취급을 받았기 때문이다. 이 실패를 바탕으로 현대는 품질 개선에 힘썼고, 이는 마침내 미국 시장에서의 성공으로 활짝 꽃을 피우게 된다. 결국 경쟁이 없는 승리는 없다는 이야기다. 경쟁을 거쳐야 경쟁력이 생기고 경쟁력이 있어야 경쟁에서 이길 수 있다는 말이다.

소비쿠폰이니 민생지원금이니 하는 사회주의적 정책은 기본적으로 사회의 필요한 부분에 선별적으로 공급되어야 한다. 전 국민에게 똑같이 주는 것만큼 바보짓은 없다. 전 국민에게 모두 나누어 주는 것은 사실상 표를 사겠다는 포퓰리즘이며, 필요한 부분을 선별할 능력이 없다는 것을 자인하는 것, 즉 무능을 자백하는 것이다.

일하지 않고도 먹고 살 수 있게 해주는 것은 얼핏 보면 이상적인 정책 같지만, 실제로는 사람을 바보로 만들 수 있다. 후진국들이 그런 정책을 쓴다고 한다. 가능하면 경제를 어렵게 만들고, 실업자를 많이 만들면, 정부에서 식량을 나눠주는 배급일만 기다리고, 적은 배급만 받아도 그 배급을 주는 정부가, 대통령이 그렇게 고마울 수 없다는 것이다. "아들이 안 주는 용돈을 우리 이니가 주네"라는 말이 절로 나온다고 한다. 그런 소리가 나오면 나라는 서서히 망해간다는 징조다.

책임당원과 권리당원

정당(political party)은 정치적 이념과 노선을 갖고, 선거에 후보를 내어서, 국정 운영에 참여하거나 영향력을 행사하려는 지속적이고 조직적인 집단으로 정의된다. 대통령제냐 내각책임제냐에 따라서 다소의 차이가 있기는 하지만, 정당이 원하는 것은 궁극적으로 '집권' 즉 정권을 잡는 것이다. '정권을 잡는' 목적은 어떤 수식어를 쓰더라도 이렇게 정리할 수 있을 것이다. 그 정당이 가지고 있는 가치에 따라 그 나라가 가는 방향을 정하고 그 방향에 따라 정책을 실행에 옮기기 위한 것, 그것이 정권을 잡는 목적일 것이다.

내각제의 경우에는 다수당의 대표가 총리가 되어 정책 방향을 정하고 실행하게 되지만 대통령제 아래서는 대통령이 이끄는 행정부가 그 일을 하게 된다. 정당은 적임자를 정당의 후보로 내세우고 그를 대통령으로 당선시키기 위한 선거운동을 하며 그 과정에서 최후의 승자로 남는 사람이 대통령이 되어 5년 동안 국정을 이끌게 된다.

그런데 정당의 후보를 뽑는 과정에 결정적인 역할을 하는 것이 정당의 구성원 즉, 당원이다. 당원들은 당의 고비고비마다 중요한 정책 결정 과정에 참여하는데, 특히 당의 대표를 선출하거나 대통령 후보를 선출하는 데는 당심과 민심의 비율 배분 문제가 늘 논란이 되고 있다. 당 대표 선출의 경우에는 국민의힘이나 민주당 모두 당심의 비율을 높게 잡고 있다. 그 당을 이끌 대표를 선출하기 때문에 당심의 비율을 높게 배분해야 한다는 의견이 지배적이다. 민주당의 경우 당심 총합 70%(전국대의원 15%, 권리당원 55%), 민심 30%이며, 국민의힘의 경우 당심 80% 민심 20%로 배분되어 있다. 후보에 따라서 비율을 어떻게 정하느냐가 당락에 영향을 줄 수 있기 때문에 늘 당심 대 민심 비율을 두고 후보 진영들 간에 논쟁이 벌어지곤 한다.

발표 매체에 따라 다르기는 하지만, 국민의힘과 민주당의 당원 수는 2025년 말을 넘어가면서 거의 비슷한 규모로 기록되고 있다. 중앙선거관리위원회 자료를 인용한 중앙일보 기사에 따르면(2025.11.6.), 국민의힘이 444만 명, 민주당이 500만 명으로 나타난다. 여타 정당까지 합하면 정당에 가입된 당원의 수는 1,128만 4,700여 명으로 당원 천만시대에 접어들었다는 얘기다. 이 가운데 특히 중요한 것은 당비를 납부하는 당원의 수다. 국민의힘은 2026년 1월 당비를 납부하는 책임당원의 수가 108만3천여 명을 넘어섰다고 발표했고, 민주당은 2025년 8월 기준으로 당비를 내는 권리당원의 수가 111만 명으로 보도되고 있다. 일반 당원의 수나 당비를 내는 당원의 수가 양당 모두 비슷한 수준이 되었다는 뜻이다. 이 가운데 특히 의미가 있는 것은 당비를 내는 당원들이다. 당비를 내는 당원의 의미는 'No tax no representation'으로 압축적으로 설명할 수 있겠다. '세금을 안 내면 대표도 없다'는 이 말은 세금을 내는 사람에게는 대표를 선출할 권리, 또 대표로 선출될 권리가 있다는 말도 될 수 있다. 돈을 낸다는 말은 그만큼 당에 대한 관심을 가지고 있다는 뜻이며, 당의 정책 결정 과정이나 당의 대표를 선출하는 데 적극적으로 참여하겠다는 뜻이기도 하다. 국민의힘의 경우 당비를 내는 책임당원이 2025년에 20~30만 명이 늘어난 것으로 보도되는데, 그만큼 당의 문제에 관심을 가지고 영향력을 행사하고자 하는 이들이 많아진 것으로 평가할 수 있을 것이다.

한편, 당원들에 대한 호칭도 이 지점에서 눈길을 끈다. 민주당의 경우 당비를 내는 당원들을 '권리당원'으로 부르는 반면, 국민의힘은 그들을 '책임당원'으로 부른다. '아 다르고 어 다르다'라는 말도 있지만, 이 두 개 호칭에는 당원들을 대하는 태도가 드러나 있다고 보는 시각이 많다. 즉, 민주당은 당비를 내는 당원들은 그만큼 더 큰 권리를 부여한다는 차원에서 '권리당원'이라고 호칭하는 반면, 국민의힘은 당비를 내는 '책임당원'들에게 더 큰 책임을 부여한다는 의미를 담고 있다는 것이다. 풀이하는 데 따라서 이 두 개 호칭은 모두 당비를 내는 당원들의 중요성을 나타내고 있으나 민주당 쪽의 호칭이 당원들로 하여금 더 자부심을 갖게 한다는 의견이 있다. '책임당원'보다 '권리당원'이 어감이 좋다면 국민의힘에 맞는 이름은 무엇일까. 더 권한을 가진다는 뜻에서 '핵심당원'? 그런데 당비를 낸다는 이유로 '핵심'이라고 부르면 여타 당원들이 피해의식을 가질 수도 있겠다. 권한을 가진다는 뜻에서 '유권당원'? '권리당원'과 비슷한 어감이기는 해도 '권리당원'처럼 와닿지는 않는 것 같다. 아무튼, 당비를 내는 국민의힘의 '책임당원'들 가운데는 당원들의 책임만 묻고 권리는 주지 않는다는 불평이 일부 있는 것은 사실이다.

'책임당원', '권리당원' 호칭 논란과 함께 터진 것이 2025년 말에 불거진 '국힘 비대위체제' 전환 논란이었다. 장동혁 체제 출범 3개월 만에 이런 이야기가 터져나온 것도 충격적이지만 국민의힘이 오랜 '비대위 전통'을 가지고 있는 것은 더 비극적이다. 2020년 이후부터 2026년 1월 현재까지 국민의힘(전신 포함)에서 구성된 비대위를 보면 다음과 같다. 2020년 4월 28일 김종인 비상대책위원회(미래통합당 비대위), 2022년 12월 26일 한동훈 비대위(국민의힘), 2024년 5월 2일 황우여 비대위, 2024년 12월 30일 권영세 비대위, 2025년 5월 15일 김용태 비대위, 2025년 7월 1일 송언석 비대위. 각 비대위 구성 때마다 위기라고 부를 수 있는 사건들이 있었지만, 6년 동안 여섯 차례의 비대위가 꾸려졌다는 것은 그만큼 국민의힘이 비정상적으로 운영되었다는 뜻이기도 하다. 정상이라면 당내 선거를 통해 당 대표가 선출되고 대표 임기 2년 동안 체제를 정비하고 정책을 수립하여 총선과 대선에 대비해야 했을 것이지만, 평균 1년에 한번씩 비대위가 꾸려졌다는 것은 그만큼 당이 정상적으로 운영되지 않았다는 뜻이다. 박민영 국민의힘 대변인은 비대위 체제란 결국 '정당판 내각제', 즉 당원들이 뽑은 대표를 끌어내리고 국회의원들이 지명한 권력으로 당을 운영하는 구조 아니냐고 반문하면서, 비대위 체제는 당원 주권을 정면으로 부정하는 방식이라고 일갈하기도 했다.

반면, 민주당의 경우 같은 기간 동안 비대위는 두 차례에 그쳤다. 그러니까 민주당은 당원들이 선출한 대표 체제를 유지하려는 성향이 강한 반면, 국민의힘은 지도부 갈등이나 선거 패배 등으로 비대위로 전환하는 경우가 빈번했다는 것이다. 국민의힘도 이제는 당원들이 선출한 당 대표 체제를 인정하고 그가 임기를 채우도록 하는 전통을 세울 필요가 있다는 생각이다.

국민의힘에 또 하나 두드러지는 현상은 단기간에 당원들이 급증했다는 현상이다. 앞서 지적한대로 국민의힘은 2024년 계엄 이후 20~30만 명의 책임당원이 늘어난 것으로 기록되고 있는데, 이는 국민의힘에 자신의 의사를 반영하겠다는 당원의 의지가 강하게 반영된 것으로 분석된다. 당비는 월 1천 원으로 적다면 적고 많다면 많은 금액이지만 이를 꾸준히 몇 년에 걸쳐 낸다는 것은 당원의 정치성을 보여주는 것이며, 당의 의사결정에 적극적으로 참여하겠다는 의지의 투사이기도 하여 바람직하게 평가된다. 1백만 당원 시대를 연 국민의힘에서 앞으로 당원들의 의사가 어떻게 반영될지 무척 궁금해진다.

영웅이 없는 나라

연수, 특파원, 지사장 등으로 미국에서 보낸 시간이 8년 가까이 된다. 8년 가까운 시간을 보내면서 미국에 대해 배우고 알게 된 것은 여러 가지가 있겠지만 그 가운데 인상적인 것은 '영웅을 만드는 나라'라는 점이었다. 언젠가 그 점이 궁금해서 미국인 기자에게 물어본 적이 있는데, 그의 답변이 재미있었다. "단점이 없는 사람이 어디 있겠어. 단점, 결점이 없는 것은 하느님뿐이겠지. 인간이란 흠이 있는 존재이지만, 우리 미국인들은 단점, 결점보다는 그의 업적을 기리려고 해." 요컨대 미국은 사람들의 단점보다는 장점을 부각시켜 후세의 본보기로 삼는다는 것이다.

그래서 그런지 미국에는 유난히 정치인들의 이름을 붙인 시설이나 기관이 많다. 대표적으로 미국의 수도인 워싱턴DC가 그렇다. 미국에서 워싱턴은 거의 하느님 동생 정도로 대우를 받는

데, 워싱턴DC 외에도 워싱턴 기념탑(Washington Monument), 워싱턴 주(State of Washington), 조지 워싱턴 대학, GW 기념도로(GW Parkway) 등 수를 헤아릴 수 없을 정도로 많다. 한 통계에 따르면, 워싱턴 이름을 딴 주가 한 개(State of Washington), 군이 31개(County), 마을은 240여 개에 이른다(Township)고 한다. 그리고 미국 전역에는 그의 동상이나 조각상, 기념관이 설치되어 있다. 워싱턴DC에서 30분 정도 거리에 위치해 있는 마운트버논은 워싱턴이 생전에 살다가 사망한 곳으로, 그의 기념관으로 꾸며져 있다. 워싱턴이 이렇게 영웅 대우를 받는 것은 그가 미국의 첫 대통령이자 독립전쟁의 영웅이기 때문이다. 두 차례에 걸쳐 대통령으로 선출된 그는 자신이 원했다면 3선도 할 수 있었지만 스스로 거절함으로써 "대통령은 왕이 아니다"라는 기준을 만들었다.

워싱턴 다음으로 영웅 대우를 받는 사람은 남북전쟁의 영웅 링컨이다. 링컨에 대한 미국인들의 경외심은 수도 워싱턴DC의 내셔널몰(수도 중심에 있는 공원 같은 곳)에 만들어놓은 링컨기념관(Lincoln Memorial)에 나타나 있다. "국민의, 국민에 의한, 국민을 위한 정부는 이 땅에서 사라지지 않을 것(······that government of the people, by the people, for the people, shall not perish from the earth)"라는 게티스버그 연설 전문이 새겨져 있는 기념관에는 링컨의 좌상이 자리잡고 있는데, 앉아 있는 동상 높이만 6미터에 이른다. 링컨이라는 이름은 이 외에도 도시 이름이나 마을 이름 등 수백 개에 이른다. 얼마나 인기 있는 이름이면 '링컨 컨티넨틀(Lincoln Continental)'

2007년 8월, W. 부시 대통령의 텍사스주 크로포드 목장에 초청을 받았다. 부시 대통령, 부인 로라 부시와 함께 사진 촬영.

은 1940년부터 2020년까지 10개 세대를 거치면서 고급 승용차로 미국인의 사랑을 받았겠는가. 워싱턴과 링컨은 미국인들이 가장 많이 사용하는 1달러와 5달러 지폐에 새겨지면서 영원한 영웅으로 추앙되고 있다. 지금에야 인플레이션 등으로 20달러(앤드루 잭슨)나 100달러(벤자민 프랭클린)가 더 많이 사용되는 느낌도 있고, 신용카드나 스마트카드 등으로 화폐에 새겨진 가치는 다소 떨어졌다고 할 수 있지만, 오랜 세월 두 사람은 사람들의 손을 가장 많이 탄 대통령들이었다.

JFK는 어떤가. 뉴욕의 대표적인 관문 공항인 케네디 공항에 이름을 붙였고, 플로리다의 NASA 로켓 발사기지도 케네디 우주센터로 불리고 있으며, 하버드 공공정책대학원에는 케네디스쿨이라는 이름이 붙여졌다. 물론 그 밖에도 미국 전역에는 그의 업적을 기려 케네디라는 이름을 붙인 학교, 기관, 시설물들이 많다.

워싱턴이나 링컨, 케네디라는 세 명의 대통령들은 그러면 아무 흠이 없이 완벽한 사람이었을까. 물론 그렇지 않다. 워싱턴은 생전에 노예를 소유했으며, 노예 해방에 결정적인 공을 세운 링컨 역시 "백인과 흑인의 사회적, 정치적 평등을 가져오는 것에 찬성한 적이 없다"는 발언을 해서 인종 차별적 인식을 가졌던 것으로 평가되기도 한다. 케네디 대통령은 베트남 전쟁을 확대하고 쿠바의 피그스만 침공 실패 등 정치적 실패와 함께 마릴린 먼로 등 다수의 여성과 외도를 했던 기록이 남아 있다. 만약 워싱턴이나 링컨, 케네디 등이 대한민국에 태어났더라면 현재 미국인들로부터 받고 있는 존경과 추앙을 받았을지 의문이다.

미국과 달리 한국은 장점보다 단점을 부각하고 확대하는 것이 아닌가 하는 생각마저 든다. 건국 대통령 이승만이 없었다면 오늘날 자유대한민국이 가능했겠으며 산업화를 이룬 박정희 대통령이 없었다면 우리가 선진 대한민국으로 도약했을까. 그럼에도 오늘날 이승만은 3.15 부정선거의 주인공으로, 박정희는 독재자로만 부각하는 것 아닌가. 이승만은 미국의 워싱턴에 비견될 만큼 자유대한민국의 기초를 닦은 인물이며, 박정희는 지지리도 가난했던 대한민국을 산업화의 반석에 올려놓았던 위대한 지도자이다. 서울이라는 도시에 이승만이라는 이름을 붙여도 손색이 없겠고, 대한민국의 관문공항 인천공항을 박정희공항이라 이름 붙여도 자랑스러울 것이라 생각하는 국민도 많을 것이다. 이제 우리도 과보다 공이 많은 현대사의 지도자들을 '역사의 감옥'에서 해방시켜야 될 때가 아닌가 싶다.

너무 오래 방치된 보수의 심장

나는 경북 성주에서 태어나 경북대학교를 나왔다. 처음 기차를 타고 서울로 올라갔을 때보다, 처음 대구 시내로 나왔을 때가 더 또렷이 기억난다. 대구는 늘 "큰 도시"였고, "중심"이었고, 적어도 내가 자라던 시절에는 그렇게 느껴지는 곳이었다.

대구는 보수의 도시, 자유우파의 도시다. 단지 특정 정당을 많이 찍는다는 의미가 아니라, 질서와 책임, 국가와 공동체를 말하는 어법이 일상 속에 살아 있는 도시였다. 말투와 태도, 어른들이 세상을 설명하는 방식 속에는 '나라가 바로 서야 한다'는 감각이 자연스럽게 배어 있었다. 그게 특별한 이념 교육의 결과라고는 생각하지 않는다. 그냥 그렇게 살아왔고, 그렇게 말해왔고, 그렇게 믿어온 사람들이 많았던 곳이 대구였다.

그런데 어느 순간부터, 나는 이 도시가 설명하기 어려운 방향으로 조금씩 변하고 있다는 느낌을 받기 시작했다. 쇠퇴라는 말로는 다 설명되지 않는 변화였다. 예전의 대구는 자부심이 강한 도시였다. 그런데 요즘의 대구는 자주 체념의 언어로 자신을 설명한다. "여기는 원래 그렇지", "떠나면 되지 뭐". 이런 말들이 너무 쉽게, 너무 자연스럽게 오간다.

이 장에서 나는 대구를 이야기하려 한다. 그러나 그것은 대구만의 이야기가 아니다. 대구는 지금 대한민국 자유우파 정치가 어디로 가고 있는지를 미리 보여주는 곳일지도 모른다. 그래서 이 도시는 애써 외면하고 싶은 미래의 예고편처럼 보이기도 한다. 그래서 더 솔직하게 말하고 싶다. 무엇을 지킬 것인가, 무엇을 다시 세울 것인가, 그리고 이 도시는 어떤 도시로 남을 것인가의 문제다.

오래도록 돌보지 않은 최후의 보루

나는 대구를 생각하면 늘 마음이 복잡해진다. 숫자는 거짓말을 하지 않는다. 대구의 지역경제 지표는 오래도록 '하위권'에서 맴돌고 있다. 특히 1인당 GRDP(지역내총생산)는 거의 매년 "최하위"라는 꼬리표가 따라붙었다. 최근에도 통계 발표를 보면 대구의 1인당 GRDP가 3,137만 원 수준으로 전국 최하위권에 머물렀고, "수십 년째 꼴찌"라는 표현이 기사 제목이 될 정도다. 나는 이 숫자가 단순히 '경제 규모'의 문제가 아니라고 생각한다. 경제성장률 역시 대구는 한동안 답답한 흐름을 보여왔다. 통계청이 발표한 2024년 지역소득(잠정)에서도 대구의 실질 성장률이 −0.8%로 나타났고, 특·광역시 가운데서도 역성장으로 분류되는 지점이 지적됐다. 성장률이라는 건 단지 '작년보다 늘었냐 줄었냐'의 문제가 아니다. 시민들에게는 '내일이 나아질 거냐'는 질문의 다른 표현이다. 숫자가 마이너스로 찍히는 순간, 사람들은 통계를 읽기 전에 이미 생활에서 체감한다. 가게의 불이 빨리 꺼지고, 공사판이 멈추고, 새로 들어오는 일자리가 줄어드는 감각으로.

그리고 이 감각은 결국 사람의 이동으로 이어진다. 대구를 떠나는 청년들의 흐름은 통계로도 명확하다. 통계청 분석 자료를 보면 2021년 대구 청년(19~34세) 순유출이 1만1천 명 수준이었고, 그 81.6%가 수도권으로 이동했다. 가장 큰 이유는 결국 '직업(60.3%)'이었다. 청년들이 떠나는 건 '배신'이 아니라 생존의 판단이다. 더 많은 기회가 있는 곳으로 움직이는 것은 자연스러운 일이다. 문제는 그 자연스러운 흐름이 지속되는 구조가 됐다는 데 있다. 떠나는 것이 개인의 선택이 아니라, 도시가 만들어낸 '평균적인 경로'가 되는 순간, 공동체는 서서히 얇아진다.

인구는 더 직접적이다. 대구의 주민등록 인구는 최근 통계에서 약 235만 명(2,354,398명) 수준으로 잡혀 있다. 숫자만 보면 '여전히 큰 도시'다. 하지만 중요한 것은 규모가 아니라 방향이다. 인구가 줄어드는 도시는 말투가 달라진다. 무엇보다 '어쩔 수 없지'라는 말이 빨리 나온다. 체념의 언어다. 그때부터 공동체는 아주 조용히 패배한다. 총성이 나지 않아도, 폭발음이 없어도, 공동체는 그렇게 무너진다. 그래서 나는 'GRDP가 꼴찌냐 아니냐' 같은 순위를 넘어, 그 숫자가 사람들의 마음에 남기는 흔적을 본다. 지표가 하위권이라는 말이 일상어가 되는 순간, 시민의 체감은 더 빨리 식는다. 청년이 떠나면 도시는 늙는다. 늙어가는 도시에 미래는 없다. 그런데도 정치는, 정치권은 대구를 너무 쉽게 부르고 너무 쉽게 놓아버렸다. 서문시장을 한 바퀴 돌고, 떡볶이를 먹고, 사진을 찍고, 연설을 하고 돌아갔다. 그 짧은 방문이 이 도시의 삶을 조금이라도 바꾸었는가. 그 정치가 청년 한 사람의 귀향을 도왔는가, 자영업자 한 사람의 내일을 지켜주었는가. 나는 그 질문을 피하고 싶지 않다.

대구는 단지 보수 성향의 도시가 아니다. 이곳은 6.25 전쟁 당시 낙동강 최후 방어선이었던 곳이다. 자유민주주의가 밀려났던 마지막 순간, 끝까지 버텨냈던 공간이며, 이곳을 기지로 자유민주주의를 다시 확장했었다. 그래서 대구는 원래 자유민주주의의 중심이어야 했다. 그러나 우리는 그 자존심을 너무 오래 방치했다. '어차피 찍어줄 곳'이라는 인식, '변하지 않을 표밭'이라는 계산, 그 결과는 지금 분명하게 드러나고 있다. 최근 국민의힘 당원 가입이 전국적으로 크게 늘었다고 한다. 그런데 대구는 그렇지 않았다. 몇천 명 수준에 머물렀다는 이야기를 들었을 때, 나는 그 안에서 또 하나의 침묵을 읽었다. 분노가 아니라 기대하지 않음, 참여가 아니라 거리 두기, 이것이야말로 가장 무서운 신호다.

보수는 원래 체념의 정치가 아니었다. 보수는 지켜낸다는 의지였고, 버텨낸다는 태도였다. 자유민주주의라는 가치를, 대한민국의 지혜와 경험을 축적한 법치와 공화라는 가치를 지켜낸다는 태도였다. 그 의지를 가장 오래, 가장 묵묵히 보여준 곳이 바로 대구였다. 그런데 우리는 그 헌신을 당연한 것으로 여겼다. 감사가 아니라 계산으로, 존중이 아니라 관성으로 대했다. 이제는 바뀌어야 한다. 대구를 정치적 관리의 대상이 아니라, 존중의 주체로 바라봐야 한다. 정치가 먼저 다가가 설명하고, 책임지고, 함께 설계해야 한다.

나는 대구 시민들이 더 이상 박수만 치는 조연으로 남아 있기를 바라지 않는다. 이 도시는 여전히 판단할 힘이 있고, 지킬 가치가 무엇인지 아는 사람들로 가득하다. 문제는 그들을 당연하게 여겨온 정치였다. 보수의 심장은 아직 뛰고 있다.

말과 몸과 돈의 혁명

두 번의 선거 경험이 있다. 두 번 모두 당내 경선에서 이기지 못했다. 누구보다 열심히 발로 뛰었고 사람들을 만났고, 더 나은 세상을 만들겠다는 포부를 밝혔다. 그러나 그 희망과 포부는 현실로 연결되지 못했다. 선거 때 많이 들은 이야기가 있다. "공천만 받아오세요, 도와드리겠습니다." 이 말은 무책임한 듯 보이지만 이만큼 현실을 정확하게 반영하는 것도 없다. 대구·경북(TK)에서 예선은 곧 본선이라는 말이 있으니 당신은 공천권자에게 공천을 받아오라, 그러면 찍어주겠다는 말이었다. 그러다 보니 후보들은 지역 유권자들을 상대로 선거운동을 하기보다 공천권자에게 공을 들이는 데 전력을 다했다. 유권자는 투표권을 가지고 있으나 그 투표권이 제대로 반영되지 않을 때 민주주의는 왜곡된다. 물론, '시스템 공천'을 통해 여론조사를 꼼꼼히 하고 당원들의 의견을 물어 후보를 선택한다면 경쟁에 나선 후보들의 불만도 없겠으나 지금까지 그 절차에 대한 문제 제기는 많았던 것으로 알고 있다.

두 번째로 많이 들었던 얘기가 이것이다. "당신을 지지합니다만, 뒤에서 묵묵히 도와드리겠습니다." 뒤에서, 그것도 묵묵히 돕겠다는 말은 여러 가지 의미를 담고 있다. 앞에 나서지 않겠다는 것, 표시 나지 않게 지원하겠다는 것이다. 이런 경우 그가 주는 도움은 많아야 한 표 정도가 아닐까. 뒤에서, 묵묵히 돕게 되면 사실상 아무것도 하지 않는 사람과 어떤 차이가 나겠느냐는 말이다. 누군가를 도우려면 소리가 날 수밖에 없다. A후보를 도와주세요, 그가 나라를 바꿀 사람입니다, 내가 오랫동안 그 사람을 알고 있습니다, 그 사람에게는 비전이 있습니다, 추진력도 있습니다, 이런 사람이 세상을 바꿀 수 있습니다, 이 정도는 목소리를 내야 하지 않을까. 뒤에서 묵묵히 돕겠다는 사람에게는 이런 '의심'도 든다. 혹시 이 사람은 후보 B에게 가서도 같은 이야기를 하지 않았을까. "뒤에서 묵묵히 도와드리겠습니다." 또 C후보, D후보에게 가서도 비슷한 소리를 하지 않았을까. 누군가를 도우려면 소리 내서, 요란스럽게 도와야 한다. 정말로 그 후보를 지원한다면 그 정도의 '위험'은 감수할 수 있어야 한다. 역으로 이런 말을 할 수도 있을 것이다. 당신이 아직 지지세가 약하기 때문에 내가 노골적으로 도울 수가 없다고. 그러나 바로 그 때문에 당신이 지지한다는 후보가 당선되지 못하는 것이다.

사람들은 말한다. 사석에서, 식사 자리에서 '세상이 왜 이 모양이야, 정권을 바꿔야 돼!'라고 말이다. 그런데, 방송사 카메라와 마이크가 그에게 와서 한말씀 해달라고 하면 그는 입을 다문다. 입바른 말을 해서 왠지 손해를 볼 것 같기 때문이란다. 그렇게 말을 하지 않기 때문에, 뒤에서 묵묵히 있기 때문에 세상은 바뀌지 않는다.

'몸의 부조'도 마찬가지다. 광화문에서, 여의도에서, 동대구역에서, 동성로에서, 부산역에서 집회가 있을 때, 그 집회의 힘은 인파의 규모에서 결정되는 경우가 많다. 천 명이 모였느냐, 만 명이 모였느냐, 아니면 백만 명이 모였느냐에 따라 세상이 바뀌기도 하고 군중의 목소리가 사그라들기도 한다. 하버드대학교의 정치학자 에리카 체노웨스는 이것을 '3.5%의 법칙'으로 정의했다. 인구의 3.5%가 지속적으로, 비폭력적으로 저항운동에 참여하면 체제 변화를 성공시킬 수 있다는 것이다. 체노웨스는 1900년부터 2006년까지 발생한 수백 건의 비폭력 저항운동의 데이터를 분석했는데, 인구 3.5%가 참여한 시위는 모두 체제 변화를 이끌어내는 데 성공했다고 분석했다. 대한민국 인구를 5천2백만 명이라고 볼 때

인구의 3.5%는 180만 명쯤 된다. 180만 명이 지속적으로, 비폭력 저항운동에 참여한다면 우리가 타도하자고 믿는 그 무도한 체제는 무너질 것이다. 하기야, 민주국가에서는 그보다 더 쉬운 방법이 있기는 하다. 선거로 체제를 바꾸는 것이다.

어떤 면에서 대한민국 좌파는 체노웨스 박사의 '3.5%의 법칙'을 구현해온 가장 적합한 사례로 꼽힐지 모른다. 일부 폭력 사태가 있기는 했지만, 대한민국 좌파는 언론을 동원하여 '광우병 선동'을 성공적으로(?) 주도했고, 효선이·미순이 사건, 세월호 사건, 이태원 참사, 후쿠시마 오염처리수 사건 등을 대규모 반정부 시위로 이끌어냈다. 이들 사건을 주도한 인물 가운데 몇 명은 사건의 내용과 관련 없이 '전문 시위꾼'으로 거의 모든 반정부 시위에 참여한 인물들이다. 이들은 결국 박근혜, 윤석열이라는 두 명의 우파 대통령을 탄핵시키는 데도 중요한 역할을 한 것으로 평가된다. 좌파는 이처럼 인적 동원의 중요성을 알기에 시위대를 광장으로 이끌어냈고, 시위대는 정권을 몰락시키는 도화선 역할을 했다. '뒤에서 묵묵히 돕겠다'는 말로는 세상을 바꿀 수가 없다.

좌파의 열성적인 '참여정신'을 이야기할 때 '돈'을 빠뜨릴 수가 없다. 좌파의 '호메이니'로 불리는 김어준은 크라우드펀딩을 통해 〈더플랜〉, 〈그날, 바다〉 등 탐사 다큐멘터리를 제작하여 18대 대선 조작설과 세월호 '고의침몰설'을 부각시켰다. 2017년 영화 제작을 위해 크라우드펀딩을 했을 때 무려 20억 원이 넘는 돈이 모였다. 국회 상임위원회에서 조희대 대법원장을 겨냥한 합성사진을 들고나와 이목을 끌었던 최혁진 의원도 강성 지지층의 지지를 받아 4개월 만에 연간 후원금 한도액 1억5천만 원을 모두 채운 기록을 세우기도 했다. 좌파는 그만큼 돈을 쓰는데도 후하다는 말이다. 반면 우파의 경우, 다큐멘터리 등 제작을 위해 펀딩을 할 때 목표 금액을 거의 조달하지 못한다고 한다. 세무조사를 당할까 봐 겁을 낸다는 그 기업은 세무조사를 당할 만큼 규모가 되지도 않는데, 아무튼 돈을 쓰는 데 인색한 것이 우파라고 한다.

말과 몸과 돈은 '행동'을 구성하는 3대 요소다. 이 가운데 하나라도 있으면 큰 힘을 발휘하겠지만, 3대 요소가 합쳐질 때 그 힘은 폭발적이다. 두 명의 우파 대통령을 탄핵시킨 좌파의 최근 '업적'을 보면 말과 몸과 돈이 합쳐져서 그런 결과를 가져온 것이 아닐까 싶다. 세상이 부조리하다고 믿는다면, 정권이 무도하다고 생각한다면, 민주주의 국가에서는 선거라는 혁명이 있지만, 그 선거혁명과 함께 행동(action)의 혁명도 있다. 그것은 말과 몸과 돈의 혁명이다.

돌이켜보면, 나의 삶은 전쟁의 연속이었다. 안정적인 생활을 두고 대구에서 상경했을 때 내 인생의 무대는 세계라고 생각했다. 그리고 그것은 예언이 되어 나의 삶을 규정했다.

걸프전과 이라크전, 소말리아, 동티모르, 가자지구 등 수많은 분쟁 지역을 다니며, 전쟁과 아비규환과 시신들을 보았다. 그곳에서 목격한 것은 단순히 폭음과 시신, 굶주림뿐만은 아니었다. 역설적으로 분쟁 지역에서 대한민국이 지켜내온 자유민주주의의 가치를 깨달았다. 지도자의 잘못된 판단이 몇 세대에 걸친 국민들의 복지를 약탈해갈 수 있는지, 수백만, 수천만 국민들의 삶이 지도자의 외교력에 어떻게 연계되어 있는지를 현장에서 목격할 수 있었다.

기자로서의 삶이 세계를 분석적으로 관찰하는 법을 가르쳐주었다면, 경영인으로서의 삶은 조직에 속한 사람들의 밥그릇을 책임지는 것이 얼마나 무겁고 엄숙한 일인가를 깨닫는 과정이었다. 길다면 길고 짧다면 짧은 공직에서 국민에게 부여받은 권한을 어떻게 써야 하는지 생생하게 체험했다.

입법부가 다수독재로 타락하고, 타락한 행정부의 수장이 부여받은 권한을 남용할 때, 그 나라는 어떤 길로 가는지 우리는 경험하고 있다. 30년가량의 직업 인생을 겪고 나니 이제 나 개인을 넘어선 공동체가 보인다. 힘겹게 지켜온 자유민주주의를 어떻게 지켜나갈지, 대한민국이라는 나라가 발전하는 데 어떻게 기여할 수 있을지를 생각하게 된다. 지금 나이쯤 되니 소아를 넘어서 대아를 생각하게 되나 보다.

책이 나오기까지 도움을 주신 분들께 감사한다. 대한민국자유유튜브총연합회, 대변인들을 포함한 청년들, 추천사를 주신 이인호 대사님, 나경원 의원님, 이용구 총장님께 감사한다. 그리고 정치탄압·종교탄압의 희생자로 볼 수밖에 없는 손현보 목사님께 위로와 감사의 말씀을 드린다. 느리지만 물방울 하나가 지속적으로 떨어질 때 바위를 깨듯이 우리의 투쟁이 대한민국을 바꿀 수 있다고 믿는다.

위풍당당 이진숙입니다

초판 1쇄 발행 2026년 2월 10일

지은이 이진숙
펴낸이 정의선
펴낸곳 자작나무숲

출판등록 제406-2017-000008호
주소 경기도 파주시 문발로 165
전화 02-394-5982(편집) 031-955-6980(마케팅)
팩스 031-955-6988

ISBN 979-11-88656-12-7 03300

• 값은 뒤표지에 있습니다.
• 파본이나 잘못된 책은 구입하신 서점에서 교환해 드립니다.